다음 팀장은 AI입니다

LEADERSHIP BY ALGORITHM

다음 팀장은 AI 입니다

Leadership By Algorithm

알고리즘이 불러올
일터, 조직,
리더십의 변화

데이비드 드 크리머 지음
박단비 옮김

위즈덤하우스

한나에게,

머지않아 자동화될 미래에서

네가 진정한 삶을 누릴 수 있길 바라며!

들어가며

콘퍼런스에서 나는 원형 테이블에 앉아 몇몇 참석자와 인사를 나눴다. 연회장에는 우리 말고도 테이블이 많았고 멋진 슈트와 드레스를 입은 사람들이 자리를 메우고 있었다. 나는 자기소개를 마친 뒤 잠시 주위를 둘러보며 분위기에 적응하려고 애썼다.

목요일 저녁 7시였다. 당시 나는 불과 몇 년 전에 박사학위를 받은 젊은 학자였고, 성대한 비즈니스 행사에 참석한 상황이었다. 동료의 초대를 받았을 때 나는 이 행사가 내 연구와 어떤 관련성이 있을지 잘 알 수 없어 참석을 망설였다. 자리에 모일 임원들과 나 사이에 공통점이 있기나 할까? 그래도 동료의 설득에 넘어와 여기까지 왔고, 이왕이면 유익한 시간을 보낼 생각으로 옆자리에 앉은 사람과 대화를 나누었다.

그 사람은 젊고 야심만만했으며 모르는 것이 없어 보였다. 최근에 임원으로 승진한 그는 성공이 무엇이며 그걸 어떻게 달성해야 하는지도 명확하게 아는 듯했다. 자신이 하는 일에 확신을 가진 사람임이 분명했다. 나는 자신의 성공담을 말해주려는 그의 열성과 원하는 것을 얻을 때까지 스스로를 한계로 몰아야 한다는 확신에 찬 이야기에 흥미를 느꼈다.

한참 동안 이야기를 듣고 나서야 나는 질문을 할 수 있었다. 우리 테이블에 있던 사람들에게는 순진하게 들렸을지도 모르겠다. "모두가 쉼 없이 한계에 도전하는 비즈니스 세계가 존속할 것이라고 어떻게 확신하는 거죠?" 모두가 그런 식으로 행동한다면 문제가 발생하고 기존 시스템을 손상시키거나 파괴할 수도 있지 않을까?

예상대로 그는 내 질문에 놀랐고 잠시 할 말을 잃은 것 같았다. 하지만 금세 침착해진 그는 그런 일이 결코 일어나지 않을 것이라고 이야기했다. 그는 우리 행동이 조직이나 사회에 위협을 야기한다면 과학과 기술이 그 문제를 해결할 것이라고 확신했다. 기술만 있다면 우리는 인간의 한계를 넘어 앞으로 닥쳐올 그 어떤 도전이든 극복할 수 있다는 것이었다.

이 대답에 다소 놀란 나는 후속 질문을 했다. "기술이 만사를 해결할 것이라고 믿다 보면 기술 의존도가 너무 커지지는 않을까요? 그러면 장기적으로 당신을 포함한 인간은 결국 잉여가 되지 않을까요?" 그는 믿을 수 없다는 표정으로 나를 바라보며 씩 웃었고 그런 문제는 일어나지 않을 테니 걱정하지 않아도 된다고 말했다. 그러고 나서 그는 다른 쪽에 앉은 사람과 이야기를 시작했다. 보아하니 나와는 더 이상 할 말이 없다고 생각한 것 같았다.

이 대화는 젊은 학자이면서 동시에 한 인간이기도 한 내게 깊은 인상을 남겼다. 나는 오랫동안 그 일을 기억하다가 한참 뒤에 잊어버렸다. 그러다 몇 년 전 이 일을 다시 떠올릴 계기가 생겼다. 기술 발전 과정에서 인간이 느끼는 실존적 욕구에 관해 조사하면서이다. 이번에는 두 가지 생각이 계속해서 내 머리를 스쳤다.

첫째, 만찬에서 내 옆에 앉았던 남자는 자신의 행동이 충분한 기술 진보가 이루어진 뒤에만 해결될 수 있는 문제들을 야기하고 있다는 사실을 왜 몰랐을까? 둘째, 기술이 충분히 발전해 그가 해온 일을 앞으로도 이어나가도록 모든 문제를 해결해주리라는 자신감은 어디에서 온 걸까?

두 가지 질문 모두 중요하지만 나는 누군가가 기술혁신을 그렇게까지 신뢰할 수 있다는 사실이 특히 흥미로웠다. 기술이 우리 삶에 그 정도로 깊은 영향을 미칠 수 있는 미래는 과연 어떤 모습일까? 어떤 종류의 기술이 어떤 방식으로 우리 삶에 영향을 미칠까?

다들 알겠지만 우리는 바로 이런 기술혁신이 힘차게 문을 두드리는 시대에 진입했다. 이 기술은 인간 사회 속에서 공고한 입지를 다질 준비를 마친 뒤 당당하고 자신감 있게 문이 열리길 기다리고 있다. 어떤 기술을 말하는 걸까? 그렇다, AI(인공지능)이다.

AI의 인기는 날로 높아져만 간다! 수많은 사람이 기술 분야에서 이루어낸 모든 발전을 위대한 승리로 환영해 마지않는다. 그 승리와 함께 우리는 기술의 위력을 실감하며 대단하다고 인정한다. 이렇게 AI는 세상이 송두리째 변할 것이라는 메시지를 전한다.

우리는 AI의 급속한 발전으로 앞으로 완전히 다른 방식으로 기능할 미래 사회를 엿볼 수 있다. 우리 앞에 놓인 미래의 모습은 지금 당장 행동하지 않을 수 없게 만든다. AI는 너무나 파격적인 기술혁신이기에 오늘 일하는 방식을 바꾸지 않으면 내일의 우리에겐 아무런 미래가 없을

지도 모른다.

우리는 다소 위협적으로 느껴질 수도 있는 이 문제를 진지하게 생각해봐야 한다. 컴퓨터의 전반적인 처리 능력이 2년마다 두 배가 된다는 무어의 법칙을 대입하면, 우리는 향후 10년 동안 살아가고 일하는 방식에서 극적인 변화를 목격할 각오가 되어 있어야 한다. 콘퍼런스에서 그 야심찬 임원을 만났을 때처럼 나는 기술이 주도하는 미래를 향한 사람들의 열광에 궁금증을 느꼈다. 내게 AI는 타임머신과 같아서 미래가 어떤 모습인지 볼 수 있도록 도와주지만, 지금 이 순간은 우리가 스스로 미래를 만들어나가야 하는 시점이다.

AI가 미래를 엿보게 하는 타임머신이라면 이 기술을 우리에게 유익하게 사용할 수 있어야 한다. 우리는 신중하고 의식 있게 AI를 설계, 개발, 적용해야 한다. 미래가 시작되면 과거는 기억 속에만 남을 뿐 영영 사라질 테니까.

아직은 우리가 기술에 영향을 미칠 수 있다. 재미있게 봤던 넷플릭스 시리즈 이야기를 해볼까 한다. 이 시리즈의 이름은 〈타임리스〉(Timeless)로, 타임머신을 이용해 역사를 바꾸려는 비밀 조직 리튼하우스를 저지하려는 주인공들의 모험을 그린다.

첫 번째 에피소드부터 우리가 이 책에서 다루는 내용과 연관 깊은 내용이 등장한다. 역사학자인 루시 프레스턴은 타임머신 발명자 코너 메이슨을 만난다. 메이슨은 어떤 집단이 '구조선'이라는 타임머신을 손에 넣고 과거로 돌아갔다는 사실을 알리고 무거운 목소리로 "역사가 바뀔 겁니다"라고 말한다. 그 자리에 같이 있던 사람들은 모두 이 발언에 담긴 심각성을 인지하고 그것이 세계, 사회, 심지어 자신의 삶에 엄청난 영향을 미칠 것이라는 사실을 깨닫는다.

루시 프레스턴은 역사를 바꾸는 것처럼 인류에게 심각한 해를 끼칠 수 있는 기술을 발명한 이유가 무엇이냐며 다그쳤다. 메이슨의 대답은 단순했다. 이런 일이 일어나리라 생각하지 못했다는 것이다. 그런데 다른 중대한 기술혁신들도 비슷한 방식으로 진행되지 않았던가? 우리는 무한한 기회에 눈이 멀어 잠시 멈춰 서서 생각하지 못하고 기술이 더 할 수 있는 일들을 찾아내는 데만 혈안이다. 검증되지 않은 기술혁명이 초래할 결과는 제대로 확인하지 않는다.

AI의 경우도 마찬가지일까? 우리는 사회가 더욱 스마트해지고 자동화되었을 때 인류에게 생길 수 있는 영향을 충분히 인지하고 있을까? 우리가 특정 작업에서건 전반적인 업무에서건 인간의 지능을 능가하는 인공지능을 개발하는 것에만 너무 집중하는 것은 아닐까? AI를 개발하고 적용할 때 발생할 수 있는 위험을 충분히 검토하고 있을까?

여느 중대한 변화와 동일하게 여러 의견이 존재한다. 얼마 전 나는 '스마트 사회의 전망'이라는 주제로 열린 토론회에 참석했다. 초기에는 AI에 얼마나 비용을 들여야 하며 어떤 효과를 기대할 수 있는지 등의 문제에 초점을 맞춰 토론이 진행되었고 그때까지는 분위기가 화기애애했다.

그런데 한 청중이 질문했다. "기술 자체의 능력을 극대화하는 것에만 집중할 것이 아니라 인간을 위한 AI의 기능적 측면을 더욱 비판적으로 평가해야 하는 것 아닐까요?" 한 발언자는 AI가 기후변화, 인구 문제, 식량 부족 등과 같은 인류의 문제에 반드시 대응해야 하는 것은 맞지만, 인류에 미칠 영향을 고려하느라 발전 속도가 더뎌져서는 안 된다고 큰 소리로 대답했다. 여러분도 예상했겠지만 갑자기 열띤 토론이 시작되었다.

참가자들은 두 그룹으로 나뉘었다. 한 그룹은 AI의 능력을 빨리 극대화하는 게 중요하므로 인류에 미칠 장기적 영향은 크게 고려하지 않은 채 출혈 경쟁도 불사해야 한다는 입장이었고, 다른 그룹은 기술 효용을 극대화하는 과정에서 사회적 책임의 필요성을 주장했다.

우리에게는 최고의 기술을 손에 넣고 그 효과를 극대화하고 싶은 바람이 있다. 그러나 한편으로 우리가 개발하는 기술이 앞으로 인류에 해를 끼치지 않고 존재 자체로 인류에게 도움이 되기를 바란다.

그러면 이 딜레마를 어떻게 해결해야 할까?

책에서 나는 이 질문에 더 깊이 파고들어 우리가 팀·기관·조직을 운영하는 방식에 기술이 어떤 영향을 미칠 수 있으며, 우리는 어떤 선택을 해야 하는지 살펴보려고 한다. 어떻게 알고리즘을 개발하고 우리 일상에 적용해야 하는지 결정하기 전 기술 개발의 목적과 방법에 관해 의견이 일치되어야 한다. 내가 수년간 생각해온 두 가지 문제 때문이다.

첫째, AI 기술이 급속히 발전하면서 인간 정체성이 서서히 제거되고 결국에는 인간적인 사회가 과거의 일로 전락해버릴지 모를 위험을 무릅쓸 수 없다. 인류의 역사를 바꾼 코너 메이슨의 타임머신처럼 인공지능 기술이 인류에 미치는 영향을 인식하지 못한 채 무분별하게 개발한다면 우리도 같은 위험을 맞닥뜨릴 것이다.

둘째, 우리는 AI가 인간의 능력을 증대하여 더욱 인간적인 사회의 발전에 기여하게 하는 것을 목표로 삼고 기술 발전의 한계에 도전해야 한다. 따라서 인공지능은 오늘날 우리가 만들어내는 혼란을 해결하는 수단이 아니라 인간의 상황을 개선할 기회 창출의 수단으로 간주되어야 한다. 젊은 학자 시절에 만났던 기업 임원이 "우리가 발생시키는 문제들을 처리하려고 기술을 개발한다"라고 말했듯, 효율 극대화와 오류 최소화만 바라보고 개발한 AI 기술은 인간의 능력을 향상하기보다는 인간의 존재를 위협할 것이다.

나는 이 두 가지 가능성을 종합하고 나서 다음과 같이 결론 내렸다. 큰 투자를 해가며 AI 기술을 발전시키는 목적이 오류와 실패를 제거하여 더 효율적이되 덜 인간적인 사회를 만드는 것이 되어선 안 된다. 그러면 인류는 인간적인 오류를 일으킬 부담이 없는 또 다른 유형의 지능으로 대체될 수 있도록 스스로를 제거해야만 할 것이다. 궁극적으로 우리 사회를 움직이는 주체가 기술이 되면 그 안에서 인간의 위치는 어떻게 될까?

이 책에서 나는 끊임없이 진화하려는 인간의 욕구와 공정성과 협력을 추구하려는 욕구 사이에 존재하는 복잡한 관계를 풀어나가면서 질문의 답을 찾을 것이다. 인간에게는 누구도 가지 않은 길을 가보려는 선천적 욕구가 있다. 이러한 욕구에는 우리가 발전시키는 기술에 관한 통제력을 어느 순간 잃고 복종할 가능성이라는 위험이 내포되어 있다.

인간이 전능한 기계의 지배를 받는 일이 정말 현실로 이루어질까? 그런 가능성을 보여주는 징후들이 있다. 바둑 세계 챔피언이었던 대한민국의 이세돌을 참고해보자. 바둑은 매우 복잡한 게임이기 때문에 오랫동안 기계가 범접할 수 없는 영역으로 여겨졌다. 하지만 2016년 컴퓨터 프로그램 알파고가 이세돌을 4대 1로 이겼을 때 모든 것이 바뀌었다. 이세돌은 AI에 패하고 나서 자신의 인간적 자질에 회의를 느꼈고, 이 일이 2019년에 은퇴하기로 한 그의 결정에도 영향을 미쳤다고 이야기했다. 세계 챔피언조차 패배를 인정하는 마당에, 언젠가는 기계가 우리 조직을 운영하는 수준까지 발전할 것이라고 예상하지 못할 이유가 어디 있겠는가?

나는 인간 사회에 필요한 리더십이 정교한 기술을 통해 얻을 수 있는 것이 아니라는 전제에서 답을 찾기 시작할 것이다. 오히려 열린 리더십을 탄생시키려면 인간 고유의 능력을 정교하게 가다듬고 더 나은 기술을 설계하여 지혜롭게 사용할 수 있는 능력을 개발해야 한다.

나는 이제 여러분과 함께 여행을 떠날 것이다. 우리는 AI의 도입으로 오늘날 조직에서 정확히 어떤 변화가 일어나고 있는지 살펴볼 것이다. 세상 모든 업무에 관련 알고리즘이 개발되는 이 신시대에 우리는 무엇을 기대할 수 있을까? 그것은 우리가 미래에 조직을 운영하는 방식에 어떤 영향을 끼칠까? 또한 이런 급진적인 변화에 가장 잘 대응할 수 있는 방식은 무엇일까?

타임머신이 우리를 기다리고 있다. 이번 여행의 목적은 우리를 더 현명하게 만들어서 인류의 발전을 위한 기술을 설계할 방법을 알아보는 것이다.

차례

1장

알고리즘 혁신이
불러온
리더십의 조건

멋들어진 몸짓과 열정적인 연주 실력을 갖춘 한 소년이 인생의 발걸음을 내딛는 내용의 노래가 있다. 〈워크 오브 라이프〉(Walk of life), 1985년 마크 노플러(Mark Knopfler)와 그가 속한 밴드 다이어 스트레이트(Dire Straits)가 발표한 곡이다. 이 거리의 음악가 소년이 수많은 젊은이의 환상 속 영웅이 되었던 것처럼 21세기를 살아가는 우리 곁에 또 다른 종류의 영웅이 찾아왔다. 이 인간이 아닌 영웅, 알고리즘은 지금 우리 사회 구석구석에서 활약을 펼치기 위한 새 발걸음을 내딛으려 한다.

AI가 불과 몇 년 전에 새롭게 등장한 현상이 아니라는 사실에도 주목하자. 사실 AI라는 개념이 최초로 사용된 건 1956년이었다. 당시 미국의 다트머스대학교는 AI를 주제로 8주짜리 하계 연구 프로젝트를 기획했다. 이 프로젝트에 참여했던 마빈 민스키(Marvin Minsky), 존 매카시(John

McCarthy), 너새니얼 로체스터(Nathaniel Rochester) 등은 훗날 AI의 창시자로 이름을 떨치게 된다.

AI가 지닌 '슈퍼파워'를 향한 믿음은 이미 19세기 후반기 초에도 꽤 존재했다. 노벨경제학상을 받은 허버트 사이먼(Herbert Simon)은 1965년 이렇게 말했다. "앞으로 20년 안에 기계는 인간이 할 수 있는 일이라면 무엇이든 처리할 수 있게 될 것이다." 그러나 연구자들은 이 원대한 꿈을 현실로 이루지 못했다. 1970년대 이후 AI 프로젝트는 비용이 과도하고 지나치게 형식적·일방적인 방식으로 진행돼 인간 지성을 복제하는 데 실패했다며 거센 비판을 받았다. 이러한 비판 속에서 AI 연구가 부분적으로 중단돼버렸고, 사실상 아무런 진전도 이루지 못했다. 현재까지!

그러다 AI는 지난 10년간 다시 주목받기 시작했다. '딥러닝' 기술을 통하면 기계들이 다양한 영역에서 인간을 능가할 수 있다는 깨달음 덕분이다. 이 깨달음의 결정적인 계기는 무엇이었을까? 바로 바둑이라는 간단한 게임이 계기가 됐다.

구글 딥마인드(Google DeepMind)가 개발한 프로그램 '알파고'는 2016년에 바둑 세계 챔피언과 겨루어 승리를 거뒀다. 지극히 복잡해 인간이 앞설 수밖에 없는 영역으로 여겨졌던 바둑에서 이런 결과가 나오자 많은 이들이 깜짝 놀라고 말았다. 전 세계적인 연결, 더 빠른 업무 처리, 방대한 데이터 축적을 향한 인간의 열망이 어디에나 존재하는 현시대에 이러한 딥러닝 기술이 재빨리 수용되는 것은 당연한 일이다.

그 결과 AI가 사회와 조직과 사람들에게 가져다줄 수 있는 혜택에 강박에 가까운 관심이 쏠리고 있다. 여기에 더하여, AI 기술이 빠르게 적용되면서 우리 삶의 모든 영역에서 인간 지성이 도전받을 위기에 처했다는 두려움이 솟았다. 조금 더 정확히 말하자면, '이번에는 진짜로 기계가 인간을 대체하는 시대가 곧 열릴지 모른다'는 두려움이다.

인간 자아와 지능 관념에 관한 진정한 도전(이를 위협이라고 말하는 이들도 있다)에 대응하기에 앞서, 우리가 논하는 AI가 정확히 무엇을 의미하는지 확실하게 파악해야 한다. 물론 이 책의 목적은 AI 활용을 위한 기술 매뉴얼을 제공하거나 코딩 방법을 가르치는 것이 아니지만, AI의 간단한 정의 정도는 익히도록 하자!

가장 단순한 형태의 AI는 우리 조직과 사회 어느 곳에서나 얻을 수 있는 외부 데이터를 전체적으로 더욱 투명하게 만드는 기술을 구현하는 시스템이다. 데이터가 투명해질수록 정확하게 분석할 수 있기 때문에 우리는 분석 결과를 바탕으로 학습하고 목적 달성에 더 유용한 최적의 방식을 찾아나갈 수 있다.

우리가 데이터를 바탕으로 학습할 수 있게 하는 기술이 바로 잘 알려진 '머신러닝'이다. 머신러닝은 데이터에 적용할 수 있는 알고리즘을 만들어 특정 데이터가 실제로 의미하는 바를 더욱 잘 이해하게 한다. 알고리즘은 기계가 수학 연산을 수행하기 위해 따르는 학습된 절차로, 이를 데이터에 적용하면 우리가 직관적으로 알아차리지 못하는 새로운 통찰과 결론을 얻을 수 있다. 이는 더욱 종합적이고 정확한 예측 결과와 모델을 만들어내는 데 특히 유용하다. 알고리즘은 자율적으로 작동하면서 겉으로 드러나지 않은 원리나 규칙이 숨겨진 데이터 패턴을 식별한다.

지식의 끊임없는 증대와 보강을 추구하는 사회에서 알고리즘이 유용하고도 강력한 도구가 된다는 사실은 누구나 쉽게 알 수 있다. 실제로 알고리즘은 우리가 사회에서 행동하고 살아가는 방식에서 점점 더 중대한 기능을 수행하고 있으며, 머지않아 우리 사회생활이나 직장생활에서 다른 인간만큼 큰 비중을 차지할 것이다. 알고리즘이 외부 데이터를 분석하고 그것을 기반으로 작업하며 학습할 수 있다는 것은, 이제 알고리즘이 외부(인간) 세계와 상호작용하고 협력할 수 있는 수준에 도달했다는 의미이기도 하다.

조직 속 알고리즘의 부상

주위를 둘러보며 현대인이 미래의 어떤 것에 열광하는지 파악한다면, 우리의 새 영웅이 영향력을 빠르게 넓히는 중이라는 사실을 금세 알 수 있다. 특히 비용을 대폭 절감할 수 있으리라 기대되는 영역에서 이런 추세가 도드라지는데, 그중 하나가 일터이다. 조직 관리 영역에서 알고리즘의 존재감은 점점 더 커지고 있다.[1] 이런 발전이 두려운 이들도 있겠지만, 알고리즘이 다양한 문제 해결 업무에 활용되는 데는 그만한 이유가 있다.[2]

먼저 경제적 이익을 보자. 현시점에서 AI를 비즈니스에 적용했을 때 향후 10년간 세계 경제에 창출할 수 있는 가치는 최소 13조 달러에 달할 것으로 추정된다. 최근 프라이스워터하우스쿠퍼스가 발행한 보고서는 산업과 사회 전반에 걸쳐 AI를 확대해 적용할 경우 2030년까지 세계 경제에 15조 7000억 달러의 부양 효과를 낼 수 있다고 예측하기도 했다.[3][4]

AI가 세계 경제에 이렇게 막대한 기여를 할 것으로 예상되는 이유는 무엇일까? 주된 이유는 알고리즘이 조직을 관리하고 통솔하는 방식에 영향을 미칠 것이고(액센츄어가 인터뷰한 관리자의 56퍼센트가 '그렇다'고 응답했다), 그럼으로써 더욱 효율적인 업무 환경을 형성할 수 있으리라 기대되기 때문이다(액센츄어가 인터뷰한 관리자의 84퍼센트가 '그렇다'고 응답했다).[56]

효율성 향상은 경제 성장을 보장할 것이다. 세계 곳곳에서 실시한 설문조사에 따르면, 기업들이 업무 환경에 알고리즘을 도입할 경우 자사의 성장 잠재력을 실현하고 시장 점유율을 높이는 데 도움이 된다고 한다.[78]

어떤 이들은 이러한 수치를 근거로 알고리즘이 마치 스테로이드제처럼 기업의 일처리 속도 및 성과 향상에 극적인 효과를 낼 것이라고 주장하기도 했다.

오늘날 기업은 기계와 AI가 한편을 이루고 인간이 또 다른 한편을 이루는 새로운 파트너십을 개발하려 노력한다. 이러한 유형의 파트너십을 개발하고 장려하는 것은 인류에게도 중요한 일이다. 기업의 생산성과 성과를 끌어올리는 이 기술은 꾸준히 발전하여 사람들이 자기 일의 일부를 맡길 수 있을 정도로 점점 더 자율적인 형태가 될 것이고, 이러한 발전은 막연한 미래의 일이 아니다.

사실 우리는 이미 그러한 시대에 접어들었다. AI가 급속하게 발전하면서 자율학습이 가능한 기계의 수도 점점 더 늘어난다. 실제로 AI는 오직 인간의 재량으로만 처리하거나 결정할 수 있다고 여겨졌던 영역을 처리할 수 있을 정도로 큰 발전을 이룬 상태다.

그러니 지능형 기계 및 학습 알고리즘의 효용과 구현 가능성이 업무를 수행하거나 경험하는 방식에 상당한 영향을 미치리라는 사실도 놀랍지 않다. 이러한 현실을 부정하기에는 이미 실제적 근거들이 존재하는 듯하다.

앞서 언급한 것처럼 구글의 딥마인드 자율 AI는 세계 바둑 챔피언을 이겼고, 최근에는 알리바바의 AI 알고리즘이 기본적인 읽기 및 이해 능력에서 인간보다 우월하다는 사실이 밝혀지기도 했다.[9]

기계가 인간의 기본적인 능력들을 구현할 수 있고, 그 기계에 학습 능력이 있다면 미래는 과연 어떤 모습일까? 매우 광범위한 직업군에서 본질적인 변화가 일어날 것이다. 이미 업무 자동화 물결은 시작되었다. 신입 사원을 채용하거나 어느 직원을 승진시킬지 결정하고, 다양한 행정 업무를 관리하는 데 알고리즘이 쓰이는 것만 봐도 알 수 있다.[10][11][12]

그러나 기업들이 복잡한 알고리즘에 투자하는 이유가 가장 적합한 인재를 고용하는 등의 수동적인 행정 업무 때문만은 아니다. 알고리즘은 이미 더 능동적인 업무에도 사용되고 있다. 예를 들어 JP모건체이스 은행은 알고리즘을 이용하여 직원들이 회사 규정을 준수하고 있는지 추적하고 평가한다.[13]

또 다른 사례로, 기업들은 직원의 퇴사 확률을 예측하기 위해 알고리즘으로 직원 만족도를 조사하기 시작했다. 어떤 조직에든 이런 종류의 데이터는 효과적인 경영 관리에 유용하고도 값진 자료가 될 것이다. 조직들은 훌륭한 인재를 영입한 뒤에는 유출을 최대한 막으려 하기 마련이다. 미국 국립경제연구국(The National Bureau of Economic Research) 연구에 따르면, 노동자들의 근속 기간이 짧은 저기술 서비스 부문에서 알고리즘으로 고용 가능성을 판단해 직원을 뽑는 경우 근속 기간이 15퍼센트 더 길어졌다.[14]

의사결정의 자동화와 혁신

자동화와 이에 상응하는 딥러닝 능력을 갖춘 알고리즘은 다른 산업 분야로도 침투해, 법률 부문에서도 서비스 자동화 여부와 그 방법에 대한 논의가 활발히 이루어지고 있다. 주차 위반처럼 벌금 액수가 비교적 적은 문제에서는 법률 상담 자동화가 도입되기도 했다.

법조계는 소송에서 판사가 수집된 증거 자료를 검토할 때 AI의 도움을 받는 방식을 고려 중이다. 이해 관계자가 여럿인 문제에서 의사결정을 내려야 할 때 알고리즘이 연관성 있는 증거를 찾아줄 것으로 기대된다. 실제로 이렇게 알고리즘을 이용하면 법의 틀 내에서 내리는 '공정한' 결정에 자율학습 기계가 영향을 미칠지도 모른다. 인간의 권리와 의무를 둘러싼 사안들이 점차 자동화된다면, 인간의 가치와 우선순위가 도전을 받을 위험이 잠재하는 시대가 열릴 것이다.

금융 서비스 분야도 자동화되는 중이다. 자동화 학습 기계들과 관련 기술이 이 분야 생태계에 빠르게 침투하고 있다. 이제 트레이더나 재무위험관리사는 디지털화나 머신러닝이 더 이상 특별한 주제가 아닌 환경에서 일한다.[15] 위험관리분석 서비스나 고객 프로필 기반 맞춤 상품을 제공하는 영역에서 알고리즘의 역할은 타의 추종을 불허한다. 이제 사람들이 은행을 가리켜 첫째로는 IT 기업, 둘째로 금융기관이라고 말하는 것도 무리가 아니다. 금융산업계에서 3년 전에는 IT 부문에 2600억 달러를 지출했으며 2021년에는 거의 3000억 달러를 쏟아부으리라 예측되었고, 이는 놀라운 일이 아니다.[16]

은행들이 적극적으로 기술을 포용한 나머지 이 산업 분야가 돌아가는 방식도 상당 부분 변화했다. 이 변화는 반대 방향으로도 일어나고 있다. 이제 IT 기업들도 금융 분야로 눈을 돌리는 것이다. 말 그대로 IT 기업이 은행이 된다는 의미다. 알리바바, 페이스북, 아마존 등은 모두 금융 서비스와 상품을 제공하는 방향으로 사업을 전환하기 시작했다.

마지막으로 자동화 러닝 알고리즘의 사용이 큰 변화를 불러올 것으로 전망되는 주요 분야는 의료 서비스다.[17] 의사들이 관련 정보를 더욱 신속하게 열람할 수 있도록 의료 파일을 보관 및 관리하는 업무가 점점 더 자동화되고 있다.[18] 의료 산업의 변화는 의료 연구에도 영향을 미치므로 인간의 생명을 구하는 일에도 보탬이 될 것이다.[19] 기술을 활용하여 병을 진단하고 그에 적합한 치료를 제안하는 의사들은 확실한 증거를 기반으로 더욱 정확하게 진단을 할 수 있게 된다. 한 가지 사례로 림프절 세포 이미지를 기반으로 암 탐지율을 높이는 방법을 연구한 결과, AI 단독 탐지시 오류율은 7.5퍼센트, 인간의 오류율은 3.5퍼센트였다. AI와 인간이 협업했을 때는 인간 단독 탐지의 경우보다 오류율이 85퍼센트 감소해 0.5퍼센트밖에 되지 않았다.[20]

이러한 발전상을 종합해보면, 머지않아 인간은 과거와 달리 앞으로 기본적인 인지 능력이나 신체 능력을 바탕으로 활약하지 못할 것 같다. 이 영역은 손쉽게 자동화되어 처리 속도가 빠른 학습 기계들에 의해 최적화될 것이다. 언론이 열렬히 지지하는 이러한 미래상을 보며 많은 사람들이 자동화의 한계가 있기나 할지, 그렇다면 어디까지인지 궁금해한다. 이렇듯 인간을 인간으로 만드는 핵심 기술이나 능력조차 곧 AI에게 대체될 조짐이 보이고, 나아가 이 신기술이 딥러닝을 바탕으로 끊임없이 향상될 수 있다면 미래에 우리 인간에게는 무엇이 남게 될까?

이러한 고찰은 새로운 것이 아니라 꽤 오래전부터 이루어졌다. 1965년 영국의 수학자 어빙 존 굿(Irving John Good)은 "초지능 로봇은 더 뛰어난 로봇을 설계할 수 있을 것이다. 그러면 의심할 것도 없이 '지능 폭발'이 일어나고, 인간의 지능은 한참 뒤처질 것이다"라고 말했다. 이런 문제를 곰곰이 생각하다 보면 몇 가지 실존적 질문들이 떠오르기 마련이다. 자신을 추월하는 기술이 등장한 생태계 속에서 사람들은 그런 질문들을 던지며 인류가 맞을 미래에 큰 불안을 느끼고 이해 충돌의 가능성을 엿보기도 한다.

우리는 조직과 사회에 많은 이익을 가져다주는 AI의 힘에 집착한다. 이 집착 때문에 우리는 고찰의 순간을 갖거나 걱정을 하기도 한다. 고찰 속에서 우리는 인간의 한계가 기술로 극복될 수 있다는 사실을 깨닫는 한편, 궁극적으로 이러한 기술의 도입이 인간을 쓸모없게 만들 수도 있다는 사실 또한 깨닫는다. 더 큰 이윤과 성장을 추구하고 효율을 높이려는 열망 속에서 우리는 인간됨의 의미에 관한 실망감과 마주해야 할지도 모른다.

이런 반성적이고 비판적인 고민에서 또렷하게 드러나는 바는, 우리가 기계에 의해 대체되는 것을 두려워하면서도 '인간'과 '기계'를 서로 다른 두 개체로 보고 있다는 사실이다. 인간을 '우리'로, 기계를 '그들'로 구분하며 큰 차이를 두는 정서 때문에 인간과 기계를 한데 묶어 '우리'로 바라보는 개념이 수용되기 어려울 수 있다. 그러면 어떻게 인간과 기계의 협력을 논할 수 있을까? 우리가 그들과 너무 달라서 하나가 될 수 없다고 여긴다면, 최선책은 공존이 될 것이다. 그러나 많은 이들은 '공존'조차 두려워한다. 공존하더라도 인간이 끝내 우수한 기계에 의해 대체될 가능성은 여전히 남기 때문이다.

인간은 능력에 한계가 있는 행위자로 인식되는 반면 기계는 궁극적으로 인간이 도달하지 못할 높은 수준으로 발전할 수 있는 개체로 간주되는 것, 이것이 바로 우려의 원천이다. 하지만 그런 생각이 과연 타당한 걸까? 과학은 뭐라고 이야기할까?

'새로운 기술에 어떤 잠재력이 있는가?' '이 기능에 다가가는 방법은 무엇인가?' '이것을 미래에 어떤 방식으로 사용할 것인가?' 등에 관한 사람들의 인식을 조사한 결과, 인간은 추월당하는 것을 두려워하는 듯하다는 결론이 도출되었다. 과학이 이러한 결론을 제시하는 이유는 무엇일까?

1970년대부터 학자들은 임상 진단, 대학원생의 성공 가능성 예측 등의 작업에서 인간 전문가가 단순 선형 예측 모델의 정확도를 따라잡지 못한다는 증거를 제시해왔다.[21][22] 이러한 사실들이 발견되면서 알고리즘의 판단이 인간 전문가의 판단보다 우월하다는 인식이 생겼다.[23] 한 예로 심박수 관련 질환을 감지하는 데서 알고리즘의 진단 결과가 더 정확하다는 사실이 밝혀지기도 했다.[24][25][26]

또한 비즈니스 세계에서도 직원 성과 예측, 고객 니즈 분석, 가짜 정보 판별 영역에서 알고리즘이 더욱 우월하다는 사실이 입증되었다.[27][28] 이 모든 결과를 종합적으로 분석(이를 메타분석이라고 한다)했을 때 알고리즘의 정확도가 인간보다 평균 10퍼센트 높은 것으로 나타났다.[29] 알고리즘이 전반적으로 인간을 능가하며 앞으로 점점 더 그렇게 될 것이라는 사실이 입증되고 있다.

이러한 과학적 증거에 인간과 기계를 '우리 vs 그들'로 보는 인식이 더

해지니, AI가 주인공이 되어 인간의 업무를 대체할 것인지 궁금해진다.[30] 앞으로 20년 안에 내 직업이 자동화될 가능성이 있는지 검색할 수 있는 웹사이트가 운영되고 있는 현실이다.

사실 이런 일들이 실제로 벌어질 때까지 기다릴 필요도 없다. 온라인 소매업체 숍다이렉트(Shop Direct)는 약 2000개의 직무를 자동화해 창고를 폐쇄하겠다고 발표했다. 유럽 최대의 소프트웨어 회사 SAP도 경영 구조에 AI를 도입하면서 일자리 수천 개를 삭감했다.

오늘날 사회 체제에서는 기술이 가능한 모든 영역에서 인간을 대체하고(인간의 배제), 인간은 아직 자동화가 불가능한 업무에만 참여(조건부 개입)하는 것이 합리적이라는 의견이 대세이다. 여러 조사 결과를 봤을 때 그렇게 되는 것은 시간문제인 듯하다. 액센츄어의 연구에 따르면 설문에 응한 경영진의 85퍼센트가 2020년까지 AI 관련 기술 투자를 대폭 늘릴 것이라고 밝혔다.[31] 마찬가지로 프라이스워터하우스쿠퍼스가 수행한 설문조사에서도 경영진의 62퍼센트가 여러 관리 업무에 AI를 배치할 계획이라고 밝혔다.[32] 또한 세일즈포스리서치(Salesforce Research) 설문조사에 따르면 서비스 산업 부문에서 기업의 69퍼센트가 AI 기반 서비스 솔루션을 적극적으로 적용하려고 준비 중인 것으로 나타났다. 마지막으로 야후파이낸스(Yahoo Finance)는 2040년쯤 자사의 노동력 구성이 '완전히 알아볼 수 없는 모습이 될지도 모른다'고 예측했다.[33]

우리가 인간의 대체에 관해
생각하는 이유

인간이 대체될 것이라는 강박은 어디서 왔을까? 어떤 한계(여기서는 인간의 한계)가 눈에 띄었다 하면 제거하고 다른 것으로 대체해야 직성이 풀리는 것이 인간의 본성일까? 약자를 위한 자리는 전혀 없을까? 더 힘이 센 악당이 마을에 등장하면 나이 들고 연약한 이들은 대체되기 마련이라는 주장을 속수무책으로 받아들일 수밖에 없는 걸까? 이런 종류의 생각은 인간―AI 관계에 관한 논의를 제로섬 게임으로 전락시킬 것이다. 한쪽이 우월하여 승리하는 경우 다른 한쪽은 자연히 패배하여 결국 제거되는 게임 말이다. 이러한 믿음은 어디에서 왔을까?

이 질문에 답하기 위해 저명한 프랑스 철학자 르네 데카르트가 제시한 육체와 정신의 구분법을 살펴보자.[34] 산업혁명이 일어나면서 기계를 이용하여 인간 육체의 힘을 복제하는 것이 가능해졌다. 덕분에 우리는 이제 더 빠른 속도로 일하고 더 큰 폭의 이윤과 성장을 도모할 수 있다. 또하나 중요한 건, 우리가 육체노동에서 벗어나 정신의 힘에 더욱 집중할 수 있게 되었다는 사실이다. 그 결과 인간은 더욱 세련되고 창의적인 존재가 되었고, 현실에 대처하는 새로운 방법을 생각해낼 수 있게 됐다. 우리가 육체를 떠나 정신으로 이동했다는 것은 처음으로 기계에 굴복했다는 의미였다. 기계가 정신 활동이 배제된 육체노동을 전담하면서 인간의 몸을 쓸모없게 만든 뒤 우리는 생각하는 힘이 요구되는 일에 대부분의 시간을 할애할 수 있게 되었다.

21세기 들어 이제는 우리의 정신이 기술혁명의 도전을 받고 있다. 알고리즘의 데이터 처리 속도나 그 결과를 학습하고 최적화하는 능력은 무한대에 가깝고, 인간의 정신 능력은 그에 비할 바가 못 된다. 이러한 발전을 이뤘다는 것은 우리 사회가 혜택을 누리고 이익을 증진할 수 있는 또 다른 단계에 진입했다는 의미이다. 이번에 우리에게 주어진 기회는 육체적 힘의 증대가 아닌 인지적 힘의 증대이다. '육체와 정신'이라는 관점 속에서는 이런 발전에 관한 두려움이 생기는 것도 이해할 만하다.

과거에 우리는 육체노동을 기계에 의존하기 시작했다. 만일 현재와 미래가 과거의 길을 똑같이 밟는다면, 우리는 정신노동 또한 기계에 의존하게 될까? 합리적으로 최대 효용을 추구하려다 보면 기계에 관한 의존은 분명히 시작될 것이다. 우리는 인간의 인지 능력을 훨씬 능가하는 새로운 유형의 '슈퍼' 마인드, 즉 AI가 등장한 시대에 살고 있다. 더구나 인공지능의 효율성과 비교해 진정한 의미의 인간 지능이 실패하고 있다는 뉴스가 사방에서 들려온다.

우리가 스스로 이런 어려움을 만들어냈다는 사실은 다소 역설적으로 느껴진다. 인간의 종말이 임박했을지도 모른다는 냉소적인 감상마저 든다. 이미 기계가 육체를 대체한 상황에서 알고리즘이 인간의 정신까지 대체한다면, 우리에게는 더 도망갈 곳이 없다. 인간은 육체와 정신으로 이뤄졌다고 하지 않았던가? 두 가지가 모두 대체될 운명이라면 인간은 어느 방향을 향해 움직여야 할까? 인류가 정말 필요한 존재가 맞는지 다시 생각해봐야 하는 것은 아닐까? 우리가 만들고 있는 알고리즘 사이클에서 인간이 쓸모 있기는 할지, 그렇다면 어느 부분에서 제 몫을 할 수 있을지 자문해봐야 할 때가 온 걸까?

앞서 언급했듯이 일부 직업군(예: 금융, 의료 서비스)에서는 자동화가 빠르게 주류를 이루기 시작한 것 같다. 앞으로 인간은 여타 분야에서도 알고리즘보다 열등한 위치에 놓이게 될 것이다. 관련 자료로 비즈니스 및 인사(HR) 부문 리더들을 조사하여 쓴 보고서인 〈2018 딜로이트 글로벌 인적자본 동향〉(2018 Deloitte Global Human Capital Trends)이 있다. 이 설문에 응답한 리더들의 72퍼센트는 가장 빠르게 주요 투자처로 부상하는 분야로 AI, 로봇, 자동화를 꼽았다.

혁신이 리더십의 변화를 의미할 때

만약 육체와 정신이 대체될 수 있다면, 인간 자체도 대체될 수 있어야 할 것이다. SF소설처럼 들리겠지만 이미 여러 징후가 존재하고 있는 듯하다. 그러므로 이 일이 정말 일어나고 있다면, 우리가 다음으로 답해야 할 질문은 이것이다. '기계와 그에 상응하는 기술에 굴복해야 할 것인가?'

오늘날의 불안정하고 불확실한 비즈니스 환경에서는 이러한 질문이 그다지 이상하게 느껴지지 않을 수도 있다. 이런 환경에서 살아남으려면 탁월한 데이터 관리 및 활용 능력을 갖춘 리더가 필요하다고 하지 않았던가? 비용절감을 실현할 아이디어를 내놓고 조직의 효율과 생산성을 높일 수 있는 사람 말이다. 가장 중요하게는, 이 모든 일을 빛의 속도로 처리할 수 있어야 한다! 그렇다. 이런 요건들을 충족할 수 있는 새로운 리더는 인간일 리가 없다. 사실 우리 사회는 이미 새로운 산업혁명을 맞이했고, 이 혁명을 주도하는 것은 알고리즘이다. AI의 영향력 밑에서 인간 리더들은 살아남지 못할지도 모른다. 그렇다면 이러한 리더십 교체가 아무런 반발 없이 순조롭게 일어날까?

리더십 자동화가 가져올 모든 이점을 고려해볼 때 저항은 아예 없거나, 있더라도 별 소용이 없을 것 같다. 적어도 우리 인간들이 합리적으로 반응한다면 말이다. 인간은 합리적인 존재로서 자신의 이익을 극대화하려고 노력할 것이다. 지금 보다시피, 자동화 확대는 우리 삶을 더욱 효율적으로 개선한다. 따라서 우리 이성은 이 새로운 리더십을 적극적으로 찬성해야 한다고 말한다.

이성뿐만이 아니라 감정도 작용한다. 인간은 새로운 리더십이 제공하는 편안한 상황에 쉽게 익숙해지고 심지어 중독될 수도 있다. 일단 중독이 되고 나면 우리는 그 상황에 만족하고 결국 순응할 것이다. 실제로 연구에 따르면 기계들은 우리 두뇌의 보상센터를 자극할 수 있다. 인간이 끊임없이 스마트폰을 확인하는 중독에 걸린 이유 중 하나도 이것이다. 보상센터는 행복감을 느끼게 하는 호르몬인 도파민을 분비하며, 다른 모든 중독과 동일하게 인간으로 하여금 더 빈번히 보상을 찾게 만든다. 사람들은 행복감을 유지하고 싶어 점점 더 자동화를 원할 것이다. 자동화 리더가 원하는 바를 이뤄줄 수 있을 것만 같고, 그런 식으로 우리를 중독시키기 때문에 인간은 결국 순응할 것이다. 그렇다, 인간은 분명 항복할 것이다. 자율 알고리즘은 우리 생활의 일부가 될 것이고, 우리의 리더가 될 것이다.

여러분이 이 책을 덮고 '앞으로는 알고리즘이 나한테 할 일을 지시하겠네'라는 생각을 받아들이기 전에, 또 다른 현실을 소개하려고 한다. 이 현실을 통해 리더십과 알고리즘이 수행할 잠재적 역할과 관련하여 더욱 복합적인 관점을 얻을 수 있을 것이다. 먼저 여러분에게 한 가지 요청을 하고 싶다. '업무 효율을 높일 수만 있다면 누구나 리더가 될 수 있을까?' 라는 질문을 생각해보자. 강인하고 똑똑하기만 하면 누구나 리더를 할 수 있고, 어떤 역할을 수행할 육체와 정신만 있다면 리더십이 성립될까? 그렇다면 오늘날의 진정한 승자는 스마트 기기가 될 것이다. 하지만 내 의견은 다르다. 더 자세한 논의를 위해 알고리즘이 정확히 어떤 방식으로 학습하는지, 이것이 우리가 아는 인간 사회의 리더십에 적합한지 여부를 간단히 살펴보자.

알고리즘의 학습 능력에 한계가 있을까?

알고리즘 학습 방식의 원활한 이해를 위해, 영국 수학자 앨런 튜링을 만나보자. 영화 〈이미테이션 게임〉에서 배우 베네딕트 컴버배치가 연기한 앨런 튜링은 제2차 세계대전 당시 독일군의 에니그마 암호를 해독한 업적으로 유명하다. 암호를 해독하려고 봄브(Bombe)라는 컴퓨터를 개발한 튜링은 어느 인간도 할 수 없었던 일을 봄브가 해내는 것을 보면서 기계의 지능에 관해 생각하기 시작했다.

이를 계기로 튜링은 1950년 〈계산기계와 지능〉(Computing Machinery and Intelligence)이라는 논문을 발표하고, 그 유명한 '튜링 테스트'를 소개한다. 이 테스트는 기계가 정말 인공지능을 갖추었는지 여부를 판단하는 수단으로서, 오늘날에도 여전히 중요한 판별법으로 인정받는다. 테스트 참가자는 또 다른 인간 혹은 기계와 상호작용을 해야 한다. 참가자는 다른 사람이나 기계를 볼 수 없고, 보이지 않는 상대방이 하는 행동에 관한 정보만 얻을 수 있다. 참가자가 상대의 행동이 사람의 것인지 기계의 것인지 구별할 수 없다면, 그 기계에는 지능이 있다고 간주한다. 이렇게 행동을 기반으로 한 앨런 튜링의 판별법은 아직까지 학습 알고리즘 개발에 큰 영향을 미치고 있다.

튜링의 행동과학이 주를 이루던 시대에 기계들이 관찰 가능한 행동을 입력값으로 삼아 학습한다는 개념은 그리 놀라운 것이 아니었다. 당시 심리학 흐름상 인간의 마음속을 들여다보는 일은 기피되었고, 인간의 마음은 직접적으로 관찰할 수 없기에 내부 구조가 어떻게 생겼는지 알 수 없는 어둠의 상자, 곧 블랙박스와 같은 존재로 여겨졌다(흥미롭게도 오늘날 AI에 관해서도 같은 표현이 사용된다). 이런 이유로 그 시절 과학자들은 인간의 감정과 생각을 나타내는 진정한 지표는 오직 행동뿐이며, 마음을 연구해선 안 된다고 주장했다.

그런 생각이 얼마나 지배적이었던지 다음과 같은 우스갯소리까지 나올 정도였다.

'행동' 두 명이 술집에 들어왔다. 한 명이 친구에게 묻는다.
"넌 잘 지내고 있구나. 난 어떻게 지내?"

비슷한 맥락에서 오늘날 우리는 알고리즘이 관찰 가능한 패턴을 식별하는 방식으로 데이터를 분석 및 학습할 수 있다고 가정한다. 알고리즘은 이런 패턴들을 통해 규칙성을 파악하고, 그 규칙을 기반으로 결과를 추론하며 예측하는 모델을 만든다. 그러므로 알고리즘이 데이터에서 관찰된 패턴을 기반으로 전략을 세우거나 조언을 할 수 있다고 말하는 것도 어느 정도 가능한 셈이다. 알고리즘은 이러한 패턴들을 읽어 데이터의 규칙성, 즉 '일반적인 행동 양식'을 학습한 뒤 그에 맞는 적절한 결괏값을 산출한다.

알고리즘은 입력된 데이터 가운데 관찰 가능한 패턴을 지닌 것들을 바탕으로 일을 처리하나, 특정한 패턴(튜링이 언급한 행동을 지칭)이 무엇을 암시하는지 알아내는 능력은 없다. 다르게 표현하면, 알고리즘은 관찰 가능한 행동 이면에 숨겨진 감정을 이해하거나 더 깊은 수준의 사고·반성·고찰 등은 하지 못한다. '이미테이션' 게임이라는 영화 제목처럼, 알고리즘이 인간을 완벽하게 모방하여 인간 행세를 할 수는 있다 해도 그들이 진짜 인간 '관계' 안에서 리더로서 기능할 수 있을까? 인간의 행동을 학습하여 구현할 수 있다는 알고리즘이, 인간의 사회적 관계 속에서도 정말 생존하고 기능할 수 있을까?

다음의 사례를 생각해보자. 최근 구글 듀플렉스(Google Duplex)는 AI가 흠잡을 데 없는 대화를 구사하면서 전화로 저녁 식사를 예약하는 모습을 시연했다.[35] 이때 식당 주인은 예약 전화를 건 것이 AI라는 사실을 조금도 눈치채지 못했다. 하지만 대화 중에 예상 밖의 일이 벌어지면 어떻게 될까? 이런 상황을 상상할 수 있다는 사실만으로도 알고리즘과 여러분은 다른 존재가 된다. 알고리즘은 절대로 이런 시나리오를 생각해내지 못한다. 온라인에는 그날 저녁에 식당을 열겠다고 공지해둔 상태에서 주인이 갑자기 마음을 바꿔 저녁 장사를 하지 않겠다고 말한다면? AI가 그런 변화에 맞게 합리적으로, 또 인간적으로 반응할 수 있을까?

솔직히 말해 그럴 가능성은 작은 것 같다. 알고리즘은 인간이 일반적으로 어떤 행동을 하는지 관찰한 뒤 그 내용을 기반으로 대부분의 상황을 처리하는 데 쓰일 행동 레퍼토리를 만들어나간다. 인간의 행동 뒤에 숨은 의미를 이해하고 동일하게 의미 있는 방식으로 반응하는 것은 다른 문제다. 여기에서 알고리즘이 리더로서 어떤 잠재적 한계를 지니는지 알 수 있다.

아직 알고리즘에게는 주어진 맥락 안에서 특정 행동의 의미를 이해하는 능력이 없다. AI는 상황이나 맥락과 상관없이 학습하고 작동하는 반면, 인간은 특정 행동이 일어나는 맥락을 파악할 줄 안다. 중요한 건 우리가 리더들에게 이러한 자질을 기대한다는 사실이다. 멜라니 미첼(Melanie Mitchell)은 이를 저서 《인공지능: 생각하는 사람들을 위한 가이드》(Artificial Intelligence: A Guide for Thinking Humans)에서 이렇게 표현했다. "오늘날 가장 유능한 AI 시스템에도 결정적인 한계가 있다. AI는 아주 구체적이고 좁은 범위의 일만을 잘 처리할 수 있고, 그 너머의 세계에 대해서는 아는 바가 전혀 없다."

여담으로, 데카르트가 구분해 말했던 육체와 정신을 AI가 대체했다며 인간을 쓸모없는 존재로 치부하는 사람들은 안타깝게도 이러한 시각이나 논리를 망각한 것 같다. 물론 육체와 정신을 개별적인 실체로 보긴 했지만, 데카르트는 두 실체가 연결되어 있다고도 했다. 건강한 육체에 건강한 정신이 깃든다는 말도 있지 않은가. 그런데 무엇이 그러한 연결 상태를 만드는 것일까? 육체와 정신을 그토록 밀접하게 연결하는 접착제는 과연 무엇일까? 철학적인 관점에서 '영혼'이 그 답이 될 수 있다. 우리가 무엇을 보거나 행동하고 결정할 때 그와 관련된 열정, 감정, 직관적 해석 능력 등을 선사하는 영혼 말이다. 인간의 육체와 정신이 대체될 수 있다 하더라도, 우리의 대체자에게 각 개체가 하나로서 작동하게 하는 영혼이 있을까? 육체와 정신이 연결될 수 없다면 결국에 남는 것은 심장 없는 리더십뿐이다.

한번 생각해보자. 여러분이라면 지능형 기계 리더가 하는 명령을 두 말없이 따르고 이행할 것인가? 영화 〈스타트렉〉의 팬들은 데이터(Data) 소령을 잘 알 것이다. 데이터는 인간의 감정을 이해하는 방법을 배우려고 노력하는 휴머노이드 로봇이다. 한 에피소드에서 데이터 소령은 스타십 USS 엔터프라이스 호의 지휘권을 넘겨받아야 했는데, 이 일로 인간의 감정이 리더십에서 얼마나 중요한 역할을 하는지 로봇과 인간 승무원 모두가 깨달을 수 있었다.

이제 우리는 이런 시나리오가 더 이상 SF소설만은 아닐 수도 있는 시대에 이르렀다. 이러한 미래 리더십을 눈앞에 둔 우리는 어떤 형태의 사회와 조직을 맞이하고 싶은지를 명확히 해야 한다. 사람들을 어떻게 이끌어야 할까? 우리에게 리더십은 어떤 의미일까? 우리의 강점과 약점을 평가하는 일 등 리더의 역할을 누가 맡아야 할까?

2장

AI 팀장과
인간 팀원의
미래

기계시대는 아주 오래전에 도래했지만 오늘날 기계를 향한 요구는 한도 끝도 없는 것 같다. 현대 기계들은 더 큰 기회와 집행권을 필요로 하고, 어쩌면 누군가를 이끄는 역할도 감당해야 할 것 같다. 그런데, 누구를 이끈다는 말일까? 정답은 '기계를 가장 많이 필요로 하는 존재'이다. 친애하는 여러분께 말씀드리건대, 그 존재는 아마 인간일 것이다.

미국 인공지능 연구소(American Institute of Artificial Intelligence) CEO 알 나크비(Al Naqvi)는 "추종자들이 협조하지 않으면 기계는 역할을 다할 수 없다"라고 적었다.[36] 이 책에서 '리더십 과정'이라 부르는 일, 즉 리더들이 영향력을 얻는 것은 오직 그 사람의 지시나 아이디어, 제안을 기꺼이 따르려는 사람들이 있을 때만 가능하다. 기계가 리더가 되어 우리가 기대하는 힘과 잠재력을 발휘할 수 있으려면 따르는 이들이 있어야 한다.

인간에게는 기계의 잠재력을 최대로 활용하려는 집착이 있기에 추종자는 자연히 인간이 될 것으로 보인다. 이것이 바로 오늘날 학자들의 마음을 사로잡는 생각의 흐름이다.

많은 사람이 알고리즘으로 더 강력해진 기계가 인간을 이끈다는 주장이 정말 유효한지 궁금해할 것이다. 애초에 인간으로 구성된 조직에서 알고리즘이 리더가 될 가능성을 따져봐야 할 이유는 무엇일까? 나의 새로운 상사가 알고리즘이 될까 고민하는 것이 말이 되는 일일까? 우리는 이 문제에 어떻게 대처해야 할까? 과연 '알고리즘에 의한 리더십'이 존재할 수 있을까? 만일 그렇다면, 우리에게 정말 그것이 필요할까?

이 질문들을 더 깊이 파고들기 전에, 인간 직원들이 인간 리더를 따르듯 알고리즘 리더를 따르리라고 기대하는 것이 과연 합리적인지 자문해 보아야 한다. 그런 세상이 존재할 수 있을까? 어떤 학자들은 '그렇다'고 말한다.

이 학자들의 가정에 따르면, 대부분의 경우 누가 리더가 될지를 결정하는 것은 '당면한 상황'이다. 저명한 리더십 학자 제프리 페퍼(Jeffrey Pfeffer)는 1977년《미국경영학회보》(Academy of Management Review)에 게재한 〈리더십의 모호함〉(Ambiguity of Leadership)이라는 논문에서 이 견해를 지지했다. 논문에서 페퍼는 리더를 그 어떤 상황의 영향도 받지 않는 특별한 종으로 보는 믿음은 틀렸다고 지적했다. 그의 주장에 따르면, 사람들은 영웅만을 진정한 리더로 인정하려 하고 '특별한 공을 세우는' 이들만 리더라 불릴 자격이 있다고 착각한다. 〈어벤져스〉(Avengers) 시리즈 등의 액션 히어로에 초점을 맞춘 현대 영화산업을 보면 사람들에게는 위대하고 영웅적인 리더십을 향한 갈망이 여전히 존재하는 것 같다.

그런데 흥미롭게도 현실은 그 반대이다. 사실은 상황이 리더를 만드는 것이며, 역사도 이를 뒷받침한다. 자신이 지닌 고유 능력 외의 이유 때문에 전쟁에서 이기거나, 사무실에 앉아 경제를 쥐락펴락 할 수 있다는 인상을 풍기는 것(자신 덕분에 미국에 10년 동안 불황이 없었다고 말하는 도널드 트럼프)만으로 리더십이 있다고 평가되는 인물들의 사례를 보면 알 수 있다.

　내 인생에서 본 가장 극단적인 사례는 조지 부시 대통령과 9 · 11 테러의 비극이었다. 납치된 비행기가 세계무역센터와 미국 국방부 건물에 충돌하기 전까지 부시의 리더십 점수는 역대 최저 수준이었다. 그런데 부시 대통령이 이 사건의 여파 속에서 그라운드 제로(Ground Zero)를 방문하고 테러를 일으킨 이들을 엄벌할 것이라고 발표했을 때 놀라운 일이 일어났다. 국민 대다수에게 대통령을 맡을 능력이 없다는 평가를 받던 사람이 역사상 가장 높은 수준의 리더십 점수를 받은 대통령으로 탈바꿈한 것이다. 특히 그가 공격 의지를 드러내거나 낙관적인 메시지를 전하고 전쟁에 돌입하는 지도자로서 조치를 취했을 때 이 상황적 요인들이 부시 대통령을 좋은 리더로 보이게 만들었다.

　당면한 상황이 리더를 결정한다는 사실은 스포츠 코치, 기업 리더, 시장 등을 조사한 연구에서 입증되어왔다.[37][38] 이렇듯 리더십 능력 평가를 좌우하는 것이 상황이라는 통찰은 다음과 같은 결론으로 이어졌다. '누가 그 자리를 맡든 무슨 상관이야?'[39]

여러분의 상사는 로봇이 될까?

이런 통찰은 사람들의 호응을 얻고 있으며, 인간이 리더가 되듯 알고리즘이 리더 역할을 해도 괜찮다는 암시를 하는 것 같다.

누가 리더를 하든 상관없다면, 우리는 인간으로서 조금 더 책임감을 가지고 알고리즘이 정말 조직을 이끌 수 있을지 생각해봐야 한다. 현대 조직은 급변하는 비즈니스 환경에서 발 빠르고 민첩하게 움직여야 한다. 이를 위해 인간은 기업을 더욱 효율적으로 운영하고 성능 관리를 최적화하려고 기술의 힘을 빌린다. 기업이 제품과 서비스를 향한 고객들의 까다로운 욕구를 충족시키려면 기술혁신이 꼭 필요하다. 이는 우리 모두가 당면한 현실이자 피할 수 없는 진실이다!

우리가 처한 비즈니스 환경 자체가 효율성 제고의 수단으로서 알고리즘을 강력히 요구한다. 상황적 요인에 어떤 힘이 있는지 안다면 조직이 탁월성을 추구하는 과정에서 알고리즘의 지시를 받게 된다는 개념이 그리 이상해 보이지 않으리라. 즉 알고리즘이 아주 이른 시일 내에 관리 절차를 주도하게 될 수도 있다는 의미이다.

이는 더 이상 뜬구름 잡는 이야기가 아니다. 생산성에 관한 기대치가 높아지고 데이터를 바탕으로 더욱 빠르고 합리적으로 대응해야 할 필요성이 높아지면서 비즈니스 리더나 선구적인 사상가들은 리더십 자동화를 강력히 주창하고 있다. 리더십 자동화가 실현 가능한 일인지 의심하는 이들은 거의 없으며, 사람들이 관심을 쏟는 건 '어떻게 해야 AI 관리 전략을 잘 구현할 수 있느냐'이다.

비즈니스 리더들은 이미 대대적인 디지털 혁신으로 많은 문제가 발생했다는 사실을 인정했다. 인간이 감당하기 벅찬 수준인지도 모른다. 비즈니스 세계가 디지털 혁신을 어떻게 관리해야 할지를 판단하기 어려운 것이다. 그렇다면 우리가 지난 수십 년간 참고해온 리더십 교본을 새롭게 고쳐 쓸 때가 온 것은 아닐까?

현대 조직들은 너무도 복잡해서 초인적인 능력을 갖춘 리더나 되어야 조직을 이끌 수 있을 것 같다. 인간 리더들이 좋은 결정을 내리겠거니 하기에는 세상이 너무 빨리 움직인다. 인간의 지능이 아름답고 정교한 것은 사실이지만, 우리 지능이 짧은 시간에 방대한 데이터를 처리하는 동시에 늘 최선의 결정을 내릴 수 있는 것은 아니다. 이 지점에서 알고리즘이 리더십 논의에 거론되기 시작한다. 알고리즘은 우리가 생각하는 좋은 리더십의 대표적인 기능들을 거의 모두 대체할 수 있다. 누군가가 그 어떠한 새로운 기술을 생각했든 컴퓨터 과학자들이 관련 알고리즘 개발에 이미 착수했을지도 모르는 시대에 우리는 도달했다.[40] 미래 조직 관리가 자동화되리라는 생각은 더 이상 유토피아적인 아이디어가 아니며,[41] 인간이 조직을 관리할 때보다 비용이 감소하고 더욱 효율적이고 공정해지기도 할 것이다.

시장이 효율성을 요구하는 만큼 알고리즘은 이미 다양한 관리 수준에서 여러 직책을 대체했고, 대체해갈 것이다. 결국 알고리즘은 여러 가지 형태로 인간의 리더 지위를 물려받을 운명인 듯하다.[42] 작가 프랭크 패스콸리(Frank Pasquale)는 이를 가리켜 "권위가 점점 더 알고리즘적으로 표현된다"라고 이야기했다.[43] 알고리즘이 권위를 판단하는 척도가 된다는 것은 알고리즘이 권력의 보유자로 이동한다는 의미이기도 하다. 왜 그럴까? 알고리즘은 딥러닝 능력 덕분에 인간은 잘 이해하지 못하는 의사결정 규칙을 수립할 수 있다. 그들이 내리는 결정은 확고하고 어떤 면에서는 돌이키기 불가능한 듯 느껴질 것이다. 그렇기 때문에 알고리즘에게 권위적인 역할을 허용하면 우리는 알고리즘에 의존할 수밖에 없게 된다. 즉 우리가 자발적으로 알고리즘을 리더십 시스템의 일부로 만들면 자연히 알고리즘에 의존하는 환경이 조성된다. 알고리즘의 합리적인 속성 때문에 이 의존 상태는 거리감이 있고 경직되며 이의를 제기하기도 어렵게 느껴질 것이다.

핫한 비즈니스 모델의 함정

우리의 결정에 영향을 줄 힘이 알고리즘에게 있다면, 비즈니스 세계는 이 힘을 어떤 식으로 회사 운영에 접목할까? 알고리즘이 의사결정과 업무 실행을 주도하고 인간은 거기에 따르는 비즈니스 모델을 수용하는 기업이 점점 늘고 있다.[44] 예를 들어 통계분석 기업 SAS는 디지털 데이터 관리 영역에서 한 단계 더 높은 수준, 알고리즘이 단순한 조언을 넘어 전략적 의사결정을 지원하는 수준을 이루려 고심 중이다.[45] 이런 비즈니스 모델에서 알고리즘 상사는 인간보다 더 우월한 성과를 낼 수 있는 스마트한 존재로 묘사된다. 성공한 CEO들의 두뇌를 분석하고 그들의 신경망에 각인된 정보를 바탕으로 고효율 알고리즘을 만들려는 시도도 있다.[46] 이렇게 탄생한 알고리즘은 끊임없이 학습하고 발전하여 인간 리더보다 우월한 최상의 권위자로 거듭날 것이다. 세계경제포럼(World Economic Forum)과 사회의 미래에 관한 글로벌 의제 위원회(Global Agenda Council on the Future of Software and Society)가 실시한 설문조사에서, 경영인들은 2026년 무렵 인공지능 기계가 회사 이사회의 구성원이 될 것으로 기대한다고 답했다. 홍콩 벤처캐피털 회사 딥놀리지(Deep Knowledge)는 최근 '바이탈'이라고 불리는 의사결정 알고리즘을 이사회원으로 임명했다. 알고리즘이 이미 기업 경영 구조의 매개변수로서 리더십의 한 축을 이루고 있다는 의미다.[47][48] 또 다른 중요한 사례로, 아마존은 2019년 AI에 인간과 상의하지 않고도 직원을 해고할 수 있는 권한을 부여했다.[49]

이 모든 낙관적이고 흥미진진한 발전은 역효과를 불러올 수도 있다. 알고리즘이 경제적 혜택을 주기는 하지만, 자동화를 적극적으로 추구하는 조직 안에서 사람들은 인간 노동의 가치가 절하된다고 느낄지도 모른다.[50] 인간 직원은 더 이상 가치가 없는 듯 보이고, 일자리 상실의 두려움은 더 현실적으로 다가온다.

이런 실존적 의심 때문에 우리가 맞이하길 바라는 사회의 모습을 성찰할 필요성이 생긴다. 최적화를 꿈꾼 나머지 자동화 리더에게 조직을 내맡기는 사회를 바라는가? 아니면 리더십을 비롯하여 우리가 하는 모든 일에 인간의 손길을 포기하지 않기로 마음먹는 사회를 바라는가?

이러한 정서는 자신이 하는 일이 신기술 시대에도 이어질지 고민하는 사람들의 염려와 직결되는, 과소평가할 수 없는 문제다. 또한 많은 사람은 알고리즘이 의사결정 과정을 주도할 경우 인간 직원들의 미래가 어떻게 될지도 궁금해한다. 경영대학원 교수인 나 역시 미래에는 인간을 동기부여 하는 법을 가르치는 리더십 강좌가 사라질지 묻는 기업 임원들 앞에서 그런 불확실성을 느낀다. 바로 이 지점에서 우리가 미래에 채택하려는 비즈니스 모델과 자동화 리더에 관한 생각을 뒤집을 필요가 있다.

물론 자동화 중심 비즈니스 모델을 고려하는 것은 좋은 일이다. 우리 사회와 조직의 성과를 최고로 끌어올리려는 과정에서 그런 모델의 한계가 어디일지 지켜보는 것은 흥분되기까지 한다. 그러나 자신의 야망·욕구·망상 등을 비판적으로 보는 것도 인간의 책임이다. 왜냐하면 우리가 무언가를 상상할 수 있다고 해서 그것이 반드시 필요한 것은 아니며, 이 비전이 가장 정확하고 믿음직한 정보를 바탕으로 탄생하지 않았을 가능성도 있기 때문이다. 현재의 흥미진진한 기술 발전 속에서, 비즈니스 리더십의 자동화는 인력 자동화가 불러올 수 있는 실질적 영향을 제대로 파악하지 못한 이들의 희망사항에 불과할 수 있다는 사실을 깨달아야 한다.

우연과 기적은 없다

점점 진화하는 미래 비즈니스 모델은 알고리즘의 능력이 어떤지, 탁월한 리더십에 어떤 인간적 기술이 요구되는지 잘 아는 사람들이 설계하고 추진한 것이 아닐 수도 있다.

사실 많은 비즈니스 리더들이 기술 자체나 그 활용 방식을 전문적으로 알거나 자동화 환경에서 인간에게 닥칠 현실을 철학적으로 고찰하지 못한다. 따라서 '자동화의 범위가 점차 확대돼 리더를 포함한 조직의 모든 것이 자동화될 것'이라는 생각에 어떤 위대함과 아름다움이 내포되었든, 우리는 어디에 진정한 가치가 있고 어디에 그렇지 않은지 비판적으로 따져볼 수 있어야 한다. 이런 점에서 일각에서 선호하는 자동화 비즈니스 리더 모델과 달리, 감정과 관련된 기술이 인간의 미래 직무를 결정할 것이라는 최근 연구 결과가 흥미롭다. 미래 인간 직원의 급여를 결정하는 요인은 인지 능력보다는 감정과 인간관계를 다루는 능력이 될 것으로 보인다. 인간의 몫은 '관계적 요구에 민감해야 하는 일'이 되어야 하며, 그 일에 딱 들어맞는 것이 바로 리더의 역할이다.

　내가 주장하려는 바는 알고리즘이 데이터만 분석하면 알아서 전략을 구상하여 기적적인 방식으로 실행할 수 있으리라는 막연한 감상만으로 우리 조직과 사회가 기능할 수는 없다는 것이다. 알고리즘이라는 기술 도구는 사람의 참여나 간섭 없이도 즉각적인 결과를 만들어낼 수 있는 리더십 역량을 갖추지 못한다. 오늘날의 기술 발전을 보면, 자동화 의사결정 과정은 여전히 블랙박스와 같아 예상만큼 체계적으로 이뤄지지 않는다. 게다가 알고리즘에는 인간의 정교함은 물론 감정이나 도덕적 규범의식도 없다. 이 자질들은 리더가 즉각적이고 눈에 보이는 금전적 성과를 내는 것 이상의 가치를 창출하고자 할 때 필요한 것들이다. 관련 자료를 보면 조직의 통솔과 운영에 알고리즘을 활용하는 문제에서 현실은 다른 미래상을 그려내고 있다.

　IBM이 진행한 조사에 따르면, 자신이 이끄는 조직이 경영 구조에 데이터 분석 도구를 도입할 준비가 전혀 되지 않았다고 답한 CEO의 비율은 41퍼센트였다.[51] 또한 조직의 약 22퍼센트만이 인사 업무에 알고리즘을 도입했다고 응답했다.[52] 게다가 그 22퍼센트 중 대부분은 알고리즘이 해당 업무에서 정확히 어떤 효과를 내는지 분명히 알지 못했다. 이러한 자료를 참고했을 때 21세기의 현명한 리더십을 위해서는 단순히 데이터 관리 및 처리 기술을 향상시켜 변화를 꾀하는 것 이상의 전략이 필요한 듯싶다. 오히려 인간의 가치·이익·웰빙 등에 도움되는 기술을 인간 중심적이고 지속 가능한 방식으로 사용할 줄 아는 리더가 진정한 변화를 도모할 수 있을 것이다.

당신은 똑똑한 AI의
지시를 따를 수 있겠는가?

알고리즘은 언제라도 우리의 다양한 일상 활동과 업무 영역에 침투할 준비가 된 듯싶다. 사실 이미 그렇게 하고 있고.

알고리즘은 인간이 보고자 하는 결괏값을 산출하는 방법을 알려줌으로써 기계를 구동한다. 그렇다. 알고리즘은 우리가 대대적인 홍보를 통해 접하고 고대해온 초지능 기술일 뿐만 아니라 우리가 일상적으로 사용하는 컴퓨터 등 유비쿼터스 기계의 구동자이기도 하다. 알고리즘은 이미 우리 사회에서 중추적 역할을 하고 있으며 그 영향력은 점점 더 증가할 것이다.

내가 강조하고 싶은 것은 알고리즘이 현재와 미래 어디에나 존재한다는 점이다. 알고리즘이 무엇인지 잘 몰라 우리 업무 환경에서 알고리즘의 진가를 알아보거나 활용하지 못하는 이들이 많다. 이는 기업들이 새로운 진화를 위한 조치로서 알고리즘 리더십을 열렬히 환영하고 있는 이 시점에 주목해야 할 중요한 문제다. 리더가 사람들에게 행사하는 영향력을 알고리즘에도 위임할 계획이라면, 리더란 과연 '어떤 사람'인지도 이해해야 한다.

우리는 리더십을 생각할 때 특정한 자질을 지닌 특정 유형의 개인을 금세 떠올린다. 우리가 리더라고 여기는 사람을 향한 명확한 기준과 기대치가 있다는 의미다. 그러한 기대치 덕분에 인간은 상황이 변했을 때 어떤 종류의 리더가 필요한지 재빨리 알 수 있다. 다르게 표현하자면, 인간의 심리는 특정한 필요가 발생하는 상황이 닥쳤을 때 어떤 유형의 리더가 적합한지 빠르게 유추할 수 있도록 작동한다. 사람들은 상황이 요구하는 기술을 가진 리더를 쉽게 받아들이고 그의 지시에 따를 것이다.

오늘날 비즈니스 환경은 불확실하고 불안정할 뿐만 아니라 급격한 변화를 겪어야 하기 때문에 이 끝없이 가변적이고 복잡한 상황에 대처할 수 있는 리더십이 요구된다. 이런 조건이라면 아주 복잡하고 모호한 일들을 합리적·일관적인 방식으로 처리할 줄 아는 알고리즘이 리더십에 제격인 듯싶다. 앞서 언급했듯 오늘날 변화하는 비즈니스 환경 자체가 알고리즘을 미래의 유력한 리더 후보로 만든다.

알고리즘을 차기 리더로 세계무대에 세우는 문제에서 우리는 맹목적으로 자동화에 열중하기 전에 이 신기술이 지닌 진정한 잠재력을 더 잘 이해해야 한다. 효과적인 리더십을 위해 미래 리더에게 요구되는 한 가지 필수 조건은 '누구나 신뢰할 수 있는 존재가 되는 것'이다. 신뢰가 바탕이 되면 사람들은 리더와 개방적·협조적 관계를 구축하려 자진해서 노력한다. 열린 마음과 협조가 존재하는 관계 속에서만 리더가 효과적으로 영향력을 발휘할 수 있다. 간단히 말해 리더의 위치에 오른 존재가 신뢰를 받지 못한다면 리더십은 만들어지지 않을 것이다.

알고리즘 리더십이
신뢰를 못 얻는 측면 VS 신뢰를 얻는 측면

피터 드러커는 이렇게 말한 바 있다. "컴퓨터는 혼자 결정을 내리지 못하고 명령만 따르는 멍텅구리일 뿐이다. 그런데 이 도구의 힘이 여기에 있다. 컴퓨터는 우리로 하여금 스스로 생각하고 기준을 세울 수밖에 없게 만든다. 도구가 멍청할수록 주인은 더 똑똑해야 한다. 컴퓨터는 지금까지 인류가 가졌던 가장 멍청한 도구이다."[53]

만일 피터 드러커가 했던 이 지혜의 말이 지금도 유효하다면 상황은 심각하다. 리더십 재앙이 곧 들이닥칠지도 모르니까. 알고리즘이 리더 역할을 맡아 급변하는 세상의 갖가지 과업을 처리한다면 이런저런 문제가 생기기 시작할 것이다. 이 문제들은 '알고리즘이 타인을 이끌기 위한 영향력을 얻는 데 필요한 자질들을 갖추었는가?' 여부를 중심으로 대두될 것이다. 오늘날 리더들이 자유자재로 국경을 넘나들며 활약하는 글로벌 조직을 실현하려면 영향력이 필요하다. 학자들은 현명한 리더십 감각이 있어야만 그런 영향력을 얻을 수 있다고 주장해왔다.[54] 알고리즘이 그렇게 할 수 있을까? 아니라면, 우리가 알고리즘을 실제보다 더 똑똑하다고 과대평가해온 것은 아닐까? 우리는 권위라는 영역에서 알고리즘이 언제, 어떻게 사용되어야 하는지 더욱 신중하게 고민해야 한다.

이 논리를 바탕으로 다음의 중요한 질문을 생각해보자. '인간이 아닌 존재인 알고리즘에게 지혜가 있을 수 있을까?' 여기에서도 우리는 연구 자료의 도움을 받을 수 있다. 지금까지 연구된 바, 사람들은 보통 AI 등의 기계를 비인간(non-human)으로 인식한다. 기계에게 '온전한 마음'이 있다고 보지 않기 때문이다.[55] 우리는 기계와 알고리즘이 인간의 완전한 감정(경험)과 사고(행위) 능력을 지녔다고 생각하지 않는다. 기계가 꼭 인간의 감정 및 인지 능력을 전부 갖춰야만 리더 역할을 할 수 있는 것인지 의문이 드는 이들도 있으리라. 하지만 사람들은 리더가 정당하다고 인정할 때에만 그 사람을 따른다. 정당성을 판단하는 기준은 지혜, 공정함, 사려 깊음 등이다. 따라서 감정과 사고는 꼭 필요한 능력이다.

심리학 연구에 따르면 인간인 우리는 오직 경험과 행위의 속성을 지닌 것에만 마음이 있다고 간주한다.[56] 알고리즘은 공감을 표현하거나 인간 감정의 진정한 의미를 이해하는 능력이 부족하므로 온전한 마음이 없다고 인식된다. 온전한 마음이 없고 감정을 알아차리거나 이해할 능력이 없는 누군가가 자기 대신 도덕적 선택을 하길 바라는 사람은 아무도 없다. 도덕적 선택을 못하는 알고리즘이 리더를 맡는 일은 복잡한 문제다. 사람들은 리더가 자기들의 이익을 위해 힘쓰고 그에 맞는 적절한 결정을 내려주길 기대하기 때문이다.

그렇다면 리더십 자동화 논의가 살아남아 미래 리더십 모델로 구상될 수 있었던 이유는 무엇일까? 알고리즘 리더십을 향한 열렬한 관심이 본질적으로 오늘날 인간 리더십을 향한 불만의 표출이라는 것이 한 가지 이유가 될 수 있다. 기업과 사회 전반에서 다른 형태의 리더십을 찾으려는 움직임이 포착된다. 우리는 내일의 리더들에게서 또 다른 종류의 지혜를 원하며, 알고리즘이 그런 지혜를 제공할지 기대한다.

이 말은 우리가 그토록 소중하게 여기는 인간의 지혜마저 미래 비즈니스 리더에게는 불필요할지도 모르는 시대가 열렸다는 뜻이다. 아마 우리는 지금과는 다른 속성과 자질을 바탕으로 미래 리더에게 필요한 지혜의 종류를 판단할 것이다. 우리가 찾는 리더는 가장 정확하면서도 신속하게 결정하는 능력을 구비한 존재일지도 모른다. 미래 리더가 이런 의사결정 자질을 갖추길 바란다면 우리는 이미 알고리즘 리더십 개념을 받아들일 준비가 되었다고 해도 과언이 아니다. 빠르고 정확한 결정을 내릴 수 있는 리더야말로 불안정한 비즈니스 환경을 가장 잘 관리할 수 있지 않을까?

리더십 문헌을 살펴보면 학자들은 흥미롭게도 '시기적절하게 좋은 결정을 내리는 사람'을 훌륭한 리더로 묘사했다.[57] 리더는 매일같이 결정을 내려야 하며, 그 결정은 조직과 그 직원들에게 이익이나 손해를 끼칠 수 있는 중요한 사회적 결과를 낳을 것이다.[58][59] 때문에 오늘날 디지털 시대는 최적의 방식으로 데이터를 처리할 수 있는 리더를 뽑는 데 더 집중하고 있는지도 모른다. 이제 우리를 인도하고 결정을 내려줄 후보로서 알고리즘이 지닌 장점이 매력적으로 보이지 않는가?

지금까지 설명했던 이론에서 한발 더 나아가 실전으로 넘어가면 알고리즘 리더십의 긍정적인 근거들을 찾아낼 수 있다. 간과할 수 없는 한 가지 사실은 알고리즘이 의사결정 과정에 통합된 업무 자동화가 점점 늘어난다는 점이다. 이러한 추세는 새로운 유형의 자동화 리더십이 곧 실현되리라는 신호로 해석할 수 있다.

자가학습 알고리즘이 빠르고 정확하며 일관적으로 작동할수록 인간들은 점차 그들에게 주도권을 넘길 것이다. 오늘날 복잡하고 변덕스러운 비즈니스 환경에서 빠르고 정확한 의사결정의 필요성은 나날이 부각된다. 사람들은 이런 필요에 대응할 새로운 리더를 찾기 시작했다.

우리는 받아들일 준비가 됐을까?

제니퍼 로그, 줄리아 민슨, 돈 무어는 2019년 알고리즘의 판단과 조언에 관해 사람들이 어떤 태도를 지녔는지 조사했다.[60] "우리 연구에 따르면 사람들은 대체로 알고리즘의 조언을 편안하게 받아들이며, 어떤 경우에는 사람보다 알고리즘을 더 신뢰하기도 한다. 업무 처리 과정에서 인간적인 요소에 크게 연연할 필요가 없을지도 모른다. 넷플릭스나 판도라(Pandora)처럼 자사를 알고리즘 기반 서비스 제공업체로 소개하는 기업들의 생각이 옳았을 수도 있다."

이런 최근 연구들은 인간이 생각보다 알고리즘이 제시하는 조언과 방향성을 더 신뢰한다는 사실을 뒷받침한다. 그런 경향이 실험실 안에서뿐만 아니라 실생활에서도 나타난다는 점도 중요하다.

우버 택시 승객들은 알고리즘보다 인간이 요금을 올렸을 때 더 부정적인 반응을 보인다고 한다. 이익을 침해하는 새 정책이 만들어졌을 때, 사람들은 정책을 결정한 당사자가 인간인 경우보다 알고리즘일 때 더 관대하게 반응한다.

누군가의 결정이 타인에게 부정적인 영향을 주었을 때 대개는 그 행동이 의도적이었다고 간주된다. 그에 반해 알고리즘이 내린 결정은 의도적인 행동으로 인식되지 않는다. 앞서 언급했듯 사람들은 알고리즘에 '마음'이 없으므로 나쁜 의도를 품었으리라 여기지 않기 때문이다.

과학 저널 《네이처 인간 행동》(Nature Human Behaviour)에 게재된 최근 연구[61]에 따르면, 인간 직원들은 다른 사람에게 일자리를 뺏기는 것보다 차라리 알고리즘에 대체되는 쪽을 훨씬 더 선호했다. 연구자들은 이런 결과가 도출된 원인이 '인간이 다른 인간에게 대체되는 경험을 자신에게 더 해롭다고 여기기 때문'임을 알아냈다.

사람들은 다른 인간에 의해 대체되는 경험이 자신의 대외 이미지(다른 이들이 나를 어떻게 보는가)와 자존감에 더 큰 위협이 된다고 여겼다. 실제로 누군가 내 자리를 대체한다면, 사람들은 금세 그 사람이 나보다 일을 잘한다고 생각할 것이다. 이것은 나와 내 능력(대외 이미지)에 관한 부정적 견해이므로, 사람들은 그런 평가를 달가워하지 않는다.

그와 달리 인간인 내가 비인간인 알고리즘에 대체되는 것은 대외 이미지가 그다지 손상되지 않는 경험으로 취급한다. 인간과 비인간은 서로 완전히 다른 종이므로 동일 선상에서 비교될 수 없기 때문이다.

우버의 사례나 《네이처 인간 행동》 연구 결과는 사람들이 인간보다 알고리즘을 선호하는 상황들을 보여주었다. 이를 통해 '비인간인 알고리즘에는 인간 결정권자에게서 나타날 수 있는 감정적이고 편향적인 면이 없으므로 사람들이 알고리즘의 제안에 더 의존하기도 한다'는 사실을 알 수 있었다. 사람들은 이제 비인간인 기계가 더 책임감 있고 합리적인 의사결정권자의 자리, 곧 리더 역할을 맡는 일의 이점을 볼 준비가 된 것 같다.

리더가 의사결정 과정에서 사심을 품거나 편견을 갖지 않는다면, 우리도 결정된 결과를 개인적으로 받아들이지 않고 결정 과정이 공정하다고 확신하기도 더 쉬울 것이다. 이런 맥락에서 알고리즘은 고객을 안내하거나 조직의 상위 관리자들에게 전문적 조언을 하는 영역에서 빠르게 입지를 굳히고 있다. 예를 들어 고객 지원 및 서비스 운영 부문에서 실시한 설문조사에서 2020년까지 가상 비서 시스템을 구축하겠다고 응답한 조직의 비율은 최대 85퍼센트로, 가까운 시일 안에 '챗봇'(chatbot)의 사용이 크게 증가할 것을 예고했다.[62][63]

리더십에 반드시 필요한 것

알고리즘에 의한 리더십은 현실화될 것이고, 여기에는 타당한 이유도 있다. 온라인 업무 환경이 점점 더 보편화되고 있으며, 이런 환경에서 일하는 직원들을 지원하거나 그들의 성과를 모니터링하고 평가하는 데 알고리즘이 널리 활용된다.[64] 또한 기업들은 점점 더 알고리즘에 의존하여 업무 관계를 조정한다고 인정하기도 했다. 그렇다면 '알고리즘 리더십은 현실화될 것이고, 그것이 더 나은 방향성이다'라는 것이 최종 결론일까?

우리가 리더십을 아주 '좁은 의미'에서 정의한다면 그렇겠지만, 리더십에는 더 넓은 맥락이 존재한다. 대중 매체의 보도 태도도 그렇고, 많은 이들은 어떤 업무를 '수행'하는 데 필요한 기술만 중시하는 경향이 있다. 어떤 업무에 필요한 기술 목록에 전부 체크 표시를 할 수 있다고 해서 그 일을 잘 처리할 수 있는 것은 아니다. 물론 기술은 중요하고 직원들의 성과를 비교적 잘 예측하게 해주는 지표가 되기도 한다. 그러나 그것들은 우리가 일터에서 능력과 영향력을 발휘하는 데 필요한 유일한 요소가 아니다. 효율적인 업무 처리에 필요한 또 다른 요소가 있다. 바로 '의미'다. 사람들이 업무에서 지속적으로 동기부여를 받으려면 더 넓은 조직의 맥락에서 자신의 역할을 이해하는 것이 중요하다.

직장은 어떤 조직이 됐든 확장된 의미의 '사회'다. 직원들에게는 대화, 협상, 압박, 협력 등의 사회적 기술이 필요하다. 안타깝게도 업무 자동화 논의에서 '더 넓은 업무 환경의 맥락에서 우리가 하는 일의 의미를 찾는 일'이 도외시되어왔다. 알고리즘이 리더 역할을 맡아야 하는지, 또 그렇게 할 수 있는지를 논의할 때도 의미 부여의 중요성이 간과된다.

조직들이 이런 식으로 자동화 리더십의 가능성을 따진다면, 조직 운영에 필요한 요소를 판단하는 시각이 편협해질 수밖에 없다. 리더십을 이렇게 좁은 의미로 정의하는 경우 조직들은 어떤 행위자가 데이터 기반의 신속한 의사결정 기술을 보유하기만 하면 인간이든 비인간이든 리더에 적합하다고 간단히 계산해버릴 것이다. 그런 관점에서는 알고리즘이 우리 앞에 놓인 리더십 도전 과제들을 처리할 귀중한 후보로 보일 수 있다.

하지만 현실을 직시하자! 리더십은 그런 식으로 작용하지 않는다. 효과적인 리더십의 핵심 요소 한 가지는 사람들에게 동기를 부여하고 영감을 주며 지시를 내릴 때 발휘하는 영향력이다. 리더는 변화를 주도해야 하며, 그러려면 타인에게 영향을 끼칠 수 있어야 한다. 이는 리더가 내린 결정을 사람들이 기꺼이 받아들이고 지지할 때만 가능한 일이다.

경험에 비추어 보라. 사람들은 어떤 형태의 변화가 일어날지, 그것이 어떤 가치를 창출할지를 리더가 보여주길 바란다. 바로 그것이 리더를 따를 동기를 부여하고 결국에는 변화를 일으킨다. 또한 그럴 때 리더는 영향력 있는 사람으로 인정받을 수 있다. 리더가 제시한 변화의 아이디어를 아무도 받아들이지 않으면 아무 일도 일어나지 않는다. 우리는 그런 리더를 가리켜 무언가를 변화시킬 힘이나 영향력이 없다고 말한다!

리더란 아무도 지지하지 않더라도 일을 단행할 수 있는 힘을 가진 위치 아니냐고? 아니다. 리더로서 일을 진척시키려면 타인이 반드시 필요하다. 이는 단순하고 확고한 진실이다.[65] 성공한 리더 가운데 모든 일을 혼자 다 처리하는 이들이 얼마나 될까? 한 명도 없다. 비전을 실현하려면 타인에게 의존해야 한다. 탁월한 리더가 되는 열쇠는 영향력을 행사하여 추종자들을 통해 변화를 주도하는 것이다. 오늘날 이 과정은 어쩌면 그 어느 때보다도 더 중요하다.

현대 비즈니스 환경에서 리더는 디지털 혁신이라는 도전에 맞서야 한다. 이를 위해 리더들은 비전을 제시하고, 조직이 그 비전을 실현하기 위해 나아가야 할 방향을 식별할 수 있어야 한다. 디지털 혁신이 불러온 변화에 성공적으로 대처하려면, 단순히 무슨 조치가 필요한지 전달하는 것만으로는 부족하다. 오늘날 많은 비즈니스 리더들이 이 단계에서 막혀 더 이상 나아가지 못하고 있지만 말이다.

리더의 역할은 방향성을 제시하는 단계에서 끝나지 않으며, 리더가 정한 전략적 방향대로 사람들이 기꺼이 움직여주어야 한다. 리더가 아무리 탁월한 기술과 분석 능력을 지녔다 한들 혼자서 모든 것을 할 수는 없다. 리더에게는 변화라는 도전에 함께 참여할 사람들이 가능한 많이 필요하다. 따라서 완전한 변화는 모든 조직 구성원의 지지와 실행이 있어야만 일어날 수 있다.

블랙박스 문제 파악

이는 알고리즘이 리더의 위치로 이동하려면 영향력 게임을 할 줄 아는 능력도 필요하다는 뜻이다. 흥미롭게도 이런 관점에서 알고리즘에 의한 리더십 문제는 갑자기 전혀 다른 이야기가 되어버린다. 알고리즘은 더 이상 리더십을 위한 최선의 선택지가 아닌 것처럼 보일 수도 있다. 알고리즘은 정말 인간의 마음을 움직여 조직의 비전을 실현하는 데 동원할 수 있을까?

그것을 알아내려면, 알고리즘이 인간으로 하여금 열린 마음과 신뢰하는 태도로 자동화 리더십을 받아들이게 할 수 있는지 여부를 확인해야 한다.

문제가 되는 부분이 바로 이 지점인 듯싶다. 토머스 대븐포트(Thomas Davenport) 교수에 따르면, 미국 소비자의 41.5퍼센트는 재정적인 측면에서 AI를 신뢰하지 않았다. 직원 채용 과정에서 AI를 신뢰하는 비율은 겨우 4퍼센트에 그쳤다.[66] 많은 이들이 알고리즘에 권위를 부여하는 미래를 섬뜩하게 느낀다. 예를 들어 지난 2015년 케임브리지의 고 스티븐 호킹(Stephen Hawking)교수를 비롯한 연구원 3000명은 자율무기 금지를 요구하는 공개서한에 서명했다. 그들은 알고리즘에 권력을 부여하는 일이 어떤 면에서든 우리의 웰빙이나 인류 전체에 위협이 되지 않아야 한다고 말한다. 대개의 설문조사는 현시점에서 사람들은 알고리즘이 인간을 대신하여 결정을 내리는 것에 걱정, 의심, 불편함을 느낀다는 사실을 보여준다.

이 문제에 관해 과학은 뭐라고 이야기할까? 사람들이 자율 알고리즘의 기능을 일종의 블랙박스로 인식하는 경향이 있다는 중요한 사실이 많은 연구에서 확인되었다. 인간이 업무 환경에서 자율 알고리즘을 미덥지 않아 하는 원인이 바로 이 블랙박스 인식이다.

블랙박스 인식이 생긴 이유는 알고리즘이 어떤 과정으로 정보를 생산하는지 정확히 파악하거나 설명하기 어렵기 때문이다. 알고리즘을 최초로 설계한 엔지니어들조차 그 프로세스를 이해하기 어려워하곤 한다.[67][68] 그러니 인간 직원이 알고리즘에 업무를 맡기고 집행권을 주는 일을 주저하는 것도 이해할 만하다. 사람들은 고도로 발전된 알고리즘이 하는 일을 잘 이해하지 못한다. 이러한 인식과 정서로 인해 업무 환경에 알고리즘을 도입하는 문제에 관한 불신이 커진다.[69][70]

이런 불신 상태에서 우리는 알고리즘이 리더 역할을 하는 데 부적합해 보이는 상황들을 예상할 수 있다. 안전한 연구실 울타리 안에서 개발되는 알고리즘은 아직 사회적 압력이 존재하는 불안정한 비즈니스 환경에 대처할 준비가 되지 않은 것 같다.

의사결정 과정을 더더욱 복잡하게 만드는 한 가지 요소는 직원들이 자동화 시스템이 내린 결정에 합당한 설명을 기대한다는 점이다. 이런 사회적 압력은 시간이 지나면서 줄어드는 것이 아니라 오히려 정반대가 될 것이다.

일례로 유럽연합은 2018년 여름부터 알고리즘의 작동 방식을 더 투명하게 공개할 것을 각 조직에 요구해왔다.

'알고리즘 적대감'이란 무엇일까?

알고리즘을 향한 불신은 인간의 마음속에 선천적으로 존재하는 것일까, 아니면 서서히 형성되는 것일까? 선천적인 것이라면 불신을 품는 것은 불가피하고, 이는 점점 더 자동화되는 세상에서 우리가 풀어나가야 할 본질적인 문제가 될 것이다. 인간이 알고리즘의 예측 및 결정 능력에 부정적인 편견을 가지기 때문에 그들을 불신한다는 주장을 뒷받침하는 연구 결과들도 있다. 연구자들은 이러한 편견 때문에 사람들이 알고리즘보다 인간의 예측을 훨씬 더 선호하고, 인간의 제안을 더 중시하며, 인간이 아닌 알고리즘에 의존하여 조언하는 전문가들을 더 냉정하게 평가한다고 결론지었다.[71] [72] [73] [74] 이렇듯 알고리즘의 조언을 기피하는 경향을 '알고리즘 적대감'이라고 한다.[75]

알고리즘 적대감이란 사람들이 알고리즘을 깊이 불신하고 특히 인간의 이익과 관련된 중요 문제에서 더욱 그런 경향을 보이는 현상을 지칭한다. 인간이 이런 불신을 기본적인 태도로 취하는 이유는 알고리즘에게 인간적인 면이 부족하기 때문으로 보인다. 이는 아무리 알고리즘이 정확하고 최선의 옵션을 찾는 데 특화되었다고 해도, 우리를 대신하여 결정을 내리는 것은 별개의 문제라는 뜻이다. 우리는 이 신기술이 많은 혜택을 제공한다고 생각하면서도 '인간성의 박탈'을 느낀다.[76]

우리는 두 가지 중요한 사실을 안다. 먼저 우리는 알고리즘이 한 가지 작업만 처리하는 영역에서는 이미 챔피언이라는 것을 안다.[77] 알고리즘은 특정 업무나 분야에서 그 어떤 인간보다 더 뛰어날지도 모른다. 그러나 우리가 아는 또 다른 한 가지는, 어떤 조직을 이끄는 일은 그보다 훨씬 더 복잡하다는 사실이다. 리더가 내리는 모든 결정은 다양한 이해관계자에게 영향을 미칠 것이다. 인간인 우리는 나와 동일하게 인간적인 관점을 지닌 의사결정자를 원하기 마련이다.

두 가지 사실에서 얻은 상반된 관점으로 우리는 앞날의 알고리즘 리더십을 전망해볼 수 있다. 알고리즘은 복잡한 데이터를 처리하는 방면에 뛰어나므로 현재 추세를 파악하거나 미래의 가능성을 예측하는 의사결정과 전략 수립에 능할 수 있다. 사람들이 따라야 할 가장 확실하고 정확한 선택을 내려주는 것이 리더의 역할이라고 여기는 이들에게는 알고리즘이 적임자로 보일 것이다.

그러나 무엇이 정확한 판단인지 알아내거나 언제나 합리적으로 결정하는 것만이 리더십의 전부는 아니다. 첫째, 알고리즘이 당면한 과제에 대한 새롭고 독창적인 시각을 제시하더라도 그렇게 얻은 지식을 리더가 달성하려는 가치와 목표에 맞게 해석해야 한다. 어떤 알고리즘이 결괏값을 내놓든 그에 상응하는 조치를 하기 전에 먼저 일정한 형식의 해석 과정이 필요하다는 뜻이다. 이 시점에 휴먼 터치, 즉 인간의 손길이 필요하다. 둘째, 리더는 개인들에게 집단을 위해 일할 동기를 부여하는 동시에 그들이 자기 자신의 이익을 도모할 수 있도록 기회를 제공할 수도 있어야 한다. 알고리즘은 이 두 가지 영역에 필요한 지침이나 관련 정보를 제공하기에는 역부족일 것으로 보인다.

그렇다면 알고리즘이 리더가 될 수 있느냐의 문제는 어느 지점까지 논의가 이뤄졌을까?

찬반 양측은 리더가 무슨 일을 해야 하고, 어떤 의미를 창출해야 하는

지의 문제를 두고 서로 다른 실존적 관점과 견해를 내세우고 있는 듯하다. 이런 입장 차이를 좁히기는 매우 어렵거나 불가능할지도 모른다. 내 주장은 알고리즘 리더십 문제를 조금 다른 시각으로 바라봐야 한다는 것이다. 우리는 조직 안에서 알고리즘을 활용할 수 있는 최적의 조건을 탐색하는 동시에 리더십의 인간적 요소를 최대한 유지하는 것에 초점을 맞추어야 한다.

조직에 지침을 제공하는 일은 사람의 손에 달렸으나 그 지침을 이행하는 것은 두 가지 다른 권위 수준을 통해 이루어진다. 첫 번째 유형의 권위는 관리적 영향력(managerial influence)이며, 관리자 역할을 담당하는 사람을 지칭한다. 두 번째 유형의 권위는 리더십 영향력(leadership influence)으로, 리더 역할을 하는 사람을 가리킨다. '관리' 개념과 '리더십' 개념은 주요 기능과 책임을 수행하는 방식에서 차이를 보인다. 알고리즘이 영향력을 행사하는 과정에서 권한을 부여받을 수 있을지 여부와 그 범위는 각 권위 유형의 기능적 가치에 달렸다.

3장

리더와
관리자의
경쟁

비즈니스 세계에서는 관리자와 리더의 개념을 같은 의미로 쓰는 실수가 흔하다. 언뜻 둘의 역할은 같은 듯 보이나 정확한 기능에는 차이가 있다.[78] 우리 업무 환경에 가장 성공적으로 알고리즘을 적용할 방법을 알아내려면, 이 두 개념에 어떤 차이가 있으며 그것을 어떤 목적으로 써야 하는지 반드시 이해해야 한다.

어느 회사의 계층 구조 속에든 리더와 관리자는 존재하기 마련이나, 그들의 책임감이나 사고방식에는 큰 차이가 있다. 따라서 리더와 관리자가 직원들로 하여금 생각하고 행동하고 느끼도록 영향을 미치는 방식도 달라질 수밖에 없다. 알고리즘이 우리 업무 환경에 점점 더 많이 통합되고 있으므로 그들은 장차 조직의 일부를 구성하게 될 것이다. 이런 일이 발생하면 관리자와 리더에게는 각각 어떤 영향이 생길까?

조직 운영 기법

현대 조직은 어떻게 운영될까? 여러분은 대부분의 조직이 관료주의적 속성을 띤 문화를 구축했다는 사실을 알아챘을 것이다. 체크 리스트에 전부 표시가 되어야 하고, 종합적인 매트릭스 시스템이 사용되며, 모든 직원이 절차를 준수하고 시스템 안정성이 유지되도록 관리를 받는 실정이다. 여기에 수반되는 서류 작업의 양도 지난 몇 년간 늘어나기만 했다.[79] 물론 배를 조종할 줄 모르는 선장이 모는 배에 타려는 사람은 없으니, 공동의 합의된 절차와 시스템이 필요하다. 조직의 최고 책임자들은 회사가 큰 혼란 없이 효율적으로 운영되기를 원한다.

그러나 나는 관료주의가 확대되면서 인간보다 시스템이 조직 운영에서 더 큰 역할을 하고 있다고 생각하며, 많은 이들이 이 의견에 동의할 것이라고 믿는다. 어떤 면에서는 그리 놀라운 일도 아니다. 막스 베버가 약 100년 전에 "관료제는 더 완벽하게 발전할수록 더 '비인간화'될 것이다"라는 말도 하지 않았던가? 많은 이들도 비슷한 생각을 할 것이다.

오늘날 대형 조직에 소속된 말단 직원의 경우 평균 8개 이상의 관리 계통 아래로 들어가는 것이 현실이다. 경영 전문가이자 런던경영대학원(London Business School) 경영학부 객원 교수인 게리 하멜(Gary Hamel)은 1983년 이후 미국 기업의 관리자 및 행정 담당자의 수가 두 배 이상 늘었다고 언급했다.

이러한 수치를 보니 조직 관리가 정말 중요하기는 한 것 같다. 현대 경영 기법이 이렇게까지 고도로 발달하게 된 경위는 무엇일까? 그 답을 찾아 산업혁명 시대로 돌아가보자. 모두가 기억하듯 기계가 우리 몸을 대체하기 시작했던 그 시대 말이다. 당시에는 조직 규모가 급격하게 불어났고 사회 인프라가 복잡해졌다. 물론 급속한 성장에는 혼란이 야기될 위험이 고질적으로 따라붙는다. 그렇다면 이러한 성장에 어떻게 대처해야 할까?

산업혁명 때는 조직의 체계적이고 조화로운 성장에 무엇이 필요한지 알려진 바가 거의 없었다. 우리 지식에 빈틈이 있다는 사실이 알려지면서, 체스터 버나드(Chester Barnard) 같은 인물들로부터 영감을 받은 현대 경영학이 탄생했다. 이 학문의 개요는 조직 운영에 행정 관리적 접근이 필요하며, 구체적으로 행정 시스템을 통해 개별 직원의 행동을 관리해야 한다는 것이다. 그렇게 우리는 직원들의 행동을 통제하고 조정하는 데에 집중하는 관리 업무가 조직 운영 그 자체가 되어버린 시대에 들어섰다.

이런 행정 관리에 관한 초점을 발판으로 경영학자 프레더릭 테일러(Frederick Taylor)는 1911년 저서 《과학적 관리법》(The Principles of Scientific Management)을 출간했다. 이 책에서 테일러는 조직이 더 효과적으로 기능하려면 사람에게 의존하지 않고 통제 메커니즘에 기반한 시스템을 우선적으로 사용해야 한다고 강조했다. 그는 자신이 수행한 생산성 실험에서 관리·감독을 받지 않은 직원의 능률이 낮았던 것을 근거로 이러한 주장을 펼쳤다. 이때부터 경영 조직들은 사람이 일하는 곳이라면 어디든 지속적인 성과 모니터링이 필요하다는 기본 가정을 유지해왔다.[80]

관리자가 너무 많을 때의 문제

경영관리가 하나의 전문 분야로서 자리매김한 일에 관해 주목해야 할 중요한 사항이 두 가지 있다. 첫째, 경영학의 역사는 이제 갓 100년을 넘겼으며 여전히 매우 젊은 분야이다. 둘째, 관리자의 역할은 그 본질상 여전히 행정 업무로 분류된다. 관리자는 조직이 최대한 순조롭고 효율적으로 운영되도록 감시하는 역할을 한다. 관리(management)라는 영어 단어는 '가정의 안정적인 운영'을 뜻하는 프랑스어 ménage에서 차용한 것으로, 원치 않는 변화나 훼방이 거의 없는 상태에서 회사를 조용하고 평화롭게 유지한다는 의미를 지닌다. 이 단어의 의미를 토대로 경영관리 개념은 조직을 효율적으로 운영하면서 직원들이 목표를 달성하고 그들의 성과가 원활하게 예측 및 평가되도록 지원한다는 의미와도 연결되었다.

그러므로 관리는 일터에 질서와 일관성을 불러오는 데 결정적인 역할을 한다.[81][82] 이를 위해 조직은 계획과 예산을 수립하고, 모니터링에 용이한 기준을 설정하며, 간편하게 측정할 수 있고 유지하기 쉬운 구체적 목표를 정한다. 그렇게 하면 계획적으로 자원을 할당하여 각 부서의 효율성을 높일 수 있고, 어느 정도 정확한 예측을 기반으로 수월하게 조직을 관리할 수 있다.[83][84]

분명 질서와 안정은 나쁜 단어가 아니다. 조직관리를 통해 부서별 업무와 협업을 지원하는 것도 아무런 문제가 없다. 다만 관리 작업에 지나치게 집착하는 것은 문제가 될 수 있다. 담당 직원의 숫자만 봐도 알 수 있듯 기업들은 행정 업무에 과도하게 치중하고 있으며, 열 일을 제쳐두고 평화와 안정을 유지하는 데만 전념하는 것 같다. 관료 체제가 끝도 없이 몸집을 불려가는 통에 도무지 다른 일을 할 겨를이 없다.

서류 작업이 산더미처럼 쌓여 있고 체크해야 할 목록은 끝이 없다. 하지만 변화를 두려워하는 사람들에게 이것은 오히려 좋은 소식일지도 모른다. 직장 문화가 어지러워지거나 혼란에 빠질 위험이 생기지 않도록 시스템이 보장해주기 때문이다. 반대로 현상 유지를 싫어하고 성장을 위한 변화를 장려하려는 이들에게 이 압도적인 행정 방식은 악몽이나 다름없다.

개인은 물론이고 조직들도 이 문제를 인식했다. 전 세계 기업들이 관리자는 넘쳐나는데 리더는 부족하다며 입을 모아 불평한다.

많은 기업이 행정 관리 비용이 계속 올라가고 각종 서류 작업으로 인력 부족이 심화되기만 할 뿐 더 이상 진정한 혁신이 일어나지 않는다고 이야기한다. 관리자를 많이 기용하는 행정 시스템이 조직을 안정적으로 만들 수 있을지는 몰라도, 기업이 원하는 부가가치를 창출해주지는 못한다. 비즈니스계에서 '행정 관리'가 금기어가 된 이유 중 하나이다.

경영대학원 교수인 나는 해마다 MBA 학생들에게 그들이 기본적으로 관리자라는 이야기를 해준다. 그러면 학생들은 "아니에요"라거나 "리더인 저한테 어떻게 그런 말을 하실 수 있어요?"라고 말하는 등 꽤 감정적으로 반응하곤 한다. 학생들은 늘 MBA의 의미가 경영'관리'학 석사(Master of Business Administration)라는 사실을 바로 기억해내지 못한다.

학생들에게 이 사실을 상기시킨 뒤, 나는 경영관리가 학문으로 발전하게 된 배경을 간략히 설명하고 재빨리 다음 주제로 넘어가 리더십이 단순히 관리자 지위를 지칭하는 것은 아니라는 점을 분명하게 설명한다.

이 방법은 경영인들로 하여금 자신의 공식적인 위치, 즉 관리자에게 요구되는 일 이상의 포부를 품을 수 있도록 동기를 부여하고 내면을 탐구할 기회를 마련하는 데 효과적이었다. 내 제자들은 이러한 탐구 여정과 함께 자신의 리더십 경험이 시작된다는 사실을 깨달았다.

이 일화에서도 알 수 있듯, 공식적인 관리자 직함이 곧 리더십을 의미한다고 생각하는 사람들이 너무나 많다. 우리는 관료제에 너무 익숙해진 나머지 관리자의 행정 업무 처리가 이미 리더십의 한 형태라고 믿기 시작했다. 안타깝게도 그것은 사실이 아니다.

그렇지 않은 이유를 더 자세히 설명하기에 앞서, 관리가 나쁜 것이 아니라는 점을 강조하고 싶다. 모든 사람이 다 리더가 될 수는 없으며, 관리자가 된다고 부끄러워할 일은 아니다. 조직 기반을 안정화하려면 관리 체계의 도움이 필요하며, 이러한 기반이 없었다면 유능한 개개인이 리더가 되어 회사의 혁신을 주도하는 것도 불가능할지 모른다. 먼저 안정적인 기반을 마련해야 회사의 목표를 달성할 수 있다.

더 많이 달성하려면 더 적게 관리하라

일단 이러한 기반이 마련되면, 회사는 직원들이 공식적인 직무 요구 사항 너머로 눈을 돌리고 틀에서 벗어나 생각할 수 있도록 영감을 주는 문화를 만들어야 한다. 이것이 회사가 미래 목표에 더 가까이 다가갈 수 있는 유일한 길이다. 그리고 문제는 대개 이 후반부에서 발생한다.

실제로 사람들 대부분이 관리자 사고방식에서 탈피하여 자신의 수준을 더 높이 끌어올리지 못하는 것 같다. 회사들은 더 완벽한 경영관리를 실현하려 직원들을 독려하는 데에만 정신이 팔린 듯하다. 결국 우리가 잘하는 것은 '과잉 관리'뿐이다. 우리는 관리자로서 다른 이들의 업무 일정을 풀타임으로 관리·감독하는 데에 너무 익숙해졌다. 결국에는 모든 이가 서로를 모니터링하며 타인이 어떤 업무를 처리했어야 하며 그것이 잘 완료되었는지 확인하게 된다는 의미다.

과잉 관리 사고방식으로는 아무것도 바꿀 수 없다. 변화가 언제나 필요한 것은 아니지만, 우리는 정말로 변화가 필요한 상황이 닥쳤을 때 대처할 수 있어야 한다. 그렇기에 우리는 미래에 결단을 내릴 수 있는 리더를 충분히 키워야 한다. 저명한 경영학자 존 카터는 이렇게 말했다. "관리자는 지금 이 순간을 위해 일하고 리더는 미래와 앞으로 일어나야 하는 변화를 위해 미리 움직인다."[85]

카터의 분석은 어떤 기업이 다른 기업들보다 미래에 더 잘 대비하는 이유를 알아내는 데 큰 도움이 된다. 회사에 관리자들만 있는 경우, 사전 대비 의식이 결여된 문화가 구축된다는 것이 카터의 요지이다. 관리자들은 당장 오늘 달성해야 하는 과업에 집중하느라 내일 일은 늘 뒷전이다. 이런 조직 문화는 창의성과 혁신을 낳기 힘들고, 따라서 조직의 생존 가능성도 작아진다. 제임스 카터먼(James Kotterman)은 '리더와 비교해서 관리자는 종종 심각한 돌대가리로 일반화되곤 한다'고 말하기도 했다.[86] 이런 사고방식을 지닌 기업에는 '오직 관리'만 외치는 문화가 만연할 것이다. 그러면 어떤 일이 일어날까?

관리 업무에만 집중하는 문화가 조성되었다는 것은 직원들이 특정한 방식으로만 생각하고 행동한다는 의미다. 직원들은 지극히 구체적인 유형의 사고방식 덕분에 흠잡을 데 없는 행정 관리자로 거듭날 수 있다.

좁은 의미에서 조직 관리의 목적은 '질서와 안정의 유지'이기 때문에 직원들은 늘 자기 자신을 점검하게 된다. 그들은 회사 안에서 행정 시스템이 잘 작동하고 있는지 꼼꼼하게 살피는 습관을 기르고, 규칙을 어기는 직원에게는 과민하게 반응한다. 그저 체계를 유지하는 것이 최우선이다! 그런 사고방식에서는 급한 일들이 곧 중요한 일이고, 결국 모든 에너지를 '급한 불을 끄는 데'에만 소진하게 된다. 그러면 아무것도 변하지 않고 성장이 저해될 수밖에 없다.

이것이 현상 유지에만 매달렸을 때 발생하는 문제다. 그러면 이런 사고방식은 비정상일까? 아니다. 인간은 천성적으로 불확실성을 피하고 익숙한 방식을 고수하려고 한다. 우리 본능은 위기가 닥쳤을 때 상황을 예전처럼 복구하려 하며, '언제나 이런 방식으로 일을 처리해온 걸요'라고 말하고 싶어 한다.

불행히도 오늘날 비즈니스 환경은 복잡하고 변덕스럽기 때문에 미래 변화에 대처할 수 있는 더욱 민첩한 관점이 필요하다. 현상 유지 문화는 현대 비즈니스 환경에서 실패할 것이 자명하다. 게다가 현상 유지 문화는 지나치게 복잡하며 의사결정 과정을 지연시키는 경우가 많다. 회사 내 여러 직급 간의 소통을 방해하거나 지연시켜 의사결정 과정을 모호하고 비효율적으로 만든다.

현상 유지에 집중하는 성향은 '체크 리스트' 사고와도 밀접하게 관련되어 있다. 우리는 안정성을 유지하고 혼란을 방지하기 위해 분명한 목표치를 세우고 이를 달성하기 위한 절차를 시행한다. 그러면 주어진 목표치를 달성하는 것에 초점이 맞춰지게 된다. 간단히 말해 목표치 자체가 직무 내용의 전부가 되는 것이다. 우리는 목표치를 달성해놓고 일 잘하는 조직이라며 자화자찬한다. 내부만 봤을 때는 그럴지도 모른다. 조직 안에서 사람들이 지시받은 대로 행동하고 모든 것이 평화로우니 내부의 효율은 올라간다. 하지만 관리에만 치중된 문화가 불안정하고 복잡한 비즈니스 환경에서도 효과적일지가 진짜 문제이다.

단기 목표에 눈이 멀어 중요한 것들을 보지 못한다

회사가 직원들을 관리자가 바라고 요구하는 대로 순응시키기에만 급급하면 조직 안에는 단기적 관점으로 사고하는 문화가 만연할 것이다. 직원들은 관리자가 정한 목표치를 달성하면서도 그것이 무엇을 의미하고, 어떤 식으로 조직에 도움이 되며, 같은 작업을 처리할 새로운 방식은 없는지 깊이 생각하지 않을 수도 있다. 장기적 관점을 바탕으로 생각하지 못하고, 가능한 빨리 핵심성과지표를 달성하는 것에만 집중한다.

이런 사고방식 속에서 협력이나 신뢰 구축, 지속 가능성 같은 가치가 주목을 받을 수 있을까? 내가 보기에 그런 가치들이 화두에 오르고 직원들의 행동에 영향을 줄 가능성은 작은 것 같다. 그러나 조직이 핵심성과지표 이상의 다른 가치들을 강조해보려 해도, 그로 얻을 수 있는 이점들은 조직 깊숙이 침투한 관리 중심 문화에 의해 순식간에 힘을 잃고 말

것이다.

관리 중심 문화는 무언가를 새롭게 기획하면 그것을 달성해야 할 새 목표로 정하는 버릇이 있다. 예를 들어 내가 아는 한 회사는 직원들이 기업의 가치를 생각하고 서로 대화하는 분위기를 촉진하기 위해 스토리텔링 시간을 도입하기로 했다. 그들은 스토리텔링이 직원들의 책임감과 참여도를 높이는 데 유용하겠거니 예상했다. 처음에는 팀워크를 높이고 사람들이 KPI 이상의 가치를 생각하도록 독려할 도구로 쓰고자 했던 스토리텔링은 결국 또 다른 평가 수단이 되고 말았다. 어떻게 이런 일이 일어났을까? 한 관리자가 모든 직원에게 한 달에 한 번씩 이야기를 발표하도록 요구하고, 이야기를 준비하지 않은 직원은 참여가 저조하다고 평가하기 시작했기 때문이다. 이 관리자가 소위 말하는 '열린 일터'를 경찰국가를 방불케 하는 장소로 바꾸는 데에는 몇 달이 채 걸리지 않았다!

지나치게 관리에 집중하다 보면 변화를 위협으로 인식하는 문화가 성행할 수 있다. 이런 문화에서는 현상 유지에 기여하는 목표를 달성한 사람들에게 가장 많은 보상이 따르곤 한다. 앞서 언급했듯 그러한 문화에서는 직원들이 새로운 아이디어를 내는 것을 두려워하기도 한다. 무언가를 바꾸려는 생각은 허사가 되기 십상이고, 아이디어가 너무 파격적이면 불이익을 받을 수도 있기 때문이다. 이러한 가치관이 퍼져나가 한 집단의 사고방식이 되면 신입이든 고참이든 할 것 없이 모든 직원이 맹목적으로 따르기만 하는 습관을 기를 것이다. 미래 리더를 육성하기에 완벽한 환경은 아닌 것 같지 않은가?

과잉 관리의 결과

물론 직원들이 책임자를 따라야 하는 것은 맞다. 이상적인 상황에서라면 조직이 외부 세계의 발전과 함께 변화를 겪을 경우 그에 합당한 조정이 필요하기 때문이다. 그러나 조직 문화가 창의적인 사고를 장려하지 않고 무엇이든 있는 그대로 유지하기 위한 조정만 이루어진다면, 사람들은 스스로 생각하지 않으며 자발적으로가 아니라 억지로 따르기만 할 것이다. 지시를 따르긴 해도 그저 해야 하기 때문이지, 다른 이유는 없다. 목표 달성에만 열을 올리기 때문이다. 그러니 변화가 필요한 프로젝트가 시작되더라도 리더들이 간절히 원하는 적극적인 참여나 참신한 아이디어를 직원들에게서 기대하기는 어려울 것이다.

아무 관리자나 붙잡고 '틀에서 벗어나 생각할 줄 알고, 창의적인 아이디어를 제시하며, 주인의식을 가지고 목표를 추구하는 팀을 이끌고 싶은지' 묻는다면, 다들 그렇다고 대답할 것이다. 그러나 안타깝게도 현실에서 과잉 관리가 이루어지면 직원들에게는 정반대의 태도가 생긴다. 직원들이 자주적으로 사고하지 않아도 체크 리스트가 생각을 대신해주기 때문이다. 리스트만 봐도 어떤 일이 중요하며 무슨 일을 해야 하는지를 전부 알 수 있다. 경영진이 하는 일이란 직원들이 주어진 목표치를 잘 좇아가고 있는지 확인하고 달성한 이들에게 보상하는 것뿐이다.

결과적으로 관리 중심 문화는 직원들이 판단력을 기를 수 없는 환경을 조성하며, 직원들은 자신에게 판단력이 없으므로 자기 행동에 책임을 지지 않으려 한다. 더 나쁜 건, 직원들이 자기 일에서 주인의식을 경험하지 못한다는 점이다. 주인의식이 부족한 사람들은 능동적으로 생각하지 않고 새로운 아이디어를 내는 것도 기피한다. 시스템만 복잡하고 타성에 젖어버린 조직으로 전락하는 것이다.

조직 관리가 필요한 것은 사실이다. 그러나 조직의 안정성 유지가 '독'이 아닌 '약'이 되게 하려면 더 많은 조치가 필요하다. 탄탄한 기초를 세우는 것은 첫 번째 단계가 되어야 기업으로서 궁극적인 포부를 이루는 데 필요한 민첩한 사고와 창의성을 싹틔울 수 있다. 두 번째 단계에서는 리더가 개입하여 장기적인 가치를 창출할 수 있도록 해야 한다. 점점 더 빠르게 변화하는 세상에서 우리에게는 더 많은 리더가 필요하며, 과잉 관리에만 연연해서는 안 된다.

우리가 관리 중심 사고방식을 고수한다면 직원들 사이에 팽배한 무력감 때문에 관리자들이 프로젝트를 성공적으로 완수하기가 점점 더 어려워질 것이다. 프로젝트에 착수할 안정적인 여건이 준비되더라도 예상치 못한 변화와 도전, 혼란은 일어나기 마련이기 때문이다. 주도적으로 행동하고 다른 관점으로 생각하는 법을 배우지 못하거나, 심지어 그런 노력이 좌절되는 경험을 한 직원들과 진행하는 프로젝트는 실패할 가능성이 많다.

리더는 비전으로 이끈다

이제 리더와 관리자의 차이를 명확하게 이해했으리라 믿는다. 관리자는 안정성을 추구하고, 리더는 회사를 더 발전시키고 변화를 일으키는 데 집중한다. 비전을 제시하는 쪽은 단연 리더이다. 비전이라는 말은 널리 쓰이지만 많은 이들에게 그 뜻은 여전히 모호하다. 우리는 어떻게 비전을 구상할까? 비전은 우리가 무엇을 성취할 수 있으며, 변화의 과정을 거친 최종 상태가 어떤 모습일지를 보여준다.

리더십은 비전과 함께 시작된다!

리더라는 단어 자체가 앞장서서 안내하는 사람을 뜻하듯, 리더는 일상적인 절차를 관리하는 데만 집중하는 것이 아니라 직원들이 미래 업무를 수행할 수 있도록 이끄는 데 디 중점을 둔다. 그러려면 어떻게 해야 할까? 리더는 비전이 제안하는 변화에 동참하도록 사람들에게 영감을 줄 수 있어야 한다. 자발적인 동참을 이끌어내려면 설득력 있는 메시지를 통해 회사가 나아가야 할 방향을 제시해야 한다. 또한 리더는 현시점에서 자신이 제시하는 비전과 방향성이 왜 최선인지도 납득시켜야 한다. 이러한 의미에서 리더가 하는 일에는 자신이 제시하는 비전에 목적성을 더하는 것도 포함된다. 따라서 리더십은 어떻게 보면 관리자들이 안정적인 업무 환경을 구축하는 과정을 완료한 뒤 비로소 시작된다. 리더들은 아무런 개성 없이 지시만 따르던 사람들에게 영감을 불어넣고 미래 지향적인 마음가짐을 심어준다.

물론 리더십이 성공하기 위해서는 관리 중심 문화가 야기하는 사고방식을 없애야 한다. 리더가 사람들에게 앞으로 나아가 목적을 향한 여정에 기여하도록 동기를 부여할 수 있으려면, 그 사람들이 틀에서 벗어나 생각하기를 두려워하지 않아야 한다. 또한 직원들이 자신의 판단이나 의견을 거리낌 없이 표현할 수 있을 때만 리더십이 성공할 수 있다. 그랬을 때 창의성이 꽃을 피우고 사람들이 미래에 관심을 가질 수 있을 것이다.

미래 비전에 집중하는 사람들은 회사의 목적을 더 염두에 두고 업무에 임할 것이다. 리더가 이러한 마음가짐을 이끌어내려면, 관리자와 달리 강압적으로 굴지 않는 것이 중요하다. 구체적인 단기 목표를 정해두고 즉각적인 성과를 올리는 데에만 얽매여서는 안 된다. 오히려 리더는 변화와 혼란이 참신한 사고, 투명성, 새로운 업무 방식 등을 장려하는 촉매가 된다는 사실을 이해시킬 수 있어야 한다.

직원들이 이런 마음가짐을 갖게 만드는 능력이 유능한 리더를 판단하는 기준이라면 리더십의 진정한 본질은 무엇일까? 창의적이고 미래 지향적인 사고는 언제나 더 나은 미래를 만들고 조직의 공동 이익을 추구하는 데 보탬이 될 것이다. 효과적인 리더십은 사람들이 조직의 목표를 받아들이도록 영향을 줄 수 있을 때 나타난다. 조직의 이익을 추구하는 과정에서 필요한 변화에 맞게 생각하고 행동할 수 있도록 그들의 마음을 움직여야 한다. 따라서 영향력이 없는 리더는 변화를 이룰 수 없으며, 집단의 장·단기 이익을 도모할 수 없다.

어떤 리더십 학자들은 리더십을 작동시키는 핵심 요소가 영향력과 설득력이라는 사실을 보이려고 평생을 바치기도 했다.[87] 간단히 말해서 리더들이 성공적으로 변화를 일으킬 수 있는 이유는 사람들이 변화를 위해 노력하도록 영향을 미치기 때문이다. 관리자는 그런 식으로 영향력을 사용하지 못하고, 더 강압적인 형태의 영향력에 의존한다. 규율을 세워놓고 사람들이 해야 할 일을 지시하고 평가하는 것이 관리자의 영향력이다.

리더가 어떤 비전과 가치를 바탕으로 영향력을 행사하려면 다른 사람들과 유대감을 형성해야 한다. 관리자와 달리, 리더에게는 사회적 기술이 사치가 아닌 필수품이다.

리더가 이런 유대감을 구축할 수 있으려면 신뢰할 만한 사람이 되어야 한다. 신뢰가 없으면 리더십도 없다. 리더에게 명확한 비전이 있고 그것을 다른 사람들도 좋게 만들려면, 자신이 설득하려는 사람들의 입장에서 생각할 수 있어야 한다. 그렇게 알아낸 것들을 바탕으로 자신의 비전이 그들의 이익을 대변한다는 확신을 주어야 한다. 리더가 직원들의 이익에도 신경을 쓰고 있으며 그것을 조직의 이익과 연결하고 싶어 한다는 사실을 직원들이 의식하기 시작하면 신뢰가 형성된다. 신뢰가 바탕이 될 때 영향력이 발휘되고 비전이 수용될 수 있다. 이 일이 일어나면 리더는 변화에 필요한 조치들을 시행할 수 있다.

물론 집단의 목표란 직원 개개인의 이익을 넘어서는 가치다. 이를 위해 직원들이 함께 노력하게 하려면 조직 안에서 소속감을 느끼도록, 존중받고 있다는 사실을 알도록, 모두의 이익을 초월하는 목표를 달성하기 위해 그들의 노력이 꼭 필요하다는 점을 깨닫도록 해야 한다. 여기서 말하는 초월적인 목표란 리더가 비전을 제시하며 보인 '앞으로 나아갈 방향'이다.

리더십 학자 버나드 배스(Bernad Bass)는 이를 다음과 같이 표현했다. "리더는 사람들이 자신의 이익을 넘어 그룹, 조직, 지역, 사회, 국가의 이익을 위해 노력하도록 그들을 움직인다."[88]

조직의 모든 층위에
알고리즘이 필요한 것은 아니다

관리자와 리더는 분명 우선순위와 일하는 방식에서 차이를 보인다. 일반적으로 관리자는 현재에 집중하면서 형식적이고 합리적인 방식으로 업무를 실행하고 목표 달성 현황을 평가한다. 업무 처리가 일관적이기 때문에 관리자의 일을 그대로 모방하기는 어렵지 않다. 그와 달리 미래 가치 창출에 집중하는 리더에게는 더욱 능동적인 자세가 필요하다. 리더들은 주로 사회적 관계성에 의존하여 유대를 쌓는다. 리더들이 감정적인 요소에 더 기대어 업무를 실행한다는 의미다. 리더가 사람들과 쌓은 특별한 관계성 때문에 그들이 하는 일을 그대로 모방하기란 더 어려워진다.

이러한 차이점을 보면서 주의 깊은 독자들은 조직의 계층 구조에서 알고리즘을 어느 수준에서 어떻게 적용할 수 있을지 감이 오기 시작할 것이다. 다음 장에서 나는 알고리즘을 '관리자 vs 리더'라는 틀 안에 어떻게 끼워 맞출 수 있을지 살피면서 이 문제를 더 깊이 탐구해볼 것이다.

4장

알고리즘으로
관리하려면

오늘날 기업들은 끊임없이 데이터를 처리하는 기계가 되었고, 비즈니스 세계에서는 빅데이터 개념이 각광받게 됐다. 기업들은 활용할 수 있는 내부 데이터가 풍부하다는 사실을 깨달았고, 그것을 적절히 처리하고 분석하면 효율성 증대와 수익 창출을 꾀할 수 있다고 판단했다. 그렇다면 오늘날의 비즈니스 전략은 데이터 관리에 집중하는 한편 거기에서 얻은 실질적 근거에 입각하여 업무를 이행하는 것이 되어야 한다.

　현대 조직의 성과 관리에서 데이터란 신성불가침의 영역이나 다름없다. 심지어 데이터를 '새로운 석유'라고 부르는 이들이 점점 늘어난다.[89][90] 데이터를 향한 관심이 나날이 높아지는 것을 누구나 실감할 수 있을 것이다. 조직은 개인정보를 최대한 요구하고 다양한 영역에 목표치를 설정한 다음 달성 현황을 정기적으로 평가한다. 그 결과 직원을 끊임없이 평가하고 보충 자료를 요청하는 일이 일상이 되었고, 전 직원의 데이터가 대량으로 취합된다. 오늘날 '스마트'한 기업이 되려면 이렇게 취합한 모든 데이터를 관리하고 분류하여 업무 처리를 최적화하고 성능을 향상시켜야 한다.

이러한 현실은 우리가 업무를 처리하는 방식에 영향을 미친다. 첫째, 데이터 수집에 관한 관심이 높아지면서 우리는 (종종 인사 부서의 요청을 받아) 자신의 데이터 파일을 관리하고 업데이트하거나 업무 활동을 문서화하는 데 전념하고 있다. 둘째, 이 모든 데이터를 정기적으로 조직 내부 시스템에 제출해야 하며 이는 관리자의 성과 평가에 사용된다. 이러한 업무 방식은 당연히 많은 데이터를 만들어낼 수밖에 없다. 빅데이터 관리에 능숙하다고 자부하고 싶어 하는 기업들은 스마트한 회사라는 평판을 얻는 데 이런 전략이 필수라고 생각한다.

사실 데이터를 관리하고 제출하며 지속적으로 평가 및 업데이트 하는 모든 과정에는 많은 노력과 시간이 들어간다. 이는 번잡한 관료주의 절차를 상당히 증가시키는 원인이 된다. 실제로 빅데이터를 향한 초점이 조직의 관료주의를 심화시킨다는 사실과 더불어 기업들이 언제나 능숙하게 빅데이터를 활용하는 것은 아니라는 관찰 결과를 고려했을 때 데이터 수집, 평가 및 사용을 향한 이 모든 집착과 노력에 정말 가치가 있는지 의구심이 생기기도 한다.

이런 업무 방식에는 긍정적인 측면도 있을 것이다. 적어도 관리자가 조직의 각종 데이터를 잘 파악하는 것이 회사의 발전과 번영의 열쇠라고 생각한다면, 이는 옳은 이야기가 된다. 기업이 장기적으로 경쟁하고 생존하려면 우수한 성과를 얻는 것이 중요하다는 사실은 누구나 안다.

그래서 조직들은 전 직원의 데이터를 업데이트, 처리, 평가하는 작업이 근간이 되는 성과 관리 전략을 채택한다. 이러한 업무 방식을 고를 경우 관리자는 데이터를 기반으로 직원에게 피드백을 제공할 수 있으며, 그렇게 얻은 자료가 더 정확하다는 인식이 있으므로 각 직원의 성과를 효과적으로 높일 수 있으리라 기대된다. 따라서 현대 관리자들의 과제는 데이터를 최대한 활용하여 성과를 높이는 것이다. 경영진의 목표가 질서와 안정을 유지하고 일관성 있게 최선의 결과를 내는 것이라면, 데이터 작업은 모든 조직의 관리 업무를 최적화하는 데 필요한 핵심 원칙이 될 것이다.

나도 개발자가 되어야 할까?

이 모든 내용을 읽고 난 여러분은 데이터 중심 절차가 합리적이고 일관적인데다 복제마저 가능하고, 궁극적으로는 성과 관리의 효율을 높일 것이라는 생각에 이를지도 모른다. 그러는 한편 '데이터 기반 조직 관리에 정말 인간이 필요할까?'라는 궁금증도 재빨리 떠오를 것이다. 이는 오늘날 자동화 시대의 가장 중요한 질문 가운데 하나이기도 하다. 이제 조직 관리는 알고리즘이 도맡게 될까?

목표가 데이터 활용 방식을 최적화하여 합리적이고 일관적으로 성과를 관리하는 것이라면 인간은 이에 부합하지 않을 수도 있다. 특히 처리해야 하는 데이터의 양이 계속 늘어나는 상황임을 감안하면 더욱 그렇다. 방금 전 질문에 답하려면, 먼저 알고리즘의 정확한 특성이 무엇이며 조직을 더욱 성공적으로 운영하는 데 알고리즘이 어떤 도움을 줄 수 있는지 살펴보는 것이 좋겠다.

알고리즘이 데이터 관리와 관련된 모든 작업에 안성맞춤인 이유는 뭘까? 첫째, 데이터 수집·평가·통합 속도가 인간보다 훨씬 빠르다. 둘째, 알고리즘은 체계적으로 작동하며 사적인 의도나 감정에 영향을 받지 않고 합리적인 방식으로 결론을 도출하기 때문에 더 공정하고 정확한 예측을 할 수 있다. 셋째, 같은 작업이라면 알고리즘을 쓰는 것이 사람을 고용할 때보다 훨씬 저렴하다.

이러한 모든 특성을 종합하고 어느 조직이나 비용 절감과 효율성 증대를 추구한다고 가정했을 때 알고리즘은 인간 관리자보다 우월한 대체제인 것 같다. 알고리즘은 더 저렴한 비용으로 더 빠르고 정확하게 일을 처리할 것이다. 이는 업무 최적화를 위해 부단히 노력하는 모든 비즈니스 리더들에게 이상적인 시나리오인 것 같다. 사실 앞 장에서 살펴본 관리라는 단어의 사전적 의미와 관리 업무를 주로 행정 업무나 성과 검토로 한정하는 현재 추세에 비추어 볼 때, 우리는 알고리즘에 손쉽게 대체될 수 있는 상황으로 스스로를 밀어넣은 것 같다. 그러므로 인간 관리자의 종말이 임박했다는 목소리가 존재하는 것도 놀라운 일은 아니다.

알고리즘은 분명 우리가 오랫동안 찾아온 합리적인 행정가에 들어맞는 장점이 있다. 빠르고 일관된 작업 처리가 가능하기 때문에 데이터를 최적으로 활용하는 능력이 독보적이며, 모든 직원의 성과를 평가하고 범주화하는 일에도 탁월하다. 현대 관리자들도 그 사실을 의식하고 있는 듯하다. 지난 몇 년간 내가 MBA 수업에서 미래의 업무, 인간과 알고리즘의 역할에 관해 토론을 시키면 학생들은 금방 진땀을 흘렸다. 앞서 언급했지만 MBA는 경영관리학 석사를 의미하며, 이론상 모든 MBA 학생들은 조직을 합리적으로 관리해야 한다는 믿음 하에 기업을 체계적으로 운영하도록 훈련된 행정 관리자들이다. 그러므로 알고리즘이 이러한 유형의 합리적인 업무에 더 우월하도록 설계되었다는 사실을 깨달은 학생들이 자신의 미래를 염려하는 것도 이해할 만하다.

알고리즘이 합리적인 비즈니스 전략의 기본 전제를 더 잘 이행할 수 있다면, 경영대학원에서 그런 것들을 교육하는 일에 무슨 의미가 있을까? 차라리 학생들은 개발자가 되고 비즈니스의 지혜는 알고리즘에게 맡기는 것이 더 나은 투자가 아닐까? 알고리즘의 합리성과 경쟁하는 것보다는 알고리즘을 설계하고 관리하는 쪽에 전력을 쏟는 것이 낫지 않을까?

걱정할 것 없다. 나중에 설명하겠지만 우리가 개발자가 될 필요는 없다. 그러나 경영대학원 학생들이 알고리즘의 적용 방법을 이해하고 그것이 오늘날 경영에서 의미하는 바를 더 잘 알 수 있도록 새롭게 교육할 필요는 있다. 학생들은 미래의 어떤 기술에 집중해야 자동화 관리 추세에 잘 대처할 수 있을지도 배워야 한다. 하지만 그런 부분을 설명하기에 앞서 인간 관리자의 완벽한 대체재로서 알고리즘을 사용하는 것에 정말 아무런 문제가 없는지도 공정하게 따져보고자 한다.

처음에는 인공지능이 하루가 다르게 발전할수록 인간은 입지를 잃어갈 것이라는 반응이 나올 수 있다. 그렇다면 관리 영역에서 알고리즘이 신강자로 떠오르는 현상을 인간이 견딜 수 있을지에 집중하기보다는 알고리즘에 없는 인간 고유의 능력으로 초점을 옮기는 편이 낫지 않을까?

이렇게 초점을 옮기면, 조직 관리가 자동화를 통해 어떻게 변모할 것이며 인간은 어떤 역할을 하게 될지 더 생생하게 그려볼 수 있을 것이다.

그렇다면 인간이 지닌 고유한 특성에는 무엇이 있을까? 채용 업무를 수십 년간 맡아온 매니저들을 인터뷰했을 때 그들은 직관의 중요성을 언급했다. 어떤 매니저들에게는 이력서만 검토해도 해당 지원자가 적합한지를 곧바로 판단할 수 있는 육감이 있는 듯했고, 실제로 오랫동안 채용을 맡아온 이들의 예측은 거의 정확하다! 매니저들이 좋은 성과를 내려면 적절한 지원자를 뽑아야 하며, 회사와 궁합이 좋은 신입사원을 뽑는 것은 중요한 관리 책임 사항 중 하나다.

행동과학에서는 직관적 의사결정 능력을 훈련의 결과로 보고 있다. 다만 우리가 그것을 잘 인식하지 못할 뿐이다. 앞에서 내가 오랫동안 채용 분야에 있었던 매니저들이 직관에 의지하여 회사와 잘 맞는 후보를 가려낸다고 강조한 이유가 있다. 그들은 아주 오랫동안 매일같이 동일한 업무를 처리해왔다. 매니저들은 갖가지 상황을 풍부하게 경험했으므로 그들의 두뇌는 무엇을 예상하고 어떤 일을 해야 하는지 즉시 알아채도록 훈련되었다. 채용 담당자들은 여러 해에 걸쳐 의식적으로든 무의식적으로든 방대한 양의 정보를 축적할 것이다. 그러므로 시간이 흐른 뒤 그들의 직관은 세밀하게 조율된 악기처럼 채용 업무에 최적화된 도구가 된다.

하지만 일을 시작한 지 얼마 되지 않은 채용 담당자들은 직무에 따르는 요구 사항이 무엇이며 어떤 정보를 참고해야 하는지 알더라도 직관을 통해 성공할 가능성이 낮다. 최선의 결정을 내릴 수 있도록 두뇌를 무의식적으로 훈련할 시간이 충분치 않았기 때문이다. 게다가 노련한 채용 담당자에게 있는 직관의 긍정적 효과도 여전히 제한적이다. 만약 자신의 전문 분야가 아닌 영역에서 신속한 결정을 내려달라고 하면 그들의 직관은 큰 효과를 내지 못할 것이다.

인간의 직관이 최선의 예측을 위한 강력한 도구가 되려면 전문성이 뒷받침되어야 하며, 완성하는 데에도 시간이 오래 걸린다. 중요한 것은 꼭 채용 분야가 아니더라도 모든 직업군에서 유사한 잠재의식 발달 과정을 거쳐 직관이 사용된다는 점이다.

이 내용을 보충 설명하면서 나는 기업 이사회의 사례를 자주 들곤 한다. 내가 학생들에게 "회사에서 거의 언제나 직관에 의존하여 의사결정을 하는 팀은 어디일까요?"라고 물어보면 학생들은 보통 영업팀, R&D팀, 고객지원팀 등을 떠올린다. "정답은 이사회입니다"라고 말하면, 어떤 학생들을 깜짝 놀라 고개를 번쩍 들기도 하고 어떤 학생들은 웃음을 터뜨리기도 한다. 학생들은 아마 이사회가 직관력만 믿고 잘못된 결정을 하는 상황을 상상한 듯하다. 독자 여러분도 이 사실이 놀랍게 느껴지는가?

평소에 이사회가 의사결정 하는 방식을 자세히 살펴보면 지나치게 직관에 의존하는 듯한 임원들이 많다는 사실을 알아차릴 수 있을 것이다. 심지어 많은 임원이 중요한 결정을 앞두고 '감'에 가장 크게 의존한다고 스스럼없이 이야기한다. 그들은 직관 덕분에 자신이 현재 위치까지 올라올 수 있었다고 생각하며, 좋은 결정을 위한 최선의 예측 도구로 직관을 꼽는다. 그래서 임원들은 감이 좋지 않으면 반대표를 던지고 감이 괜찮으면 찬성표를 던진다. 그들이 이렇게까지 직관에 의존하는 이유는 단순하다. 임원들은 수년간 맡아온 다양한 직책을 통해 각양각색의 경험을 했다. 다양한 비즈니스 결정에 따른 결과를 눈으로 보고 경험하면서 그를 통해 얻은 이미지와 감각을 내면에 쌓아온 것이다.

임원들의 두뇌는 커리어에서 얻은 모든 경험과 데이터를 무의식적으로 저장한 것이나 다름없다. 따라서 이사회 구성원으로서 수년을 보낸 이들이 최종 결정을 내려야 하는 상황이 오면, 뇌에 저장된 정보가 직관이라는 마법의 과정을 통해 통찰을 제공한다. 이것이 바로 임원들이 자주 직감을 느끼는 이유이다. 또한 그 감각이 상상이든 실제로든 그들에게는 진짜처럼 느껴지기 때문에, 임원들은 자신의 감이 옳다고 여겨 신뢰한다.

인간의 뇌는 번뜩이고
알고리즘은 일을 처리한다

직관 능력을 봤을 때 인간은 꽤 믿을 만하고 정확한 데이터 처리 기계가 될 수 있을 것 같다. 또한 인간은 그렇게 얻은 지식을 의사결정 과정에 활용할 수도 있다. 정말 그렇다면 조직 관리를 굳이 자동화할 필요가 있을까? 인간의 직관 프로세스나 오늘날 알고리즘이 하는 일이 본질적으로 동일하다면 말이다.

알고리즘은 다양한 개별 데이터를 빠르게 평가·분석·연결 하고 자가 학습을 시작한다. 이는 인간이 무의식적으로 자신의 경험을 처리하고 그로부터 배우는 과정과 동일하다. 궁극적으로 알고리즘은 복잡한 과정을 투명하게 만들고 예측 정확도를 높이는 데 유용한 추세를 읽어내도록 작동한다. AI가 급속한 발전을 이룰 수 있었던 이유는 인간 두뇌의 작동 방식에 관한 우리의 이해가 더 깊어졌기 때문이다. 분명 알고리즘은 인간의 두뇌가 정보에 접근하고 이를 분석하는 방식을 모델로 삼는다. 둘의 유일한 큰 차이라면 알고리즘이 훨씬 더 빠르게 작동한다는 것이다. 인간의 직관이 정확해지려면 여러 해가 필요하다. 알고리즘이 인간의 두뇌를 본떴다는 사실을 감안하면 인간이 수행하는 작업에 알고리즘을 적용한다는 개념은 놀라울 것이 없다. 조직 내에서는 행정 업무와 성과 관리가 그 첫 번째 영역이 될 것이다.

여러분이 신경과학자, 심리학자, 뇌과학자와 대화를 할 기회가 있다면 그들은 인간 두뇌의 작동 방식이 얼마나 신비롭고 복잡한지 잘 알려줄 것이다. 이러한 측면에서 보면 기술 발전은 아직도 갈 길이 먼 것 같다. 특히 기술이 인간 지능의 작동 방식을 진정으로 이해할 수 있느냐라는 문제에서는 더더욱 그렇다.[91] 인간의 뇌는 너무나 복잡해서 사실 우리는 이 기관에 관해 아는 것이 거의 없다. 예를 들면 우리는 뉴런의 전기 신호가 학습이나 연상 사고 과정의 핵심이 되는 뇌 기능에 어떤 영향을 미치는지 잘 모른다. 또한 우리가 두뇌의 내부 기능을 관찰하는 방식에도 아직 부족한 점이 많다.[92]

바라는 만큼 뇌를 잘 알지는 못하지만, 기술이 빠르게 발전하면서 누릴 수 있는 혜택이 나날이 늘어간다. 우리는 이러한 진보를 보며 더욱 진지하게 관리 자동화 문제를 고민한다. 인간 두뇌의 정교함을 온전히 담아내는 알고리즘을 개발하는 건 아직이지만 알고리즘을 통해 관리 업무의 많은 부분을 훨씬 빠르고 정확하게 수행할 수는 있다.

채용 업무 관리를 예로 들면, 노련한 인간 관리자의 정교한 직관력이 없어도 알고리즘이 더 좋은 실적을 내고 있다는 증거가 쌓여가는 중이다. 앞서 언급했던 미국 국립경제연구국의 논문이 이를 뒷받침한다. 논문은 15개 기업의 서비스 부문에 종사하는 저숙련 노동자 30만 명의 고용 기록을 조사했다. 이 분야에서 노동자들이 직장에 머무는 기간은 평균 99일로 매우 짧은 편이다. 그런데 흥미롭게도 직원 채용 과정에 알고리즘을 활용할 경우, 노동자들이 직장에 머무는 기간이 15퍼센트 더 길어졌다.[93] 이와 같은 결과는 알고리즘이 업무 성과에 직접적인 부가가치를 가져올 수 있다는 사실을 확실히 보여준다.

비즈니스 세계가 이 막대한 비용 이익과 부가가치에 주목하지 않을 리 없다. 따라서 전통적인 관리 역할이 알고리즘에게 넘어갈 조짐이 보이고, 전 세계적으로 관리 기능의 자동화 추세가 강력하게 나타나는 것도 놀라운 일은 아니다. 그러한 추세는 특히 데이터를 입력하고 유지·관리하는 작업이 주를 이루는 관리 업무에서 뚜렷하며, 가까운 장래에는 데이터 처리 작업 역시 자동화될 것으로 보인다.

프로젝트를 효과적으로 진행하려면 데이터 관리를 통해 올바른 유형의 데이터를 손쉽게 사용할 수 있어야 한다. 데이터가 잘 관리된다면 업무 성과 또한 향상될 것이다. 설문조사에 따르면 관리자들은 정확히 이러한 유형의 행정 작업에 업무 시간의 54퍼센트를 할애한다고 한다.[94] 데이터 관련 작업만큼은 알고리즘이 진정한 전문가이니, 이러한 기능의 자동화는 당연하게 받아들여진다. 실제로 대부분의 비즈니스 리더들은 행정 업무가 대대적으로 알고리즘에 대체되는 것이 당연한 수순이라고 믿는다. 이는 그저 미래 예측이 아니라 이미 일어나고 있는 일이기도 하다.

관련 사례는 많다. 예를 들어 IBM은 인사팀의 업무 속도와 효율을 높이고 운영 방식을 최적화하기 위해 왓슨 탤런트(Watson Talent)라는 알고

리즘을 도입했다.[95]

자동화의 또 다른 사례로 로보틱 처리 자동화(RPA, Robotic Process Automation)가 있다. RPA는 소프트웨어 알고리즘을 사용하여 두 스프레드시트 간에 데이터를 이동하는 것과 같은 반복 작업을 그대로 복제해내는 기술이다.

마지막 사례로, 특히 인사 관리 분야에서는 반복적인 행정 업무를 수행하는 데 알고리즘이 효과적인 것으로 입증되었다. 예를 들어 회사가 신입사원을 채용하거나 공석이 생길 때마다 알고리즘이 데이터 파일을 업데이트할 수 있다. 직원 시스템에 새 직원의 계정을 자동으로 생성하거나, 회사 모든 부서가 신입사원의 데이터에 접근할 수 있도록 소프트웨어 시스템을 통합할 수도 있다. 이 모든 사례에서 우리는 주로 반복적이고 일상적인 운영상의 의사결정 과정에서 행정 업무의 자동화가 이루어진다는 사실을 알 수 있다.[96 97 98 99 100 101]

블록체인을 선보이다

점점 늘어나는 증거들을 봤을 때, 앞으로 자동화는 빠르고 효율적으로 처리할 수 있는 단순 행정 업무에만 국한되지 않을 것이다. 실제로 더욱 효과적인 협업과 업무 교환을 위해 인간 직원을 평가하는 것 같은 복잡한 업무에서도 관리 자동화 추세가 나타난다. 알고리즘은 직원 데이터를 문서화하고 분석하는 것은 물론 직원들이 채용될 당시에 취합된 자료를 새로 보완하여 모니터링하기도 한다. 예를 들어 알고리즘은 여러분의 인터넷 사용 시간, 회사 내 위치, 심지어 건강 데이터까지 추적한다.[102]

그렇다. 알고리즘은 '빅브라더'(big brother) 역할을 하면서 관리자가 되어버린 것 같다. 직원의 업무 현황과 성과를 평가하고 모니터링하는 것이 곧 오늘날 관리자가 하는 일이니 말이다. 알고리즘이 인간을 관리하거나 감시하는 역할로 이동한 것과 관련된 흥미로운 응용 사례로, 블록체인 기술을 활용한 조직의 업무 관계 관리를 들 수 있다.

비트코인의 근간이 되는 기술로 잘 알려진 블록체인은 이제 기업의 업무 방식을 변화시킬 기술로 지평을 넓히고 있다. 최근 딜로이트(Deloitte)가 실시한 설문조사에서는 이 기술이 기본 관리 기능을 수행하는 것 외에도 직원에게 동기를 부여하는 수단으로 쓰일 수 있다는 사실이 드러났다.[103] 설문에 응한 12개국 기업 고위 경영진 1386명 중 83퍼센트가 자신의 조직에서 효과적으로 블록체인을 활용할 수 있는 가능성을 확인했다고 답했다. 이 책의 내용과 연관되는 특히 흥미로운 부분이 있다. 경영진의 86퍼센트가 블록체인 기술이 조직 운영 및 관리 업무에 적용 가능하다고 믿었다는 사실이다. 블록체인 기술이 이런 일에 어떻게 쓰일 수 있는 걸까?

먼저 블록체인이 무엇인지 생각해보자. 블록체인은 저장된 데이터의 집합인 '블록'(block)을 '체인'(chain, 사슬)처럼 잇따라 연결한 분산 데이터베이스이다. 블록체인은 상호 연결된 네트워크에 참여하는 모든 개인의 활동 이력을 기록한다. 이 기술 덕분에 공유 네트워크 사용자 전체와 관련된 데이터가 임의로 수정되지 않으면서 투명하게 보관되는 플랫폼을 구축할 수 있다. 네트워크의 구성원은 팀이나 부서 또는 조직 전체가 될 수도 있다. 네트워크 안에서 이루어지는 상호작용 이력이 투명하게 관리되므로 블록체인은 참여자들이 서로를 신뢰하게 만들 수 있다. 실제로 《이코노미스트》(The Economist)는 2015년에 블록체인을 표지에 싣고 "신뢰 기계"라는 제목을 달기도 했다. 블록체인이 신뢰를 구축할 수 있다면 조직 구성원의 행동 양식을 관리하는 것도 가능할 것이다.

신뢰 구축자로서 블록체인의 핵심 역할은 '위험 요소가 없는' 환경을 조성하는 것이다. 이 기술을 쓸 경우, 네트워크 내 모든 사용자의 활동 이력이 통제되어 부정 이용의 가능성은 사실상 0이 된다. 그러므로 조직 관리의 관점에서 안전한 상호작용을 보장하는 블록체인은 각 직원의 이익을 보호하면서 협업을 돕기에 적합한 기술이다. 많은 이가 블록체인의 완전한 관리 능력이 안전감과 신뢰성을 높이는 데 도움이 될 것이라고 믿는다.

애초에 이런 일들이 곧 관리자의 역할이 아닐까? 그렇다면 블록체인 같은 기술은 곧 우리 관리 시스템의 일부가 될 것이다.

알고리즘의 조직 관리

살펴본 모든 사례에서 알 수 있듯이 알고리즘은 더 일관적이고 명확하게 직원들을 평가하고 모니터링하는 관리 업무에 침투했다.

오늘날 알고리즘은 직원들을 빠르게 파악하여 그들의 미래 행동에 대한 유용하고 믿을 만한 예측 자료를 제공할 수 있다. 따라서 알고리즘은 관리 업무의 대부분은 아니더라도 상당 부분을 수행하는 데 필요한 기술을 보유한 셈이다. 이 단계에서 우리는 알고리즘에 의한 관리가 현실이 되었으며 미래 인력 관리에서 그 중요성이 더욱 커질 것이라고 말할 수 있다. 알고리즘에 의한 관리는 더 이상 환상이 아니라 이미 우리 곁을 찾아왔고 앞으로도 계속될 현실이다.

알고리즘을 관리 기능에 침투시키기 위한 다음 단계는 이미 준비에 돌입했다. 처음에 우리는 알고리즘이 전반적인 모니터링 기능을 수행할 수 있다는 사실을 알아냈지만 상황은 더욱 복잡해졌다. 이제 알고리즘이 관리상의 의사결정자 역할을 넘겨받을 수 있는 수준까지 이르렀기 때문이다. 인간의 개입이나 감독 없이 자가학습하는 기술이 점점 더 정교해지면서 알고리즘이 생산성과 효율성 제고를 위해 인적 자원을 대체하는 일이 점점 더 늘어난다. 한 예로 알고리즘은 자문가로서 인간 직원이 데이터를 분석하는 방식이나 그 분석 결과가 의사결정에 어떤 의미를 지니는지에 관해 피드백을 제공하기 시작했다. 이를테면 알고리즘은 미래에 직원들이 어떤 기술을 마땅히 숙지해야 하는지 분석하는 동시에 자신이 평가한 직원들에게 적절한 급여 수준까지 제안할 수 있다.

사람들은 알고리즘에 사적인 의도가 없기 때문에 그들의 결정을 더 공정하게 여기고 선호하기도 한다.

관리상의 의사결정에서 알고리즘을 쓰는 것은 전반적으로 유익한 것 같고, 흥미롭게도 우리 역시 이 사실을 인정할 준비가 된 것 같다. 그러나 동시에 우리는 알고리즘을 의사결정 도구로서 어디까지 받아들일지 한계를 두어야 함을 인지해야 한다. 한계가 필요한 이유는 무엇일까?

사실 어떤 결정에서든 객관성이 높아지는 것은 좋은 일이다. 그러나 알고리즘에게 데이터의 최종 해석을 맡겼을 때 그들이 어떤 경위로 그런 조언을 하게 되었는지 알 수 없는 경우가 많다. 우리는 알고리즘의 조언을 참고만 하는 것이 아니라 맹목적으로 따라야 할지도 모른다. 사실 알고리즘의 자가학습 능력이 지속적으로 발전하여 그들이 어떤 결정을 내리든 그 배경을 더 이상 이해할 수 없는 지경에 이르면 우리는 기계에게 의사결정 책임을 부여한 것이나 다름없게 된다.

결정에 책임을 진다는 것은 모든 이해관계자의 이익을 보장해야 한다는 의미이다. 다시 말해 의사결정의 책임이란 어떤 결정에 따라 창출된 가치가 다른 사람들의 복지에 기여할 수 있을지 여부를 판단하는 능력에 달려 있다. 장차 알고리즘에 이러한 역할을 맡기려면, 그들이 인간의 복지와 이익을 보호하는 인간 중심적인 선택을 내릴 것이라는 확신이 있어야 한다. 일단 알고리즘이 스스로 학습하고 결정할 수 있는 지점에 도달하면 우리가 끼어들어 바로잡을 수 있는 여지는 거의 없을 것이다.

아마존은 왜 실패했나

나중에 다루겠지만, 알고리즘은 인간의 입장에서 생각하거나 인간 판단력의 기저를 이루는 깊은 감정을 이해하는 데에 한계가 있다. 또한 인간 정체성에 관한 존중을 침해하는 오류 및 편견에 취약하다는 문제도 있다. 결국 알고리즘이 탁월한 의사결정 능력을 갖췄을지는 몰라도 그들에게는 인간됨의 의미에 관한 공감과 이해가 부족하기에 인간에게 더 이로운 대안을 간과할 위험이 커진다.

이런 이유로 우리는 알고리즘의 자가학습 기술을 적절히 규제할 방안을 마련해야 한다. 이는 곧 알고리즘 관리의 한계를 설정하는 일이기도 하다. 인간에게도 편견은 있지만, 우리는 보통 편견의 존재를 인식하고 부당한 대우를 받는 사람들을 보며 공감을 느낀다. 따라서 인간이라면 잘못된 상황을 바로잡으려고 노력할 것이다. 그와 달리 알고리즘은 연민을 느끼지 않는다.

실제로 알고리즘이 결정한 사항들을 조사했을 때 데이터 분석 과정에서 인간의 편향이 증폭된다는 증거가 늘고 있다. 문제는 인간이 편향을 인식하는 것과 달리, 알고리즘은 자신이 관찰한 내용과 발견한 추세를 통해 학습하기 때문에 편향을 알아차리지 못한다는 것이다. 알고리즘은 어떠한 추세 속에 함축된 의미나 숨겨진 감정을 인식하지 못하므로 자신이 내린 결정이 옳은지 따져보거나 필요시 철회하는 것이 불가능하다. 관련 사례로 아마존은 2018년 직원 채용에 알고리즘을 도입하고 나서 알고리즘이 불공평한 결정을 내리는 정황을 발견했다.

알고리즘은 백인 남성에게 더 높은 점수를 주고 있었다. 어떻게 이런 일이 일어났을까? 업무 성과 데이터를 분석한 알고리즘이 과거 자료에서 백인 남성들의 성과가 가장 높았다는 추세를 발견했기 때문이다. 사람들은 과거에 고용되었던 직원 대부분이 백인 남성이었다는 사실이나 현대 사회에 들어 다양성 기준이 변했다는 사실을 잘 안다. 그런데 알고리즘에는 인간에게 있는 이런 정서적 의식이 없다. 이것이 그들에게 최종 결정을 맡겨서는 안 되는 이유이다.

물론 앞서 언급한 것처럼 인간의 결정에도 편향이 있을 수는 있다. 그러나 인간은 다양한 시각을 통해 의미를 읽어낼 수 있기에 개선책과 해결 방안을 찾을 수 있다. 이 문제를 식별한 아마존이 간단한 해결책이 없다는 것을 깨닫고 알고리즘의 사용을 곧바로 중단한 것은 어찌 보면 당연한 일이다.

그렇다면 알고리즘 관리의 한계는 어디일까? 처음에 우리는 관리 업무의 대부분은 아니더라도 많은 부분이 자동화되리라는 결론을 내렸다. 조직 관리란 결국 안정적인 작업 환경을 제공하는 일이며, 알고리즘은 이러한 업무를 대부분 수행할 수 있다. 이는 우리가 조직 관리와 의사결정의 책임을 알고리즘에게 완전히 위임할 수 있다는 의미일까? 아니다. 아마존의 실패를 통해 우리는 알고리즘이 관리 업무를 수행할 수 있더라도 사람의 개입과 감독이 반드시 수반되어야 한다는 사실을 배울 수 있었다.

의사결정의 속도와 정확성을 높이고 복제하게 하는 능력은 조직 관리에서 매우 귀중한 가치이며, 알고리즘은 이런 작업을 수행하기에 이상적인 후보이다. 그러나 기업들은 다양한 인간 이해관계자가 연루된 상황에서 의사결정을 내릴 때는 알고리즘이 지닌 기술보다 의사결정 과정을 해석하는 능력이 더 중요하다는 사실을 알아야 한다. 어떤 결정을 하기 전에 그것을 상황적 맥락에 따라 이해하고 다양한 관점으로 해석하는 과정이 선행되어야 한다.

결과적으로 알고리즘은 자신의 결정을 전적으로 책임지는 자율적인 관리자 역할을 맡을 수 없다.

인간이 개입하지 않는 성과 평가

알고리즘에 의한 관리는 현실이 되었지만 이는 관리 업무의 집행을 자동화하는 것에만 한정된다. 시간이 흐르면서 회사의 가치에 영향을 미치지 않는 관리상의 업무와 의사결정도 알고리즘에게 넘어갈 수 있다. 이는 기업이 시장에서 자신의 포지션을 어떻게 잡을 것인지의 문제와도 결부된다.

생각해보자. 우리가 관리 자동화의 가능성을 인식하고 점점 더 많은 책임과 권한을 알고리즘에 위임하기로 결정한다면, 결국 모두가 데이터를 취급하는 방식이 비슷해질 것이다. 우리의 결정은 점점 더 닮아가고, 기업들이 자기 자신의 복제품이 되는 현실이 벌어질 수도 있다. 따라서 우리가 아무런 제약 없이 기업 운영을 자동화한다면 사실상 모든 회사가 서로를 대체할 수 있게 될 것이다! 비즈니스란 본래 경쟁자들과 차별화된 고유의 우선순위와 전략을 바탕으로 가치를 창출해내는 과정이 아니었던가?

조직 관리를 자동화하면 기업이 알고리즘의 조언에만 의존하게 될까 봐 염려되는가? 그렇다면 우리가 인식하는 기업이란, 가만히 앉아 자동화 권위자가 데이터를 분석하고 내놓는 조언만 기다리는 소극적인 존재에 지나지 않는다. 안타깝게도 소극적인 기업들은 참신한 아이디어를 내거나 앞날을 내다보지 못하며, 사회와 이해관계자들을 위한 가치를 창출할 수도 없다. 우리 조직이 이런 방식으로 운영되면 귀중하고 아름다운 자산과 자원(예: 협업, 서로를 신뢰하고 권한을 부여하는 문화)이 상당 부분 파괴

될 것이다. 명확한 가치관을 지니고 다양한 이해관계자들을 고려할 줄 아는 리더가 이끄는 조직과는 확연히 대비될 수밖에 없다.

내 최근 연구에서도 이런 문제를 확인할 수 있었다.[104] 우리는 자율 알고리즘이 업무 성과를 모니터링하고 평가하는 환경에서 사람들이 업무를 보도록 하는 실험을 몇 차례 진행했다. 알고리즘이 평가한 내용은 회사 최고위층에 그대로 전달되어 실험 참가자들을 보상하는 근거로 활용됐다. 그 과정에서 인간의 개입은 없었으며, 참가자들도 인간 감독관에게 자신의 생각이나 감정을 표현할 기회가 전혀 없었다. 한편 또 다른 실험에서는 자율 알고리즘이 동일한 평가 작업을 수행하되, 이번에는 참가자들이 인간 감독관과 대화를 하면서 자신의 경험을 공유할 수 있게 했다. 그 결과, 실험 참가자들은 인간 감독관이 있는 업무 환경을 더 공정하고 믿음직스럽게 느꼈다. 감독자들이 겸손하며 가치 지향적이라고 인식될수록 그러한 결과는 더욱 도드라졌다.

이러한 결과를 봤을 때, 알고리즘이 성과 평가라는 관리 역할에 쓰이는 경우 인간 직원들은 조직이 공정과 신뢰 속에 운영될 수 있도록 명확한 가치관을 지닌 인간 리더십의 존재를 필요로 한다는 사실을 알 수 있다.

알고리즘 관리의 실정을 보면 알고리즘이 관리 기능을 복제할 것이라는 사실은 분명하다. 하지만 그와 더불어 우리는 인간 관리의 미래가 어디에 있을지도 명확히 알 수 있다. 그 미래는 바로 리더십 영역에 있다. 자동화가 확대될수록 우리가 어떤 목표를 달성해야 하는지 아는 리더십, 순간적으로 판단해 결정을 내릴 줄 아는 리더십, 좇아야 할 목표를 효과적으로 점검할 수 있는 리더십의 필요성도 함께 증가하는 것 같다.

물론 데이터는 귀중하고 유용하며 우리에게 다양한 방향성을 제시해줄 수 있지만, 최종적으로 전략을 결정하는 것은 인간 리더십의 몫이다. 회사는 인간의 고유한 특성을 감안하여 언제나 비즈니스, 고객, 사회에 가치 있는 것들을 기준으로 궁극적인 방향성을 설정해야 한다. 결국 미래 조직 운영에서 우리가 알고리즘에게 관리 업무를 더 많이 인계할수록 우선순위 설정에 도움을 줄 수 있는 인간의 판단력을 바탕으로 한 리더십의 필요성도 늘어날 것이다. 관리자와 리더가 함께 협력하여 혁신적이고 지속 가능한 비즈니스 운영 방식을 창조하도록 노력해야 한다는 의미이다.

이는 미래의 조직 운영 방식이 알고리즘과 인간이 공동으로 가치를 창출하는 협업 모델을 따라야 함을 의미한다. 케빈 켈리가《인에비터블 미래의 정체》(청림출판, 2017)에서 "기계와 겨루어 이겨야 하는 경주가 아니다. 기계와 함께 달리는 경주이다"[105]라고 표현했듯이 말이다.

5장
___

직관력이 없지만
합리적인
의사결정자

조직은 데이터로 이루어져 있다. 경영진은 데이터를 이용해서 회사에 가장 큰 이익을 가져다줄 전략을 세운다. 또 한 번 말하지만, 데이터가 왕이다!

　나는 알고리즘이 데이터를 관리할 수 있으므로 관리자 역할로 이동할 것이라고 주장했었다. 여기서 다른 질문도 고민해보자. 알고리즘이 데이터를 관리함으로써 사람들을 이끌 수 있을까? 만약 그렇다면 알고리즘은 분석한 데이터를 근거로 조언만 제공하는 것이 아니라 전략적 의사 결정을 하는 리더 역할로도 이동하게 될 것이다.

　그러나 나는 그런 일은 일어나지 않으리라고 본다. 왜냐고? 데이터에 담긴 정보를 잘만 분석하면 추세를 읽어낼 수 있으므로 알고리즘이 조언가 역할을 맡는 것은 어렵지 않다. 그러나 그 정보를 인간이 정한 우선순위와 가치에 따라 해석하고, 회사가 택할 전략의 기준을 제시해야 한다면 이야기는 달라진다. 모두가 잘 알듯 우리는 일상생활에서 일정한 가치관들을 확립하도록 교육받으며 자랐고, 가치관이 있으면 어려운 결정을 내리는 데 도움이 된다. 비슷한 맥락에서 가치관은 조직생활에서도 중요하다. 회사가 진행하는 다양한 프로젝트 속에서 우선순위를 세우는 데 도움이 되기 때문이다. 우리가 프로젝트를 진행하는 것이 의미 있는 이유는 추구하는 가치가 있기 때문이다.

자신이 하는 일에서 의미를 발견하는 것은 정체성에도 중요하다. 의미 있는 경험들이 우리 삶을 풍요롭게 만들기에 우리는 그러한 가치를 소중히 여기고 좇으려 한다. 따라서 우리가 삶의 모든 영역에서 의미를 찾고 가치 있는 일을 하려고 노력한다면 그에 상응하는 이익을 누릴 수 있을 것이다.

그 이익 중 하나는 진정성을 느낄 수 있다는 점이다. 자신의 행동에서 가치관이 표출되는 모습을 볼 때 우리는 늘 그려오던 내 모습에 한 걸음 더 가까워진 것을 느낀다. 이는 우리가 진정한 목표와 가치로부터 동기부여를 받아 의사결정을 해야 한다는 뜻이다. 왜냐하면 그런 프로젝트들이야말로 우리가 하는 일에서 정말 중요하고 진짜 가치가 있다고 느끼게 해주는 것들이기 때문이다.

조직 관리에서 알고리즘의 역할이 점차 확대되는 시대에 누가 리더가 될 수 있고, 또 되어야 하는가를 판단할 때 진정성은 중요한 의미를 지닌다. 인간 직원이 포함된 조직은 어떤 결정을 내리든 인위적이거나 기계적이지 않고 인간의 관점에서 실제적으로 느껴질 수 있는 것들로부터 동기부여와 영감을 받아야 한다. 이러한 필요성 때문에 우리는 자동화 프로세스나 의사결정에 관해 이야기할 때는 '인공' 지능(artificial intelligence)을 거론하지만, 인간이 주도하는 일 처리나 의사결정을 이야기할 때는 '진정한' 지능(authentic intelligence)을 찾는 것이다.[106]

두 유형의 지능 모두 동일한 약어 AI를 사용하지만, 둘은 같지 않다. 인공지능과 진정한 지능 양쪽 다 그룹과 조직 내에서 영향력이 있으나 사람들이 이 둘에 동일한 수준의 권한이 있다고 보지는 않으므로 영향력의 크기도 다르다. 다른 말로 하면, 관리 업무는 인공지능이 주도하더라도 리더십은 진정한 지능이 주도해야 한다.

리더십에 진정한 가치가 있어야 하는 이유

학자들은 사고의 진정성, 곧 자신의 가치관에 부합하게 생각하고 행동할 수 있는 능력을 효과적인 리더십의 핵심 요소로 여겼다. 왜? 모든 것은 리더를 변화의 주체로 보는 우리의 기대치에서 시작되니까.

리더는 모름지기 사람들에게 영감을 불어넣어 집단을 위해 행동하며 가치를 창출하도록 해야 한다. 집단적 가치를 창출하려면, 리더가 나아갈 방향을 가리키면서 무엇을 해야 하는지 알려주고 설득력 있는 비전을 통해 그 이유를 설명할 수 있어야 한다. 그런 능력이 있는 리더라면 더 나은 미래 가치가 있는 새로운 방향으로 사람들을 능숙하게 이끌 수 있을 것이다. 같은 이유로 학자들은 리더가 변혁적 자질을 갖추어 다른 이들을 기꺼이 변화에 동참시킬 수 있어야 한다고 주장해왔다. 따라서 사람들이 리더의 비전을 함께 따르도록 감화함으로써 주어진 상황을 변화시키는 능력이 효과적인 리더십의 열쇠가 된다.

그렇다면 이렇게 과정을 중시하는 리더십 형태에 더 적합한 쪽은 알고리즘일까, 인간일까? 이 문제와 관련해서는 효과적 리더십의 원형격인 '변혁적 리더십'(transformational leadership) 연구에서 가장 직접적인 답을 찾을 수 있을 것 같다. 변혁적 리더십 개념에 관한 초기 문헌들을 보면 사람들이 가치를 창출하고 더 나은 성과를 내도록 동기부여 하기 위해서는 진정성이 중요하다는 내용이 강조되어 있다.[107]

실제로 수많은 연구를 참고하면 목적 지향적이며 진솔하고 유대감을 쌓는 등 진정성과 인간적인 면모를 보이는 리더들이 변화를 위한 노력에서 결실을 맺는다. 리더십이 효과적으로 작용하려면 사람들이 무엇을 정말로 중요하게 여기는지 제대로 이해할 수 있는 '진정한' 지성이 필요하다. 이렇게 얻은 지식은 가치 중심적인 변화를 일으킬 동기부여 수단으로도 사용될 수 있다. 그런 측면에서 리더십에 더 적합한 쪽은 알고리즘보다는 인간인 것 같다. 사실 우리가 효과적인 리더십의 조건들을 구체적으로 알아갈수록 알고리즘이 리더로서 자격 미달인 이유도 더욱 확연해진다.

리더는 집단이 장기적 가치와 이익을 창출할 수 있도록 가치에 중점을 둔 방식으로 사람들에게 영향을 미친다. 사실만 전달해서는 그런 영향력을 얻을 수 없다. 영향력 있는 리더는 사람들이 행동하도록 동기를 부여할 줄 알며, 사람들은 리더가 말하고 요청하는 내용이 타당하게 느껴져야 행동에 돌입한다. 리더가 제안하는 내용(사실 관계, 비전)이 자신에게도 의미 있을 때 사람들은 움직이기 시작할 것이다.

리더가 이런 종류의 영향력을 얻으려면 사람들의 마음을 진심으로 어루만지고 그들과 '인간적'으로 연결되어야 한다. 리더가 제일 먼저 할 일은 현재 상황이 어떻고 어떤 변화가 필요한지를 파악하는 것이지만, 사람들과 관계를 쌓지 못하면 그 변화를 일으킬 수 없다. 리더가 그러한 관계를 구축하려면 타인의 인정과 지지를 받을 수 있는 가치관과 시각을 바탕으로 자신의 요청 사항을 전달해야 한다. 조직의 생존과 경쟁력 유지를 위해 무슨 조치를 해야 하는지 아는 것과 별개로, 그것을 의미 있고 매력적으로 보이게 만드는 능력이 있어야만 조치를 실행에 옮길 수 있다는 뜻이다.

목표의식을 갖고 앞을 내다보라

알고리즘은 비즈니스 현황을 분석하고 사람들에게 정보와 조언을 제공하여 어떤 조치가 필요한지 알아내도록 돕는다. 그러나 알고리즘은 자신이 분석한 정보가 인간으로 구성된 조직에 무엇을 의미하는지 알 수 없으며, 변화가 필요하다는 메시지를 듣고 사람들의 마음이 동하도록 진정성 있게 소통할 줄도 모른다. 하지만 이런 '인간적'인 요소야말로 오늘날 리더가 처한 환경을 감안했을 때 없어선 안 될 것들이다.

현대 비즈니스 환경은 모호하고 변동성이 심하며 극히 복잡하기에 리더는 기민하게 조직을 운영할 수 있어야 한다. 한편으로는 급격한 변화를 인지하고 이에 적응해야 하며, 다른 한편으로는 회사의 우선순위를 향한 초점을 잃지 않아야 한다. 즉 리더는 회사의 목적을 이해하고 그것을 바탕으로 올바른 전략적 결정을 내리며 장기적인 가치를 창출할 수 있어야 한다.[108][109]

리더가 시장의 변화에 관한 새로운 정보(아마 알고리즘이 제공한)에만 의존해 의사결정을 한다면, 이는 조직을 이끌어가는 것이 아니라 관리하는 것에 불과하다. 조직을 이끈다는 것은 새로운 정보를 회사의 목적에 맞게 해석하여 대응한다는 의미다. 변화가 필요하다는 분석 결과가 있더라도, 리더는 기업 가치관이나 이해관계자들의 이익을 고려하여 그 조언을 받아들이지 않을 수도 있다. 이런 종류의 판단력이 뒷받침되어야 리더는 직원들과 유대관계를 구축할 수 있다.

조직에 필요한 조치가 개개인에게도 의미 있어지려면, 리더는 회사가 당면한 단기적 문제가 무엇인지 식별하고 이를 직원들을 비롯한 모든 이해관계자의 이익과 회사의 목표라는 더 넓은 시각에서 바라볼 수 있어야 한다. 이렇게 사실관계를 파악하면서 동시에 사람들의 감정을 돌아볼 수 있는 능력이야말로 진정으로 영향력 있는 리더를 만들 것이다.

알고리즘이 이런 '인간적'인 능력을 발휘할 수 있을까?

초기 단계에서는 알고리즘이 사실관계를 파악하여 정확한 정보를 업데이트하고 그것이 우리에게 주어진 선택지들과 어떤 관련이 있는지 조언해줄 수 있다. 하지만 회사와 직원들이 '왜' 특정 가치를 소중히 여기는지를 감안하여 실제로 결정을 내리거나 직원들로 하여금 리더가 제시한 방향을 따르게 하는 것은 다른 문제다.

물론 알고리즘이 데이터에 근거하여 예측을 잘할 수 있는 것은 맞지만, 오직 이 예측만으로 의사결정을 한다면 단기적인 사안밖에 고려하지 못할 것이다. 장기 가치 창출에 필요한 변화를 일으킬 수 있는 탁월한 리더는 사후 대응만 하는 것이 아니라 사전 대응도 한다.[110] '사전 대응적인 사고'란 장기적인 관점으로 앞으로 창출할 수 있는 가치를 상상해본 다음, 그것을 사실을 알고 이해하는 분석의 힘과 결합하는 능력이다.

상상력, 가치 중심적인 사고, 전략적 비전(단기와 장기, 다양한 이해관계자의 관심사 고려) 등의 자질은 변화를 수용하도록 사람들을 설득하는 과정에서 유대감을 구축하는 데 도움이 될 것이다. 불확실한 상황에서 리더를 따르기로 결정한 사람들은 이제 안락한 구역에서 벗어나 두려움과 불안 등의 감정을 경험할 수 있기 때문이다.

리더는 사람들이 그런 감정을 느낄 수 있다는 사실을 인식하고 공감을 표현할 줄 알아야 한다. 사람들이 계속 동기를 부여받고 참여도를 유지하려면 리더의 관심과 보살핌이 필요하고, 사람들을 잘 돌보려면 리더에게 인간의 다양한 감정 작용을 직관적으로 알아차릴 수 있는 능력이 있어야 한다.[111][112]

우리 연구에 따르면 알고리즘에 이러한 능력이 있다고 보기는 어렵다.[113] 한 연구에서 우리는 인간관계의 의미를 이해할 목적으로 사람들에게 인간과 알고리즘이 대비를 이루는 특성을 평가해달라고 요청했다. 새삼스러울 것도 없이 인간은 타인의 입장을 직관적으로 잘 이해하며 그에 적합하게 행동할 수 있다는 평가를 받았다. 한편 알고리즘은 그런 자질이 없다는 평가를 받았으며, 그 이유는 이들이 직관력 없는 합리적 의사결정자로 간주되기 때문이었다.

가장 중요한 건 관계라니까!

우리가 확인한 내용들은 알고리즘이 인간과 동일한 방식으로 소통할 수 없다는 주장을 뒷받침한다. 타인과 연결되려면 상대의 감정을 이해하고 그 사람과 같은 가치관을 공유한다는 사실을 알려줌으로써 진심을 전할 수 있어야 한다. 하지만 알고리즘에는 이런 사회적 기술이 없기 때문에, 그들이 인간이 아닌 존재이며 진정성을 보여줄 수 없다는 사실이 부각될 수밖에 없다. 이 단순한 결론은 알고리즘이 리더 역할을 맡을 수 있느냐의 문제에서 중요한 함의를 지닌다.

사람들을 따르게 하는 영향력이 있을 때만 효과적인 리더십이 실현된다. 진정한 리더십에는 본질적으로 이끌어야 할 사람들과 연결되는 능력이 필요하다. 그러나 알고리즘에는 그런 능력이 없다고 인식되므로 이들이 리더십을 발휘하는 것은 불가능하다. 더욱이 알고리즘을 리더로 하여 인간의 이익을 책임지도록 만든다는 것은 많은 이들에게 무서운 개념으로 느껴질 것이다.

누군가가 다른 사람을 책임진다는 것은 타인에게 무엇이 이로운지 이해하고 판단할 만한 도덕적 능력이 그 사람에게 있다는 의미다. 리더가 되려는 이에게는 도덕성을 바탕으로 한 직관력이 있어야 한다. 그런데 학술 연구에 따르면 우리는 기계가 리더 역할을 하며 이런 능력을 발휘할 수 있다고 믿지 않는다. 왜냐하면 그들에게 '온전한 마음'이 있다고 보지 않기 때문이다.[114] 이제 여러분은 어떻게 해야 '온전한' 마음을 가질 수 있는지 궁금할지도 모르겠다.

연구에서 도덕성과 관련한 인간의 마음을 어떻게 정의했는지 살펴보자. 앞서 간략하게 언급했듯, 인간의 마음은 '행위'와 '경험'이라는 두 가지 차원으로 구성된다.[115][116][117][118][119][120] 행위란 무언가를 실행하고 계획하거나 스스로를 억제할 수 있는 능력이며, 경험이란 사물을 느끼고 이해하는 능력이다.

알고리즘에 행위의 속성이 어느 정도는 있을지도 모르나, 이 문제에서 아직 의견일치가 이루어지지는 않았다. 예를 들어 최근에 EU가 '신뢰할 수 있는 AI'를 대상으로 윤리 지침을 발표했을 때, AI가 신뢰할 만한 존재가 될 수 없다고 말하며 비판하는 이들이 있었다. 그런 주장을 하는 사람들은 AI에 행위의 속성이 없다고 믿을 것이다. 하지만 내가 진행한 신뢰 연구에 따르면 그 주장이 전부 옳은 것은 아니다. 사람들은 알고리즘이 가장 잘할 수 있는 분야, 즉 합리적으로 판단하고 신속한 분석을 제공하는 영역에서는 별 어려움 없이 그들을 신뢰하기 때문이다.[121] 이러한 의미에서 알고리즘은 어느 정도 신뢰할 만하다고 할 수 있지만, 이는 전적인 신뢰와는 다르다. 한편 신뢰할 만하다는 것은 진실하게 행동하거나 타인의 관심사를 돌아볼 줄 안다는 의미도 된다.

행위 속성과 달리, 오늘날 우리가 개발한 알고리즘에 경험의 속성이 없다는 점에는 논란의 여지가 없다. 알고리즘이 두 차원의 속성을 모두 지니지 못하기 때문에 사람들은 다양한 이해관계자들에게 영향을 미치는 결정을 알고리즘의 손에 맡기길 꺼린다. 오직 진정성 있고 인간적이며 지적인 리더만이 그 일을 할 수 있을 것이다.

실패는 일어나기 마련이다.
중요한 건 바로잡을 수 있느냐이다

이 모든 것은 인간이 알고리즘과 다르게 타인의 이익을 완벽히 돌볼 수 있다는 의미일까? 물론 아니다! 우리는 사람들이 잘못된 도덕 판단을 내리거나 비윤리적인 행동을 할 수 있다는 것을 너무나 잘 안다. 다만 알고리즘과 달리 인간에게는 행위와 경험의 속성이 있다는 사실을 이해하고 인지한다. 따라서 잘못된 행동을 바로잡는 영역에서는 알고리즘보다 인간을 더 신뢰할 수밖에 없다. 알고리즘은 사람들이 부당한 대우를 받거나 소외되고 이익을 침해당했을 때 겪는 감정을 제대로 느끼고 경험하지 못한다. 더욱이 타인의 입장에서 생각할 능력이 없으므로 누군가를 대신하여 결정을 내릴 수도 없다. 결국 알고리즘은 리더 역할에 적합하지 않다고 인식된다.

알고리즘으로 직원 채용 절차를 자동화하려 했던 아마존의 실험을 다시 생각해보자. 아마존이 채용 공고를 냈던 소프트웨어 개발 직무에서, 알고리즘은 여성보다 남성을 선호하는 인간의 편견을 그대로 복제하는 모습을 보여줬다. 방금 말했듯 알고리즘뿐만 아니라 인간도 이렇게 편향된 판단을 할 수 있지만, 인간들은 이러한 편견이 불러오는 사회적 결과를 인지한다는 차이가 있다. 사회적 위험을 감지할 수 있는지 여부가 여기서 관건이 되며, 알고리즘은 그 점에서 실패했다. 알고리즘은 '잠깐, 내 결정이 우리 회사, 나아가 사회 전체가 바라는 결과를 불러올까?'라고 생각하지 않았고, 인간이 개입하고 나서야 결정 과정이 바뀌었다.

이 사례를 봤을 때 우리가 자동화 기술에 의존하여 조직을 이끌기로 결정한다면 인간이 수용하기 어려운 결과들을 마주할 것이 불 보듯 뻔하다. 알고리즘은 데이터를 투명하게 만들고 조언을 해줄 수도 있지만, 의사결정을 맡겨서는 안 된다.

이 내용들은 우리가 알고리즘에게 가치 중심적인 지시사항들을 이행하게 할 수는 있어도, 지시사항을 직접 만들게 할 수는 없음을 시사한다. 인간은 더 복잡하고 높은 수준의 책임자 역할에 집중해야 할 것이고, 그 결과로서 윤리의식·창의성·혁신의 토양을 잘 일구는 문화를 조성할 수 있을 것이다. 바로 이것이 진정한 리더십의 의미가 아닐까?

이제 최종 판결을 내릴 때가 된 것 같다. 오늘날도 그렇지만 특히 미래의 리더십은 진정한 인간 지성이 주도해야만 효과를 낼 수 있다. 이 조언을 따르고 싶다면 그런 유형의 지능에 어떤 특징이 있는지 알아야 할 것이다. 다르게 표현하자면, 인간은 어떤 고유 기술을 지니기에 모두가 인정하는 미래 비즈니스 리더로 지목될 수 있었을까?

미래에 비즈니스 리더가 완수해야 할 한 가지 핵심 과업이 있다면 그 것은 '의미 형성'이다. 현재와 미래의 조직 리더들은 불안정하고 복잡한 시장 상황 때문에 신속하고 정확하게 의사결정을 해야 한다. 그러려면 조직의 목표가 무엇이며, 이 복잡한 비즈니스 환경에서 그 목표를 왜 그리고 어떻게 달성할 것인지 파악하고 있어야 한다.

리더는 자신이 이끄는 조직의 정체성이 확립되도록 돕는다. 그러므로 리더는 자신이 하는 일이 무엇이며, 더 중요하게는 왜 그 일을 하는지 의미를 찾고 이해해야 한다. 상황이 복잡해지고 대처가 어려워지면 사람들은 지침을 줄 수 있는 권위자를 찾는다. 어렸을 때만 그러는 것이 아니라 직장에서도 마찬가지다. 인간에게는 어려운 상황이 닥쳤을 때 지도자에게 도움을 청하려는 선천적 욕구가 있다. 리더에게 흔히들 생각하는 것보다 더 많은 책임이 따르고, 도덕의식이 반드시 필요한 까닭이다. 그러나 안타깝게도 리더들이 자신의 역할에 수반되는 책임을 인식하기보다는 그 위치를 통해 얻는 권리에 더 집중하는 경우가 너무 많은 것 같다.[122]

리더는 사람들에게 지침을 제공할 수 있고, 또 그래야 한다. 그러려면 자신이 이끄는 사람들에게 가닿을 수 있는 의미를 만들어내는 능력이 필요하다. '의미 형성' 능력이야말로 내일의 리더가 갖춰야 할 중요한 자질로 인정되어야 한다.

인간에게는 대상을 이해하려는 선천적인 욕구가 있기에, 의미를 만들어내는 능력은 그러한 욕구에 부합하며 우리 삶에 가치를 더한다. 이렇게 의미를 형성할 수 있게 하는 인간 고유의 기술은 무엇일까? 인간의 두뇌에는 2000억 개의 뉴런이 있고 각각 만 개의 시냅스로 연결되어 있다. 최첨단 기술로도 복제가 불가능한 인간의 두뇌에 과연 어떤 기술들이 담겨 있을까?[123]

복잡한 상황을 풀어내어 그 의미를 타인이 이해하게 한다는 것은 우리 뇌 또한 복잡하게 작동한다는 의미다. 리더는 다양한 관점으로 상황을 바라보고, 그 관점이 각 이해관계자들에게 무엇을 의미하는지 이해해야 한다. 그런 뒤 재정적인 측면뿐만 아니라 조직의 목표 달성이라는 측면에서 최대의 가치를 창출할 수 있도록 창의적이면서도 통합적인 해결책을 강구해야 한다.

이렇게 다양한 능력이 복합적으로 상호작용하는 모습은 세계경제포럼(2016)이 현대 기술혁명에 대처하는 데 필요하다고 묘사한 인간적 자질들의 이미지와 일치한다. 세계경제포럼에서 발간한 〈직업의 미래 보고서〉(Future of Jobs Report)는 인간이 가까운 미래에 복잡한 문제를 해결하고, 비판적으로 사고하며, 창의적으로 행동하고, 사람들을 관리하는 능력을 갖추어야 한다고 강조했다.

의미 형성의 기본 구조

의미 형성이라는 가치는 다양한 능력의 상호작용을 통해 만들 수 있으며, 이는 오직 인간만이 할 수 있는 일이다. 종합하면 이런 능력들이 곧 성공적인 미래 리더십에 요구되는 다양한 자질의 밑바탕이 된다고 할 수 있다.

이것들이 미래 리더십에서 지니는 특별한 가치를 이해하려면, 리더의 의미 형성 능력을 이루는 심리 구조를 파악해야 한다. 이 구조를 이루는 다양한 개별 능력들이 어떻게 더욱 능력 있는 리더를 만들까? 미래 리더들을 더욱 효과적으로 양성하고 지도하려면 의미 형성에 필요한 구체적인 능력들이 무엇인지 이해하는 것이 중요하다.

우선 이 능력들이 모두 같은 심리 차원에서 발동하는 것은 아니라는 사실을 알아야 한다. 의미를 만들고자 하는 욕구(동기), 그것에 관해 생각하려는 욕구(인지), 그것이 사람들에게 어떤 느낌을 주는지 알고자 하는 욕구(감정)를 결합하여 각각의 능력을 만든다.

이토록 다양한 심리적 차원이 존재한다는 사실만으로도 이미 인간은 행동의 복잡성 측면에서 알고리즘과 차별화된다. 1장에서 튜링 테스트를 소개하며 언급했듯, 알고리즘이 최종 결정 단계에 도달하여 행동을 보이는 방식은 인간보다 훨씬 단순하다. 그들이 사고하는 과정은 단 한 가지, 즉 관찰한 내용을 기반으로 학습하는 방식뿐이다. 알고리즘은 분석하는 데이터에서 읽어낸 행동 추세를 학습하고 모델링한다.

예를 들어 반도체 제조업체 엔비디아(Nvidia)는 최근 알고리즘을 기반으로 인간의 운전 방식을 관찰하여 실험용 자율주행 차량을 내놓았다. 알고리즘은 운전자의 행동을 관찰 및 학습한 뒤 가장 일관적인 행동 양식을 모델링했지만, 운전자들에게 어떤 동기와 감정이 있으며 그들에게 운전이 어떤 의미인지를 반성적으로 분석하지는 못했다.

엔비디아 사례처럼 알고리즘은 인지 분석 과정에 사람의 동기와 감정을 통합하여 대상을 이해하는 깊은 수준의 사고가 불가능하다.

유능한 리더들은 모든 개인이 특별하지만 한편으로는 다른 사람들과 똑같이 대우받고 소속감을 느끼고 싶어 한다는 점을 잘 안다. 이러한 복잡성 때문에 리더들은 감정·동기·인지의 세 가지 요소를 고려하여 판단하고 행동해야 한다. 우리가 21세기 리더들에게서 기대해야 할 것은 바로 이런 종류의 사고다.

다음 그림은 동기·인지·감정의 여러 심리 수준에서 작동하는 다양한 능력으로부터 리더에게 필요한 의미 형성 능력이 파생되는 과정을 보여준다. 아래에서 각각의 능력을 더 자세하게 설명할 것이다.

| 비판적 사고

복잡한 상황과 맞닥뜨렸을 때 여러분은 회사를 위한 기회가 어디에 있는지 찾아내야 한다. 이 어지러운 상황에서 무엇에 초점을 맞춰야 할까? 어떤 정보를 참고하고, 어떤 것을 그냥 지나쳐야 할까?

그 어떤 인간보다도 빠르게 데이터를 수집하고 분석할 수 있는 알고리즘이 도움을 줄 수 있을 것 같다. 복잡한 정보를 다루는 일이라면 알고리즘이 전문가이므로 이런 일에 그들을 쓰는 것이 당연하지 않을까? 하지만 데이터에 관해서는 고려해야 할 사항들이 훨씬 더 많다. 우리는 어떤 목적을 이루려고 노력하고 있으며, 그 목적을 달성하는 데 필요한 기회를 포착하려면 어떤 종류의 데이터가 필요할까?

알고리즘은 계산식에 따라 실행되므로, 그들이 데이터를 분류하고 체계화하는 데서 무엇이 더 중요하고 덜 중요한지 인간이 가중치를 설정해주어야 한다. 알고리즘의 데이터 검색과 분석 과정에 의미를 부여하는 것은 회사가 궁극적으로 추구하는 목표이다. 우리에게는 이 중대한 문제를 심사숙고할 수 있는 리더십이 필요하다.

일단 관련성 있는 데이터를 찾아냈다면 비즈니스 환경에 적합한 전략에 쓰일 수 있도록 분석하는 과정이 필요하다. 우리에게만 목적이 있고 현실을 바라보는 관점이 있는 것이 아니라, 우리가 처한 현실이 특정한 요구를 할 때도 있다. 회사가 오랫동안 살아남으려면 이러한 상황적 요구도 고려해야 한다.

따라서 리더들은 주어진 데이터의 범위 밖에서 생각하고, 경쟁자를 비롯한 다른 이들이 간과할 수도 있는 관련성을 파악할 수 있어야 한다. 까다롭고 경쟁이 심한 시장에서 달성한 결과들이 자신이 원하는 목적에 왜, 어떻게 부합하는지 논리적으로 판단하는 능력도 필요하다. 성공 비즈니스 시나리오라고 해서 꼭 우리 회사에 적합한 것은 아닐 수도 있기 때문이다. 결국 회사의 목적에 최적화된 비즈니스 시나리오를 택해야 한다. 모든 회사가 같은 이유를 좇아 사업을 하는 것은 아니므로 각자 중시하는 가치도 달라진다. 하지만 사람들의 삶을 가치 있게 만들어주는 것들과 정서적인 연결고리가 없는 알고리즘은 이런 종류의 분석을 해내지 못한다.

비판적 사고 능력은 회사의 문화를 일구는 데에도 필요하다. 리더는 사람들에게 모범을 보이고, 회사가 지녔다고 인정받길 바라는 가치들을 가르침으로써 업무 문화를 구축한다. 이런 의미에서 비판적으로 사고하는 리더는 따르는 사람들도 같은 능력을 갖추도록 도울 수 있다. 나중에 살펴보겠지만, 직원들은 조직 운영과 업무 수행의 효율을 최대로 끌어올리기 위해 알고리즘과 함께 일할 것이고, 리더가 회사의 목적과 방향성을 관리하듯이 그들도 알고리즘과 처리하는 업무 과정을 관리할 수 있어야 할 것이다.

| 호기심

비판적 사고 능력은 호기심이라는 인간의 또 다른 인지 충동과 연결되어 있다. 최근 경영계의 새 키워드 중 하나이기도 한 '호기심'은 오늘날 급변하는 비즈니스 환경에서 리더가 갖춰야 할 핵심 자질로 간주되기 시작했다.

링크드인 글로벌솔루션 부사장이자 영업 책임자인 댄 샤피로는 인터뷰에서 이렇게 간결하게 표현했다. "리더들은 매일, 매분, 매초 쌓이는 방대한 데이터를 이해하고 해석하며 소음을 차단할 줄 알아야 한다. (…) 또한 이 데이터가 우리 비즈니스, 고객, 팀에 어떤 의미를 부여하는지에 초점을 맞춘 질문들을 던져봐야 한다. 그러므로 호기심이 충만한 사람들은 가산점을 받을 자격이 있다."[124]

실제로 호기심 있는 자세를 지닌 조직들이 더 좋은 성과를 낸다. 직원의 성과를 예측할 때 호기심은 강력한 변수로 작용하며, 비판적 사고와 함께 회사에 귀중한 결과를 가져다줄 막강한 인간적 무기가 된다. 연구에서 밝혀진 주목할 사실은 사람들을 성공으로 이끄는 것이 '특정' 업무에 관한 단순한 호기심이 아니라 '전반적'인 호기심이라는 점이다.

펜실베이니아대학교 와튼스쿨의 애덤 그랜트 교수는 저서《오리지널스》(Originals, 한국경제신문, 2020)에서 '구체적/전반적 호기심'이라는 주제를 자세히 설명했다. 노벨상 수상자들은 상대적으로 업적이 적은 과학자들과 비교했을 때 자신의 전문 분야를 넘어서는 호기심이 훨씬 컸다고 한다. 저자는 1901년부터 2005년까지 노벨상을 받은 모든 과학자를 대상으로 그들의 취미나 개성 있는 자기표현 방식을 조사한 연구를 소개했으며, 놀랍게도 미술·음악 등의 취미활동에 적극적으로 임한 과학자들이 노벨상을 받을 확률이 22배나 더 높았다.

앞서 말했듯, 누군가의 성공을 결정하는 것은 특정 전문 분야에 관한 호기심이 아니라 전반적 수준의 호기심이다. 이러한 전반적 호기심이 있으면 더욱 비판적이고 섬세한 시각으로 상황을 바라볼 수 있다. 호기심이 많은 사람들은 이런 자세로 지금 보이는 현상 이상의 것을 생각하고 더 참신한 해결책을 찾아낸다.

리더에게 호기심이 없으면 자신의 일을 잘 해낼 가능성이 줄어들고, 조직을 성장시키거나 효율성을 높이는 데 도움이 될 만한 유용한 정보를 얻지 못할 것이다. 케임브리지 사전은 호기심을 "무언가를 배우고자 하는 열망"으로 정의한다. 호기심은 배움을 촉진하고, 사람들이 업무나 개인적인 삶의 여러 측면에서 스스로를 발전시키도록 동기부여 한다.

호기심이 배움을 촉진하는 이유는 무엇일까? 호기심은 사람들로 하여금 틀에서 벗어나 생각하게 하며, 어떤 문제에 하나 이상의 해결책이 있다는 사실을 깨닫게 한다. 문제를 해결하는 방식은 다양할 수 있다! 이 사실을 염두에 뒀을 때 사람들은 새로운 가능성을 찾고 최종 결정에 도달하는 다양한 경로를 탐색하거나 오랫동안 옳다고 믿어온 사안들에 의문을 제기할 수 있다. 호기심은 현상을 유지하려고만 하는 사고방식에 가장 큰 걸림돌이 된다. 또한 호기심은 관리자 역할에서는 기대되지 않지만, 리더 역할의 범주에는 분명히 들어간다!

결론은 확실하다. 호기심은 사람들이 성장하도록 돕고, 새로운 것을 배우도록 격려하며, 더욱 창의적인 의사결정자가 되도록 발전시킨다. 호기심은 개인의 내면에서 만들어지는 동기부여 요인이기 때문에 이 능력을 개발하려면 스스로 노력해야 한다. 이 일은 아무도 대신해줄 수 없다. 복잡하고 불확실한 상황이 벌어지면 긴장감이 조성되고 사람들이 불편함을 느낀다는 것을 우리는 모두 안다. 이런 긴장감에 대처하는 방식에 따라 성장하며 더 나은 성과를 낼 수도 있고, 무력해져서 현상 유지에만 매달릴 수도 있다. 여러분이 전자가 될지 아니면 후자가 될지를 결정하는 것은 호기심이다.

호기심을 느낀다는 것은 자신이 세상 모든 일을 다 알지 못한다는 사실을 깨달았다는 의미다. 다행히 앞으로도 배울 기회는 풍성하다. 그 기회를 잡느냐 마느냐가 관건이다. 이 탐색 과정에서 내가 누구이며, 무엇을 편안하게 느끼고, 어떻게 하면 성장할 수 있는지 해결책을 찾을 수 있을 것이다. 열린 사고방식으로 기존과 다른 처리 방법을 궁리하다 보면 상상력에 힘입어 새롭고 참신한 비즈니스 해법을 떠올릴 수 있다. 호기심 어린 태도와 비판적 사고를 유지함으로써 민첩하게 행동하는 리더십을 이루어내는 것이다.

| 민첩성

"비즈니스 세계에서 변하지 않는 유일한 한 가지는 바로 변화 그 자체다." 급격하게 변화하는 오늘날 비즈니스 상황을 보면 놀라울 것도 없는 이야기다. 이러한 변화와 함께 갖가지 기대와 요구가 발생한다. 기업들은 신속히 상황에 적응하는 동시에 궁극적인 목표를 향한 초점을 잃지 않아야 한다. 남들이 하는 대로 따라 하기만 하고 본질적으로 목적 없는 회사가 된다면 스스로를 돌보지 않는 것이나 다름없다. 이런 운명을 피하려면 민첩한 리더십이 필요하다. 리더는 상황에 맞게 즉흥적으로 기지를 발휘하고 재빨리 새로운 조치를 취해야 한다. 그러려면 목표에 도달하는 경로를 이탈하지 않으면서도 새로운 비즈니스 요구 사항에 주의를 기울일 수 있는 전략적 사고가 필요하다.

민첩성은 알고리즘에는 없는 인간 고유의 특징이다. 이 사실을 잘 보여주는 사례를 게임 산업에서 찾을 수 있다. 알고리즘은 스타크래프트 II 등의 비디오 게임에서 최정상 프로 선수들을 이기는 수준까지 학습할 수 있지만, 게임에서 변수가 한 가지만 생겨도 바로 적응하지 못하고 다시 패배했다. 알고리즘은 익숙한 상황에서 빠져나와 다른 낯선 상황으로 옮겨가지 못한다. 그러나 비즈니스 환경은 유동적이기 때문에 조직은 이러식의 변화를 자주 맞닥뜨릴 수밖에 없고, 민첩한 리더십 없이는 생존이 불가능하다.

호기심과 마찬가지로 민첩성은 기존 방식에 더 이상 효과가 없다는 사실을 알아차리고 재빨리 새로운 솔루션을 찾아내도록 하는 열린 자세를 요구한다. 민첩한 리더들은 눈앞에 있는 변화를 다양한 시각으로 바라볼 수 있으며, 호기심으로부터 자극을 받아 도전 과제를 해결할 대안들을 적극적으로 찾아낼 것이다.

리더가 다양한 시각을 취할 수 있다는 것은 그 사람에게 상상력이 있어 아직 존재하지 않는 새로운 업무 방식을 머릿속에 그려볼 수 있다는 의미다. 따라서 리더에게는 호기심과 다양한 관점이 있어야 하며, 풍부한 상상력을 발휘할 줄 알아야 한다.

여기서 끝이 아니라 이 모든 과정을 빠르고 매끄럽게 처리할 수도 있어야 한다. 이런 능력을 두루 갖추려면 리더들은 다양한 관점을 취하여 반성적이거나(다수의 선택지를 고려하는 경우) 통합적인(다양한 관점을 종합하여 가장 적절한 한 가지 해결책을 얻는 경우) 방식으로 상황을 바라볼 수 있도록 스스로 훈련해야 한다.

| 상상력

급변하는 상황 속에서 우리는 다양하고 새로운 업무 방식을 시도해야 한다. 그렇다고 좋은 성과를 위해 노력할 추진력이 되는 근본 가치들을 바꿀 수는 없기에, 우리는 타협하지 않고 적응해야 한다. 이 과정이 복잡하고 어려운 이유는 기존에 없던 조치와 의사결정이 필요하기 때문이다. 새로운 비즈니스 모델과 전략을 채택할 때는 성공 가능성을 머릿속으로 시뮬레이션할 수 있는 능력이 필요하다. 이 독특한 능력은 상상력으로, 우리가 찾고자 하는 대상이 눈에 보이지 않거나 아직 존재하지 않을 때 가장 필요한 능력이다.

머릿속에서 시뮬레이션을 해보려면 적절한 기술들이 필요하다. 상황이 어떻게 바뀌었는지를 이해하고(비판적 사고), 새로운 해결책을 찾도록 스스로를 자극하며(호기심과 민첩성), 새 도전 과제에 대처하는 데 필요한 정보를 이미 아는 정보와 결합할 수 있어야 한다. 마지막에 언급했던, 자신이 아는 것과 모르는 것을 결합한다는 건 곧 다양한 현실을 상상하는 능력을 가리킨다.

상상이란 본질적으로 빈틈을 메우는 과정이다. 자신이 가진 정보의 단편들 사이에 존재하는 틈을 새로운 데이터로 채워서 더 포괄적이고 색다른 업무 방식을 구상한다.[125] 상상력을 발휘하는 과정에서 새로운 정보를 찾으려면 익숙한 사고의 틀 너머를 봐야 한다는 사실을 명심해야 한다. 두 유형의 정보, 즉 아는 것과 새로운 것을 합칠 때에는 단순히 기존의 업무 방식을 확장하는 데 그쳐서는 안 된다!

더 나아가 우리는 눈앞에 있는 변화된 현실에 맞게 예전과는 다른 새로운 방식을 찾아야 한다. 1과 1을 더하여 3을 만들어야 한다. 상상력을 자극하고 발동시키는 과정은 창의성을 낳는 주요인 중 하나로 점점 더 많은 관심을 받고 있다.[126] 같은 맥락에서 아메리칸 헤리티지 영어사전은 "상상력은 정신의 창조적인 힘을 사용하여 현실에 대처하는 능력을 향상시킨다"라고 설명했다.

| 창의성

여러분에게 상상력이 없다면 창의성을 발휘할 수 있을까? 지금과 다른 현실을 상상하는 것은 대부분의 사람에게 즐거운 활동이다. 우리는 스트레스를 받을 때 혼자만의 세계로 들어가 자신을 행복하게 해줄 또 다른 현실을 상상해보곤 한다. 상상의 세계에서 즐거운 시간을 보내는 것은 알고리즘에 없는 인간 고유의 능력으로 창의력과 연관 깊다. 아마 여러분은 "우리 지능이 신나게 즐길 때 창의력이 솟아난다"라는 아인슈타인의 말을 금방 이해할 것이다. 하지만 데이터 패턴을 인식하거나 함수를 계산하여 작업하는 알고리즘에게는 창의성이 생길 수 없으며 존재하지 않는 현실을 탐험하는 것도 불가능하다. 창의성을 요하는 문제에서 알고리즘이 인간과 같은 능력을 발휘하여 해결책을 제시하기는 어렵다.

창의성에는 새로운 아이디어와 해결책을 떠올리는 일이 포함되므로, 무엇보다도 다양한 시각으로 현실을 바라보게 만드는 상상력이 필요하다. 우리는 서로 다른 관점을 통해 색다른 해결책을 찾아낼 기회를 포착하도록 노력할 수 있다.

따라서 창의성은 조직의 생산성 향상과 경제적 성장에 크게 기여하는 핵심 요소다.[127] 창의성은 또한 기발할 뿐 아니라 유용한 해결책을 만들기도 한다.[128] 인간의 의미 형성 능력을 고려했을 때 어떤 해결책이 창의적이기만 한 것이 아니라 유용하기도 해야 한다는 사실은 강조해야 마땅한 중요한 내용이다.

창의적인 해결책은 목표 달성을 방해하는 문제들을 해결하고 우리 목적에 부합한 결과를 달성하도록 도울 것이다. 창의적인 해결책은 우리가 인간으로서 창출하고자 하는 가치와 너무 밀접하게 연결되어 있기 때문에, 그 아이디어가 떠오르기 전 우리를 찾아오는 깨달음의 순간에 우리는 육체적·감정적·정신적으로 전율을 느낀다. 창의력을 발휘하는 과정은 그 자체로 의미 있고 심오한 경험이어서 통제적·구조적인 운영 형태에서는 기능하지 못한다. 그런데 알고리즘이 인간의 뇌를 모델링하려면 아주 명료한 계산 원칙에 따라 작동해야 한다. 인간 두뇌의 작동 방식과 사고 과정을 임의적인 행위로 단순화시키는 계산주의(computationalism)를 기본 원칙으로 삼기 때문이다.[129] 이러한 알고리즘 형식주의는 혼돈의 여지를 허락하지 않으므로 인간적인 창의성 표현도 허용될 수 없다.

그렇다면 창의성에 알고리즘은 아무런 기여도 할 수 없을까? 그건 아니다. 과학 문헌에 따르면, 창의성은 유연성과 지속성이라는 두 가지 경로로 도달할 수 있다.[130]

유연성은 다양한 관점을 취하도록 돕는 열린 사고방식과 관련 있으며, 관련성 없어 보이는 개념과 아이디어를 연결하게 만든다. 더욱 체계적인 속성인 지속성에는 성실함, 논리적인 사고와 탐색, 순차적이고 점진적인 지식 축적이 포함된다.

이 과정을 살펴봤을 때 인간과 알고리즘이 각각 할 수 있는 일에는 차이가 있는 것 같다. 알고리즘은 방대한 양의 데이터를 체계적으로 처리하며 투명하고 일관된 정보를 생성하는 합리적인 데이터 처리자로 지속성 개념에 잘 들어맞는다. 알고리즘이 데이터를 처리하는 방식은 일관적이며 속도도 아주 빠르다. 반면 인간에게는 체계적이고 일관된 작업 방식에서 벗어나 생각에 감정을 섞고 조금 덜 정돈된 방식으로 일할 수 있는 능력이 있다. 이런 능력이 틀에 박히지 않고 유연한 사고를 가능하게 한다.

우리는 이러한 과학적 근거들을 보고 무엇을 배울 수 있을까? 우선 창의적인 해결책이란 기존에 없던 새로운 것을 의미하므로, 궁극적으로 창의적인 결과를 좌우하는 것은 유연성이다. 따라서 정말로 창의적인 해결책을 얻으려면 반드시 사람이 개입해야 한다. 한편 지속성이 있는 알고리즘은 데이터를 수집하고 투명성을 높이는 데 도움을 주어 창의성에 기여할 수 있다. 이런 식으로 알고리즘은 종잡을 수 없고 정돈되지 않은 인간의 일처리 방식을 보완할 것이다.[131]

| 정서 지능

리더 역할을 해본 사람이라면 자신의 결정이 본인뿐만 아니라 타인에게도 여러 방면에서 영향을 미친다는 사실을 알 것이다. 최근 몇 년간 조직과 리더가 직원을 더욱 잘 보살피고 공감을 더 많이 표현해야 한다는 목소리가 높아졌다. 그러려면 리더들은 타인과 자신의 감정 모두를 잘 돌볼 수 있어야 한다. 리더가 정서적 어려움을 잘 알아챌 수 있어야 한다는 뜻이다. 이렇게 자신과 타인의 감정을 의식하고 적절히 대처하여 긍정적 효과를 일으키는 능력을 정서 지능(EI, emotional intelligence)이라고 한다.[132]

조직이 정서적 케어의 중요성에 주목하기 시작하면서 EI 기술을 향한 수요는 향후 몇 년간 약 6배 증가할 것으로 추정된다.[133] 세상은 이제 비즈니스 환경이 인간의 삶에 엄청난 스트레스를 불러온다는 사실을 뼈저리게 깨달은 듯하다. 정서 지능을 개발하고 관련 기술을 육성하는 문제에 관한 의식이 아예 없었던 것은 아니지만 조직들이 충분히 잘 대응해왔다고 보기는 힘들다. 정서 지능이 일터에 끼칠 수 있는 수많은 긍정적 영향을 생각했을 때 이는 놀라운 일이 아닐 수 없다. 연구에 따르면 정서 지능이 높은 직원들은 더 상대하기 수월하며 업무에 더욱 전념하고 성과도 더 높다는 일관적인 평가를 받았다.[134] 정서 지능이 사람들이 적절하고 유익한 방식으로 타인과 상호작용할 수 있도록 돕는 귀중한 사회 기술이라는 점을 잘 알 수 있다. 정서 지능은 우리가 타인을 이해하고 다양한 관점을 취하며 원활하게 사회생활을 하도록 돕는다. 정서 지능이 높은 사람들은 자아의식도 높으며(자신의 장단점을 잘 안다), 자신의 감정을 인지하고 조절할 수 있다(예: 두려움을 파괴적인 방식으로 사용하지 않고 동기부여 요인으로 삼는다). 따라서 정서 지능이 높은 사람은 더 넓은 관점에서 자신의 감정을 바라보고, 이 능력을 강점으로 승화하여 효율성과 성과를 높일 수 있다.

알고리즘이 우리의 새로운 동료가 될 예정이라면 그들과 협력할 수도 있어야 한다. 많은 IT 기업들이 AI에 정서 지능을 탑재하고 싶어 한다. 신기술 도입으로 점점 더 많은 일상 업무가 자동화될 것이고, 결국 행정 관리 업무의 맥락에서 의사결정 과정이 자동화되는 도약도 일어날 수 있기 때문이다.

감정을 느낄 수 있는 AI를 만들 수 있다면 리더십도 결국엔 자동화될지 모른다. 정말 이런 수준의 발전이 가능하여 알고리즘이 어느 정도 정서 지능을 갖추게 되면 미래 업무 환경은 변화되고 효율이 크게 향상될 것이다. 또한 일자리가 점점 더 자동화됨에 따라 직원들은 타인과 소통하는 능력을 새롭게 개발해야 할지도 모른다.

실제로 알고리즘이 점점 더 많은 분석 업무를 도맡게 되면서 인간이 다른 인간을 응대하는 직종의 수요가 늘어날 것으로 보인다. 금융 분야를 예로 들면, 은행들은 기계적·계산적인 업무를 담당하는 직원들을 점차 알고리즘으로 대체하고 있다. AI의 급속한 발전 덕분에 데이터 분석 및 처리와 관련된 업무를 손쉽게 자동화할 수 있으므로 이는 당연한 추세다. 이러한 발전을 고려하여 인간 직원들은 알고리즘이 할 수 없는 일, 곧 사회적·정서적 기술이 우선되는 '감정' 업무에 집중하기 시작해야 한다.[135]

채용 공고를 보면 이러한 변화가 점점 확대됨을 알 수 있다. 은행들은 직원이 높은 수준의 사회적 기술을 갖춰야 한다는 점을 강조한다. 우리가 자체적으로 진행한 연구에서 특히 부유한 고객들은 자동화가 확대될

수록 오히려 인간과 면대면으로 상호작용하는 것을 선호하는 경향을 보였다. 앞으로 금융업계에서 고객과의 관계를 관리하는 업무는 매우 중요해질 것이다. 또한 비슷한 맥락에서 인력을 관리하는 업무에는 '인사 관리자'의 존재가 필요할 것이다.

기술 중심 사회에서 직원과 고객 모두가 사회적 접촉을 더 많이 원하는 것은 지극히 정상적이고 인간적인 반응이다.

알고리즘과 인간이 각자 제 몫을 해내더라도 결국에는 서로 협력해야만 가치를 창출할 수 있다. 이런 측면에서 고객과 직원의 감정을 케어할 수 있는 알고리즘이 개발된다면 조직에 큰 도움이 될 것이다. 그러나 현시점에서는 기계가 인간의 감정을 피상적인 수준 이상으로 인식하는 것이 사실상 불가능하다. 감정을 식별할 수는 있지만 그 감정을 표현하는 사람이 정말로 느끼는 것과 그 의미를 이해하지는 못한다. 또한 연구에 따르면 알고리즘은 진짜 감정을 느낄 수 없기에 진정으로 상대를 이해하는 데도 한계가 있다.[136] 현재로서는 정서 지능을 지닌 알고리즘을 개발하는 것이 불가능하다는 이야기다. 따라서 알고리즘과 기계는 인간적 속성, 특히 존중과 공감으로 리더로서 적절하게 사람들을 이끄는 능력을 지녔다고 볼 수 없다.

| 공감 능력

정서 지능은 감정을 인식하는 능력이다. 타인의 감정 상태를 알아차려야 하는 이유는 무엇일까? 사람들과 소통하고 관계를 쌓기 위해서다. 그러면 정서 지능만 있으면 좋은 관계를 형성할 수 있을까? 그렇지는 않다. 무언가가 더 필요하다. 구체적으로 우리에게는 공감을 할 수 있는 더 깊은 능력이 필요하다. 공감은 사람들이 경험하는 감정의 의미를 이해하는 능력이다. 사람들은 겉으로 표현하는 감정 외에 속으로 무엇을 느낄까? 사람들이 그런 감정을 경험하는 이유는 무엇일까? 공감을 표현하면 상대가 어떤 사람이며 그 사람이 경험하는 기쁨과 슬픔의 종류가 무엇인지 더욱 잘 이해할 수 있게 된다.

타인의 정서적 약점과 강점을 받아들이도록 돕는 공감은 인간만의 고유한 능력으로 간주된다. 알고리즘은 최적의 결과를 위해 치밀한 계산 원칙에 따라 작동한다. 알고리즘이 작업할 때는 표면적인 데이터 이상으로 더 깊이 파고드는 기능이 필요하지 않다는 의미다. 이처럼 알고리즘은 외부 환경을 포용하는 것은 고사하고 대상을 더 깊이 이해하는 과정에 착수할 능력도 없다.

애플의 인공지능 서비스 시리를 개발한 SRI인터내셔널(SRI International) 정보컴퓨터서비스 부문 회장 빌 마크가 했던 이야기에 이 내용이 잘 녹아들어 있다.

"우리 인간도 온전히 감정을 이해하지는 못하고, 컴퓨터가 감정을 이해하려면 한참이 더 걸릴 것이다. 하물며 인공지능이 공감 능력을 갖게 하는 것은 그보다도 훨씬 더 먼 훗날의 이야기다."

인간과 알고리즘 사이에 공감이 존재할 수 없다면 서로 신뢰하는 협력관계로 발전할 가능성을 논하기는 어려울 것이다. 공감에는 양쪽이 상대의 감정을 알아채는 과정이 필요하며, 그럴 때 진정으로 서로를 돌볼 수 있는 신뢰가 구축될 수 있다.

| 윤리적 판단

알고리즘은 비용을 대폭 절감해주므로 분명 재정적 혜택을 준다. 이는 물론 알고리즘이 그 능력에 맞게 적절히 사용될 때의 이야기다. 예를 들어 일상적인 업무를 반복해서 처리하거나 일관성 있고 예측 가능한 결과를 내며 데이터를 해석하는 일은 전부 괜찮다. 그러나 조직들은 다른 이해관계자의 이익과 가치를 민감하게 의식하며 더 복잡한 결정을 내려야 할 때가 많다.

그런 의미에서 결정한 사항들이 중요한 윤리 가치들을 옹호하는지 평가하는 과정이 필요하다. 리더들은 비즈니스 결정으로 발생할 수 있는 윤리 딜레마들을 인식하고 대처할 방안을 찾아야 한다.

리더들이 도덕적으로 '올바른' 결정을 내리려면 윤리적 판단력이 필요하다. 이 지점에서 알고리즘은 실패하지만 인간은 고유한 능력을 발휘할 수 있다.

인간은 알고리즘에 공감 능력이 부족하므로 그들이 인간적인 자질을 완전히 갖추지 못했다고 여긴다. 따라서 도덕적 선택을 하는 능력에도 제한이 있다고 믿는다.[137]

다음을 생각해보자. 이론상으로는 어떤 가치에 부합하는 구체적이고 명확한 윤리 원칙을 기계에 입력하여 설정값에 따라 작동시키는 것이 가능하다. 하지만 이런 가치들이 알고리즘에 어떤 의미가 될까? 특정 가치가 사람, 조직, 사회 전반에 의미하는 바를 알고리즘이 이해할 수 있을까? 인간조차 가치의 진정한 의미를 파악하고 행동에 적용하는 것을 버거워하곤 한다. 하물며 공감 능력이 부족한 알고리즘이 어떤 가치 뒤에 숨은 의미를 쉽게 파악할 수 있을까? 만약 알고리즘이 인간의 입장을 상상하거나 느낄 수 없다면 어떻게 인간의 보편적 권리를 이해할 수 있겠는가?

알고리즘은 인터넷을 샅샅이 뒤지고 학습하여 사람들이 어떤 윤리관을 가지고 어떻게 그것을 삶에 적용하는지 알아낼 수 있다. 그러나 이런 노력은 여전히 추상적이며, 인간이 윤리를 귀중히 여기는 이유를 파악하기에는 부족하다.

결국 알고리즘은 세상에 어떤 윤리 가치들이 존재하는지는 알아낼 수 있어도 그 안에 담긴 의미는 알지 못한다! 이런 고찰 속에서 우리는 무엇을 깨달을 수 있을까?

알고리즘의 데이터 처리 능력이 아무리 강력하더라도 모든 기술이 몰가치하다는 사실에는 변함이 없다. 알고리즘은 감정이 없고 공감을 표현하지 못한다. 복잡한 비즈니스 의사결정에 연루된 다양한 이해관계자들에게 도덕적 결정이 어떤 의미를 지니고 어떤 영향을 미칠지 이해할 수 없다.

그러므로 알고리즘은 윤리적인 결론을 도출할 능력이 없고, 결국 리더로서 결정을 내리기에 부적합하다고 간주된다. 게다가 도덕성은 인간과 우리 사회만이 온전히 느낄 수 있는 것이기에 사람들은 인간이 내린 윤리 판단만을 타당하게 여긴다. 실제로 최근 연구에 따르면 사람들은 인간에 비해 알고리즘에 도덕적 진실성이 부족하다고 여겼다.[138]

그렇다면 인간이 윤리적 결정을 내리는 역할에 그토록 적합한 이유는 무엇일까? 알고리즘과 달리 인간에게는 도덕의식이 있다. 도덕의식이란 주어진 상황에서 도덕적 요소를 식별하는 데 쓰이는 인간의 선천적인 민감성과 반응성 수준이다.[139] 도덕의식에는 이해관계자의 필요와 목표를 염두에 두고 이익 충돌의 가능성을 파악할 수 있는 능력이 필요하다.

당연히 이런 의식에는 알고리즘에는 없는 복잡하고 포괄적인 추론 능력이 요구된다. 도덕의식은 윤리적인 분석·판단·행동에 반드시 필요하다.[140]

윤리적인 판단력이 윤리적인 의도와 행위의 길잡이가 된다는 사실은 연구에서도 확인되었다.[141] 인간은 윤리적으로 사고하는 능력과 윤리적 판단에 따라 행동하는 능력을 연결 지어, 알고리즘에서 찾을 수 없는 독특하고 차별화된 리더의 자질을 갖춘다.

윤리성을 철저히 따져볼 줄 아는 리더는 상황을 더 잘 이해할 수 있다. 자신이 처한 상황에 어떤 윤리적 요구가 있는지 파악하는 과정에서 그 상황의 의미와 적절한 대처법이 명료해진다. 그런 능력이 있는 리더는 특정 상황에 어떤 윤리 원칙이 적용되며 어떤 기대치가 있고 어떻게 행동해야 하는지를 설명할 수 있다.[142] 윤리적 기대치를 전달하는 것은 리더의 본분이다. 이는 사람들에게 지침을 주고 회사의 가치를 따르도록 격려하는 것이다.

종합해보면, 비즈니스에 수반되는 복잡한 도덕 문제를 다루는 역할은 알고리즘에게 쉬이 넘어가지 않을 것이다. 지금까지 살펴본 내용을 바탕으로 두 가지 중요한 문제가 발생하기 때문이다.

첫 번째 문제는 다수의 철학적 관점(예: 정의, 상대주의, 이기주의, 공리주의, 의무론 등)이 개인의 윤리 판단에 영향을 준다는 사실이다. 이러한 이유로 사람마다 윤리 문제를 보는 시각이 달라진다. 예를 들어 어떤 이들은 거짓말을 절대로 허용할 수 없다고 말하지만, 어떤 이들은 타인이 피해를 입지 않도록 도울 수 있다면 거짓말을 허용해도 된다고 생각한다. 이 사실이 알고리즘의 윤리성 개발과 관련하여 문제될 수 있는 이유는 무엇일까?

우리가 업무 곳곳에서 알고리즘이 일관되게 작동하는 자동화 일터를 구상한다고 가정해보자. 이런 환경에서 알고리즘은 일관적인 원칙에 따라 윤리 판단을 할 것이다. 하지만 알고리즘이 궁극적으로 이런 수준의 발전을 이루려면 먼저 사람들이 윤리를 정의하는 방식에 합의가 이루어져야 한다.

두 번째 문제는 알고리즘이 공감을 느낄 수 없기 때문에 윤리의식도 가질 수 없다는 점이다. 이 문제는 상황을 더욱 복잡하게 만든다. 알고리즘은 이해관계자가 여럿 얽힌 상황에서 윤리적 결론을 도출하고 결정을 내리는 능력이 부족하다.

이렇게 알고리즘의 윤리적 판단을 제한하는 모든 요소 때문에 우리는 새로운 문제에 봉착한다. 조직들이 강력한 자동화 업무 환경을 조성하는 일에 열심을 내기 시작한 지금, 이런 자동화 물결을 인도할 만한 윤리적 나침반의 존재를 보장하는 방법은 무엇일까? 분명 가장 적절한 대응은 인간 리더십을 세워서 자동화 조치의 윤리 기준을 인간 중심적인 관점에서 평가하도록 하는 것이다.

기업들이 이러한 필요성을 인식하고 있을까? 그렇다. 또한 알고리즘이 의사결정을 할 수 있는 수준으로 발전하는 동안 제반 법률과 정책의 수립은 뒤처지고 있다는 사실도 그러한 인식에 보탬이 된다. 상황이 이렇다 보니, 결국에는 단순히 규정을 지키는 것에만 집중하는 것이 아니라 '옳은 일을 하는' 문화를 구축해줄 리더십을 세우는 데 더욱 중점을 두어야 한다는 의견이 생길 것이다. 리더십이 올바른 행동 기준을 제시해줄 수 있다면 규제 기관이 기술 발전의 속도를 따라잡을 때까지 기다려야 할 필요가 없으니 말이다.

이런 인식을 감안했을 때 딜로이트가 미국 기업 임원 1500명을 대상으로 실시한 설문조사에서 조직의 최우선 순위가 '윤리'라고 응답한 비율이 32퍼센트나 되었던 것도 놀랄 일은 아니다.

다만 일부 조직들이 그 필요성을 인식하는 것 같기는 하나 실제로 AI 관리 절차에 윤리 교육을 포함한 회사는 많지 않다. 아직은 더 많은 노력이 필요하다.

이미 구체적인 실천 방안을 마련한 기업들도 있다. 예를 들어 마이크로소프트, KPMG, 구글 등의 기업은 사내에 알고리즘 사용 방식을 안내하는 직책을 만들었다.

이 직책을 맡은 고위급 리더들은 AI 윤리학자라고 불리며,[143] 알고리즘이 효율적이면서도 윤리적으로 사용되는지 감독할 수 있도록 조직 내부에 윤리의 기틀을 세운다. 2019년 KPMG는 기업의 성공을 위한 다섯 가지 필수 직책 중 하나로 윤리학자를 꼽으며 다음과 같이 언급했다.[144 145]

"AI의 윤리적·사회적 영향이 지속적으로 확대되면서 기업들은 회사의 기준과 윤리 강령에 맞는 AI 시스템을 구축하는 중대한 업무를 위해 새로운 직무를 만들어야 할 수도 있다. 초기에는 기존 리더들이 이런 역할을 수행할 수 있었지만, AI의 도입이 본격화되면 회사 지침이 준수되도록 이끄는 책임자를 따로 세워야 할지 모른다."

자동화 추세를 돌이킬 수는 없다

인간에게 이러한 고유 능력들이 있고 앞으로도 더 발전시킬 수 있다는 사실을 고려할 때, 리더십 기술은 크게 변하지 않으리라고 생각해도 무방할 것 같다. 리더십은 인간의 영역으로 남을 것이다. 다만 자동화 추세를 돌이킬 수 없다는 사실 또한 잊지 말아야 한다. 이 기술을 어떤 목적으로 어떻게 활용하느냐 하는 문제는 더욱 중요해질 것이다. 이제 리더들은 자동화 관리자가 전달하는 데이터를 근거로 결정을 내릴 수 있어야 한다. 언제나 명확한 의식, 책임감, 의미 형성이 뒷받침되어야 하는 것은 물론이다.

6장

리더십,
인간과 알고리즘의
연결고리

"하늘 아래 똑같은 사람은 없다"라는 말이 있다. 같은 맥락에서 우리는 새로운 리더가 그전에 있던 리더를 복제한 듯 똑같으리라 기대하지 않는다. 그런데 조직의 자동화 물결 논의에서 '복제'라는 주제가 자주 거론된다. 알고리즘은 가장 일관된 추세가 무엇인지 학습하고 관찰하며 그에 따라 행동하기 때문에 자연히 최선의 절차를 복제하려고 할 것이다. 그렇게 하면 오류 빈도를 감소시켜 그 어떤 인간보다도 더 정확하고 빠르게 결론을 도출할 수 있다. 그런데 회사의 운영과 성과 관리에서 일관성과 복제 가능성만 높이면 조직을 잘 이끌 수 있을까?

물론 인간도 어느 정도 일관성이 있고 복제 가능한 방식으로 일하는 것을 좋아한다. 불확실성을 싫어하고 상황을 예측할 수 있을 때 더 편안함을 느끼기 때문이다. 금전적 동기가 세상을 움직이는 이 시대에 업무 절차에 일관성이 유지된다면 비용이 절감될 것이다. 또한 인간은 시간 낭비를 원치 않는다. 시간이 금이라는 말은 특히나 사람들을 이끄는 문제에서 더 맞는 이야기다. 많은 리더가 재정적 이득을 포기하면서까지 직원 개발에 시간을 투자하지는 말라는 압력을 받는다. 이런 이유들 때문에 알고리즘이 해결책이 될 수 있다는 결론이 나오는지도 모르겠다.

알고리즘과 인간의 관계를 정하라

그러나 지금까지 살펴보았듯 유능한 리더들의 일처리 방식은 각양각색이다. 리더들은 다양한 인간의 요구와 가치에 호소함으로써 기업이 현명하고 책임감 있게 행동하도록 하며, 회사의 목적에 부합하면서도 모든 이해관계자들을 만족시킬 수 있는 가치를 창출하도록 변화를 일으킨다. 현명한 리더들은 결정해야 할 사안을 다양한 시각으로 보면서 비판적으로 평가한다. 그들은 호기심을 통해 자극받고 창의적인 해결 방안들을 상상할 수 있다. 또한 현명한 리더들은 책임 의식이 있기 때문에 모든 이해관계자를 공정하게 대하며 존중하려 노력한다.

이런 종류의 리더십에는 인간에게만 있다고 간주되는 다양한 능력이 필요하다. 알고리즘에는 그런 능력이 없으므로 리더 역할에서 인간을 대체하기에 적합하지 않다. 예를 들어 켄 패리 교수와 동료들은 2016년 논문에서 "리더십의 의사결정 과정을 자동화할 경우, 능률과 투명성은 높일 수 있을지 몰라도 중요한 도덕·윤리 문제는 해결되지 않은 채로 남을 것이다"라고 언급했다.[146] 또한 2018년 게오르그 폰 크로그 교수는 다음과 같이 고유한 인간적 자질의 가치를 강조하기도 했다. "장기적인 관점에서 지능을 기계에 위탁하는 것은 유용하지도, 도덕적으로 옳지도 않은 일이다. 그런 기술은 매력적인 요소들이 많겠지만 결국 인간의 인지 과정을 모방하는 것에 지나지 않으며, 인간의 지능에서 비롯되는 탁월한 유연성·적응성·생산성을 대체할 수는 없다."[147]

그래서 우리는 인간 리더들이 어떤 상황에서든 미래를 위한 의미 있는 결정을 내리기를 기대한다. 어떤 결정을 '정당하다'고 인식시키는 가장 좋은 방법은, 어떤 조치를 하기로 결정한 이유를 사람들의 개인적인 경험과 연결 짓는 것이다. 리더가 결정한 내용이 자신과 어떤 관련성이 있는지 알 수 있을 때 사람들은 새로운 방향성을 자신의 것으로 받아들이고 지지할 것이다. 리더가 이러한 정서적 연결고리를 만들어내려면 5장에서 소개한 능력들이 필요하다. 리더는 인간 고유의 능력을 효과적으로 사용하여 타인의 역량을 키우고 권한을 부여할 수 있다. 흥미롭게도 수십 년에 걸친 연구에 따르면, 리더가 사람들에게 권한을 줄 때 사람들은 자신의 일이 얼마나 의미 있는지 깨닫고 잘하고자 하는 동기를 얻는다. '임파워링'(empowering) 리더십은 사람들을 의사결정 과정에 참여시켜 자율성을 느끼게 한다.

사람들에게 권한을 부여하면 자신감과 자존감이 높아지고, 업무를 수행할 때 더욱 통제력을 느낀다. 이는 리더가 보살펴야 할 직원 개개인의 수준에서 나타날 수 있는 결과다. 오늘날 비즈니스 생태계는 변덕스럽고 복잡하며, 자동화의 확대는 이러한 복잡성을 더욱 가중한다. 그 결과 현대인은 아마 그 어느 때보다도 더욱 불확실성, 통제력 상실, 불안 등을 느낄 것이다. 리더에게는 자신이 이끄는 팀이 혁신적이고 수준 높은 해결책을 찾을 수 있도록 동기와 권한을 부여해야 할 막중한 책임이 있다.

알고리즘의 도입으로 이제 조직의 각 팀은 인간과 알고리즘의 협업으로 구성되기 시작할 것이다. 이런 새 업무 방식을 감안하여 리더들은 인간과 알고리즘 양쪽의 역량을 키워 각자 권한을 부여받도록 도와야 한다. 이 과정은 어떻게 진행될까?

리더십이 인간의 역량을 키운다

리더십을 갖춘 리더가 인간에게 키워줄 수 있는 역량

역량	필요한 조치
적대감 관리	두려움과 불안감 최소화하기 불확실한 감정 제거하기 통제력을 상실했다는 감정 피하기
불신 관리	권력 다툼 피하기 투명성 높이기
기술 교육 관리	기술에 익숙해지기 지속적인 교육을 장려하기
직원들의 기대치 관리	소통 기회 늘리기 친숙함 조성하기
이유와 방법을 설명하기	진심 담기 합당한 이유 알리기 적절한 이유 알리기

인간 직원들이 업무 환경을 잘 관리하고 성과를 높이도록 역량을 키워주는 것은 리더에게 요구되는 중대한 역할이다. 인간 직원들이 자율적으로 작동하는 알고리즘과 상호작용하는 시대에 그 필요성은 더욱 커질 것이다. 알고리즘이 새로운 동료가 되면서 인간 직원들이 겪는 심리 경험도 복잡해진다. 미래의 리더는 여기에 대응하고 직원들에게 힘을 실어줄 수 있는 방법을 알아두어야 한다

| 적대감 관리

학술 자료들을 보면 사람들이 알고리즘의 예측을 인간의 예측보다 선호하길 꺼린다는 사실이 일관적으로 확인된다.[148] 사람들은 보통 인간의 조언에 더 무게를 둔다.[149] 설사 알고리즘이 더 정확하다고 판명되더라도 여전히 인간의 조언을 선호하는 경향을 '알고리즘 적대감'이라고 한다.[150] 이러한 현상은 다소간 비합리적이다. 어떤 영역에서는 분명 알고리즘이 인간보다 더 빠르고 정확하게 일을 처리할 수 있기 때문이다.

스마트한 사람이라면 알고리즘이 준 정보를 자신의 이익을 맞게 활용할 방법을 궁리할 것이다. 그렇지 않겠는가? 음, 그렇지 않다! 사실 사람은 아주 비합리적으로 행동한다. 특히 상황이 낯설고 불확실하며 복잡하게 느껴질 때는 더 그렇다.[151] 이렇듯 자동화 시대의 리더들이 맞닥뜨리는 한 가지 새로운 과제는 직원들이 업무 환경에서 알고리즘을 불합리하게 평가하는 문제에 대처하는 것이다.

왜 싫어할까?

먼저 알고리즘 적대감이 실제로 존재한다는 사실을 알아야 한다. 만약

알고리즘의 업무 능력이 인간과 동일하거나 더 뛰어나다면 그들이 제시하는 해결책 가운데는 유용한 것들이 많을 것이다. 그러나 사람들은 아이디어를 제시한 것이 알고리즘이었다는 사실을 알아차린 순간 관심을 끊어버리고 그 아이디어를 거들떠보지도 않는다. 알고리즘을 향한 편견 때문에 우리가 알아야 할 정보를 놓치고 더 똑똑하게 일하지 못할 수도 있다.

그런 상황이 벌어지는 이유는 열린 마음이 부족하기 때문이다. 안타깝게도 창의성은 열린 마음에서 나온다. 여기서 끝이 아니다. 알고리즘의 조언을 따르려는 직원들에게는 어떤 일이 일어날까? 알고리즘 적대감이 회사에 만연할 경우 그런 직원들은 비난을 받거나 심지어 팀에서 제외될 수도 있다는 연구 결과가 있다.[152] 리더는 직원들이 알고리즘과 더욱 효과적·합리적으로 상호작용할 수 있도록 그들을 이끌어주어야 한다.

그렇다면 어떤 조치가 필요할까?

리더들은 시간과 에너지를 들여 팀 안에 이런 적대감이 존재하는지, 그렇다면 적대감이 어디에서 비롯되었는지를 면밀하게 확인해야 한다. 근본적인 원인을 이해하면 직원들을 설득하여 알고리즘의 이점을 보도록 할 수 있을 것이다. 이 과정에서 팀의 관점이 올바른지 점검해보고 더 나아가 구성원들이 효율을 높이며 조직 전체에 더 많이 기여하도록 도울 수 있을 것이다.

두려움에 맞서라

알고리즘 적대감이 존재하는 원인은 무엇일까? 한 가지 이유는 대부분의 사람들이 알고리즘의 자율 의사결정을 두려워하기 때문이다. 알고리즘은 지금까지 우리가 알던 것과는 완전히 다른 종류의 존재이며 상대적으로 잘 알려지지 않았다. 사람들은 알고리즘이 친숙하지 않기 때문에 불편하게 느끼고 그들과 함께하는 새로운 업무 환경을 두려워한다. 두려움에는 불확실성이 따른다. 사람들은 불확실성을 느낄 때마다 두려움의 근원으로부터 멀어지고 싶어 한다. 이런 심리 작용으로 사람들은 의사결정 과정에서 알고리즘의 조언을 피하거나 무시하려고 할 것이다.

알고리즘과 연관된 불확실성은 특히 인간이 아닌 새 동료에게서 느끼는 불편함과 관련 깊다. 여러분도 생각해보라! 인간으로서 우리는 사회가 인간의 가치를 고수하고, 따라서 의사결정자가 인간적 자질을 발휘해주길 간절히 바란다. 그런데 알고리즘에게는 그런 것들을 기대할 수 없다. 기계들은 감정이 없고 인간의 경험을 다루거나 관련 문제에 대처할 수 없는 듯 보인다.[153] 그래서 우리는 이 낯선 동료를 피하려 한다.

리더는 직원들의 업무 경험에 영향을 끼치는 두려움을 최소화해주도록 훈련받아야 한다. 두려움을 줄이는 한 가지 방법은 알고리즘을 조금 더 인간답게 만드는 것이다. 무작정 남들을 따라 한다고 디지털 혁신이 일어나는 것이 아니다. 그런 식으로 동기를 부여받는 회사들은 알고리즘이 회사의 목표 달성에 기여할 수 있는 가치를 알아보지 못한다. 많은 회사들이 디지털 혁신 과정에서 실패하는 것은 당연하다.

직원들이 알고리즘을 사용하는 이유와 방법을 명확하게 이해하도록 도울 수 있다면 조직의 디지털 혁신이 성공할 확률도 높아진다. 따라서 리더는 기술을 사용하는 문제를 직원들에게 잘 설명해야 한다. 지식이 풍부한 일터를 만들어야 회사가 고유한 목적을 달성하기에 가장 적합한 기술을 제대로 활용할 수 있다. 일터를 자동화했더라도 해당 기술이 업무와 관련 없거나 사용법을 모른다면 아무 소용도 없다. 그렇게 되면 오히려 새로운 기술에 관한 두려움으로 직원들의 참여도가 낮아져 손해를 볼 수도 있다.

통제력 상실에 맞서라

알고리즘 적대감의 두 번째 근본 원인은 알고리즘이 의사결정 과정에 관여하는 경우 인간이 자신의 업무에서 통제력을 잃었다고 느낀다는 것이다. 자기 환경에 관한 통제력은 인간의 가장 기본적인 욕구 중 하나다.[154] 사람들은 특히 의사결정 문제를 포함한 삶의 거의 모든 영역에서 통제력을 중요하게 여긴다. 무리한 재정적 희생을 감수해서라도 통제력을 얻으려 하기도 한다.[155]

실제로 내가 수행한 연구에서 직원들은 의사결정에서 자신의 통제권을 지킬 수 있다면 예산의 상당 부분을 써서라도 알고리즘을 배제할 의향이 있었다.[156] 이런 행동은 분명 조직 기능에 해를 끼칠 것이다.

직원들이 업무 예산을 써가며 디지털의 혜택을 피하는 것을 반길 사람은 없다. 그런 일이 발생하면 직원들은 자원 부족으로 업무에 시간을 더 적게 쓰고 성과가 저하될 것이다. 21세기 리더들은 직원들이 알고리즘을 새 동료로 맞았을 때 느끼는 감정을 더 잘 관리해주어야 한다. 이 과정에서 인간 고유의 공감 능력과 정서 지능이 매우 중요한 역할을 한다는 사실을 기억하자.

| 불신 관리

알고리즘의 조언을 활용하고자 할 때 제기되는 한 가지 문제는 알고리즘이 왜 그러한 조언을 하고 어떤 방식으로 결론을 도출했는지 파악하기 어렵다는 것이다. 사람들은 알고리즘을 블랙박스로 여겨 사용하기를 꺼린다. 알고리즘이 그 어떤 양질의 조언을 준비했더라도 조언이 어디서 왔는지 알 수 없으면 인간은 금세 의구심을 품고 물러선다. 우리는 출처가 분명한 조언들만 받아들이고 어떤 과정으로 만들어졌는지 알 수 없는 조언들은 인정하지 않는다.[157]

업무 환경에서 기계를 사용할 때 불신은 심각한 문제가 된다. 기업들은 기껏해야 알고리즘이 어떤 종류의 데이터와 계산식을 사용하는지 정도를 설명할 수 있을 뿐이다. 기계 '내부'에서 정확히 어떤 일이 일어나는지는 모르고, 알게 되더라도 설명하기 어려운 경우가 태반이다. 그러니 기업이 데이터 사용에 관해 소통하는 데 애를 먹는 것도 이해할 만하다.[158]

그러면 알고리즘의 내부 작동 방식을 알지 못하는 상태에서 그들의 조언이 옳다는 것을 어떻게 확신할 수 있을까? 기계의 예측이 정확해 보이더라도 투명성이 부족하면 그들은 인간이 신뢰하기 어려운 블랙박스에 지나지 않게 된다.[159] '지식이 곧 권력이다'라는 말이 있듯, 알고리즘을 블랙박스로 인식하는 직원들은 인간이 모르는 문제를 알고리즘만 알기 때문에 그들이 권력을 쥐고 있다고 여길 것이다. 이런 상황에서 사람들은 알고리즘 때문에 설 자리를 잃었다고 느낄지도 모른다.

권력이 전부다

이런 권력 싸움이 자꾸 늘면 인간은 완강히 버티면서 알고리즘의 조언을 무시하려 들 수도 있다. IBM이 암 진단과 치료에 도움이 될 '왓슨 포 온콜로지'(Watson for Oncology)라는 슈퍼컴퓨터 프로그램을 개발했을 때 그런 현상이 잘 드러났다. 왓슨 역시 블랙박스로 취급받는 신세를 면하지 못했고, 의사들은 기이한 반응을 보였다. 의사들은 왓슨이 자신과 같은 진단을 내리면 인간이 이미 아는 것 외에 추가된 정보가 없으므로 '이 프로그램은 쓸모없다'고 판단했고, 왓슨이 자신과 다르게 진단하면 '이 프로그램이 틀렸다'고 생각했다.

의사들은 왜 자신이 틀렸을 수도 있다는 생각은 못 했던 걸까?

연구에 따르면 인간은 타인보다 자신을 더 긍정적으로 평가한다. 이런 자기중심적인 경향은 인간이 아닌 존재와 자신을 비교할 때 더 뚜렷해진다. 따라서 의사들은 왓슨의 조언보다 자신의 전문 경험이 더 믿을 만하다고 생각한 것이 분명하다. 그들은 작동 방식이 투명하지도 않은 기계보다 자기 자신을 더 신뢰하고 자신감을 얻었을 것이다.

투명성 높이기

리더는 직원들이 알고리즘과 권력 다툼을 하지 않아도 된다고 느끼도록 해주어야 한다. 그렇게 하려면 블랙박스를 열어서 내부를 보여주어야 한다. 기계의 작동 방식을 더 투명하고 이해하기 쉽게 만들면 권력의 균형 상태가 변화할 수 있을 것이다. 인간 직원에게 더 힘을 실어줌으로써 신뢰를 형성할 수 있다.

하지만 투명성을 높이는 것이 쉽지는 않다는 점도 얼른 덧붙이고 싶다. 기술이 점점 더 복잡해지고 적용 분야도 확대되고 있어 기계의 작동 방식을 이해하는 일은 점점 더 어려워진다. 따라서 리더들은 최소한 알고리즘이 오늘날 노동력의 한 축이 된 기본적인 이유를 이해하고 설명할 수 있을 정도로 관련 지식을 익혀두어야 한다.

| 기술 교육 관리

인간은 같은 목표의식을 공유할 때 서로 더 잘 협력한다. 따라서 알고리즘이 새로운 동료로서 협업하기 시작할 때 리더가 해야 할 중요한 일은 알고리즘이 어떤 목적에 쓰이는지 설명하는 것이다. 리더들은 '우리가 애초에 알고리즘을 써야 하는 이유는 무엇일까?'라는 간단한 질문에 답할 수 있어야 한다.

이 질문에 답해야 한다는 것은 21세기 리더들이 어느 정도 기술 지식을 갖춰야 한다는 의미이기도 하다. 하지만 스스로 충분히 지식을 갖췄는지 반성하며 벌써부터 진땀을 흘리지는 않아도 된다. 알고리즘의 내부 작동 방식을 전부 알아야 하는 것은 아니니까. 앞에서도 언급했듯 여러분이 개발자가 될 필요는 없으며, 리더가 해야 할 일은 주요 기술 동향을 파악하는 것이다. 이러한 정보가 있어야 지금 비즈니스 세계에서 디지털 혁신이 일어나는 이유, 우리 회사도 똑같은 일을 해야 하는지 여부, 해야 한다면 어떤 방식으로 진행해야 할지를 알아낼 수 있다.

리더는 신기술이 회사의 장기 경쟁력과 지속 가능성에 어떤 도움을 줄 수 있는지를 이해하고 회사의 비전을 세워야 한다. 자동화 시대에 리더가 이러한 조치를 할 수 있으려면 당연히 첨단 기술 동향에 밝아야 한다. 알고리즘의 도입이 인간 직원들에게 야기할 수 있는 문제들도 민감하게 알아차려야 한다.

리더들이 이런 민감함을 훈련하고 유지할 수 있는 방법이 있다. 데이터 과학자나 엔지니어의 채용 과정에 참여하거나 채용된 직원들을 다른 부서 사람들에게 소개해주는 것이다. 사실 기업이 미래에 발생할 수 있는 문제에 더욱 효과적으로 대처하려면, 데이터 과학자들이 다른 부서

(영업, 마케팅, 재무, HR)들과 협업할 수 있는 기회를 마련해주는 것이 그 어느 때보다도 더 중요하다.

지속적인 교육

기업들은 신기술이 제공하는 기회와 도전을 리더가 더욱 잘 알고 자신의 비즈니스 지식 및 전문성과 결합할 수 있도록 그들을 준비시켜야 한다. 최신 기술에 익숙해져야 할 필요성은 '평생 학습'이라는 전 세계적 사명과도 밀접하다. 정부와 기업들은 미래에 기술이 가져올 수 있는 여러 혼란에 시민과 직원이 더 잘 대비해야 한다는 관점을 일제히 수용했다.

이런 요구에 부응하려면 교육 프로그램을 개발하고 각계각층에서 끊임없이 배움의 자세를 장려해야 한다. 딜로이트와 MIT 슬론매니지먼트 리뷰(MIT Sloan Management Review)가 발행한 보고서에 따르면, 점점 더 많은 기업들이 직원들의 디지털 성숙도를 높이기 위해 투자를 늘리고 있다.[160] 그렇게 하려면 끊임없이 학습 활동에 참여해야 한다.

이러한 목표를 세우는 데는 합당한 이유가 있다. 학습을 장려하는 문화가 있는 기업들은 더 나은 성과를 내며 혁신을 더 많이 일으킨다. 많은 회사들은 직원을 교육하고 학습을 권장하는 것이 리더의 중요한 책임이라고 여긴다.[161] 가장 좋은 방법은 평생 학습을 향한 열정을 몸소 보임으로써 모범이 되는 것이다. 조직 상부에서 시작된 열정은 아래로 흘러내리며 연쇄적으로 직원들에게 영향을 미치고 영감을 줄 것이다. 그러니 리더는 첫 단계로서 회사에서 사용하는 기술을 알아가야 한다.

| 직원들의 기대치 관리

많은 직원이 알고리즘을 불신한다는 것은 그들에게 알고리즘의 기능에 관한 구체적 기대치가 있다는 뜻이다. 이런 기대치에 선입견이 개입해 인간과 알고리즘이 어울리는 문제를 더 까다롭게 만들 수 있다. 연구에 따르면, 인간은 알고리즘이 완벽한 조언을 주리라 기대하는 경향이 있다.[162] 사람들은 보통 어떤 기술이든 완벽하게 쓸 수 있기를 기대한다. 마찬가지로 알고리즘이 업무에 도입되면 실수가 일어나서도 안 되고 허용할 수도 없다고 여긴다. 이런 선입견 때문에 만일 실수가 발생하면 자동화 조언가를 향한 신뢰가 즉시 무너진다.

물론 우리는 인간 동료들의 실수도 좋아하지 않지만, 알고리즘이 실수했을 때와 달리 곧바로 신뢰를 거두지는 않는다. 인간이 완벽하지 않다는 사실을 알기 때문이다. 또한 우리는 완벽하지 않으므로 타인을 용서하고 어느 정도 신뢰를 유지할 수 있다. 그와는 달리 알고리즘에는 완벽하기를 기대하고, 따라서 용서할 이유도 없다고 생각한다.

여기에 위험성이 있다. 용서가 없으면 인간과 알고리즘 사이에 갈등이 일어나고 비협조적인 문화가 조성될 것이다. 또한 사람들은 알고리즘이 도입된 업무 환경을 많이 경험하지 못했기 때문에 그들과 함께 작업하는 것이 아직 편치 않다. 우리의 선입견과 고정관념이 섞인 기대치 때문에 알고리즘을 대하는 행동 방식이 큰 영향을 받는다.

이 문제를 해결할 실마리를 '접촉 가설'(contact hypothesis)에서 찾을 수 있을지도 모르겠다. 이 가설에 따르면 인간은 알고리즘과 함께 작업하는 시간이 늘어날수록 그 관계를 더 편안히 느낄 것이다. 결과적으로는 알고리즘의 조언을 점점 더 진지하게 받아들이고 더 자주 사용할 것이다.

| 이유와 방법을 설명하기

알고리즘이 '어떤' 일을 '왜' 하는지에 관한 설명이 부족하면 신뢰가 생기기 어렵다는 점은 이제 명백하다. 그런 경우 알고리즘을 향한 신뢰도뿐만 아니라 회사를 향한 신뢰도 역시 하락한다. 특히 직원들을 납득시키지 않은 채 알고리즘을 사용하기로 결정한 회사들은 더욱 신뢰를 받기 어려울 것이다. 따라서 리더가 직원들에게 알고리즘의 가치와 작동 방식을 명확하게 설명하는 과정은 선택이 아닌 필수다. 충분한 이유를 설명하고 투명성을 높인다면 알고리즘을 향한 직원들의 반감을 줄일 수 있을 것이다. 이로써 인간과 알고리즘이 더욱 조화롭고 생산적으로 협업할 수 있는 기틀을 마련할 수 있다.

트위터의 CEO였던 잭 도시는 이렇게 이야기했다. "우리는 알고리즘이 어떻게 작동하는지를 훨씬 더 잘 설명할 수 있어야 한다. 아예 내부를 활짝 공개하여 사람들이 보게 할 수 있다면 이상적일 것이다. 하지만 이는 누구에게든 어려운 일이다."

그러면 어떻게 해야 정확하고 자세하게 설명할 수 있을까? 메리엄웹스터 사전은 설명이라는 단어를 '말하거나 보여주는 행동이나 과정' 또는 '무언가의 이유나 원인이 되는 것'으로 정의한다. 설명을 한다는 것은 어떤 대상의 존재나 필요성에 관한 의미, 정당한 이유, 투명성을 제공하는 것이다.[163] 설명이 있으면 공통의 이해가 생기고 신뢰와 협력이 늘어나며 갈등이 줄어든다.[164]

어떻게 설명할까?

이런 긍정적 결과를 얻으려면 설명에 몇 가지 특징이 포함되어야 한다.

첫째, 설명이 진정성 있게 느껴져야 한다.[165] 설명하는 사람이 정직하고 진실한 사람으로 인식되어야 그 사람이 하는 설명에도 진정성이 생긴다. 이런 인상을 줄 수 있다면 듣는 이들은 그 사람이 현재 상황을 이해시킬 수 있도록 최선을 다해 노력하고 있다는 사실을 알아차릴 것이다. 진정성이 느껴지면 상대가 사안을 진지하게 보고 있음을 깨달을 수 있다.

둘째, 설명을 할 때에는 합당한 이유를 들어야 한다.[166] 설명을 듣는 사람이 어떤 결정이나 조치에 맞는 논리적이고 정당한 이유를 분명히 알 수 있어야 한다는 뜻이다. 어찌 보면 세상에 설명 못 할 일은 거의 없지만, 그 설명이 공정하거나 합당하지 않다고 인식되면 역효과를 불러올 수도 있다. 셋째, 설명을 통해 상황을 특정 방식으로 변화시켜야 하는 이유를 밝혀야 한다.[167] 이때 사람들이 확인하기 쉽고 믿을 수 있는 양질의 이유를 제시해야 한다. 경험적 근거를 제공하고 예시를 들면 이 과정이 더욱 수월해질 것이다.

우리는 사람들이 자신의 행동과 자신이 내린 결정에 관해 설명할 수 있길 바란다. 그러나 알고리즘은 다르다. 설사 알고리즘이 자신의 행동을 설명할 수 있다고 해도 여전히 그 효과는 제한적일 것이다. 알고리즘에게는 진정한 의미의 지능이 없기 때문이다.

리더십이 알고리즘의 역량을 키운다

알고리즘은 팀의 일부가 될 것이다. 이 변혁의 과정에서 리더는 팀을 인

도해야 하며 이는 자동화 시대의 리더가 인간뿐만이 아니라 알고리즘의
역량을 키워주는 법도 배워야 한다는 뜻이다. 알고리즘이 잠재력을 최대
한 발휘하고 새로운 비즈니스 기회와 가치를 찾아낼 수 있도록 적절한
환경을 조성해야 한다.

리더가 알고리즘의 역량을 키우려면 어떻게 해야 할까?

미래의 리더가 키울 수 있는 알고리즘의 역량

역량	필요한 조치
알고리즘에게 업무 위임하기	작업 수행에 자율성 부여 전적으로 책임지기 주기적인 피드백 회의
가장 중요한 데이터 식별하기	우선순위 세우기 목적에 맞는 적절한 데이터 선정
적절한 틀을 써서 질문하기	목적에 따라 각 비즈니스 영역에 적합한 질문하기

| 알고리즘에 업무 위임하기

리더의 첫 번째 중요한 임무는 알고리즘에게 일을 시키는 것이다. 알고
리즘은 업무가 주어져야만 일을 시작할 수 있다. 누군가가 알고리즘을
업무 과정에 투입하고 몇 개의 과업을 완수해야 하는지 구체적으로 정해
주어야 한다. 그렇게 하지 않으면 진정한 동료로서 제 역할을 할 수 없다.

알고리즘으로 하여금 여러분이 선택한 데이터를 분석하게 하는 것 외
에도 할 일은 더 있다. 알고리즘이 분석 결과를 전달하면 그 결과에 따라

앞으로 어떤 조치를 취할지 결정해야 한다. 이 단계를 알고리즘이 수행할 수 있을까?

적어도 비교적 간단한 업무에서는 가능하다. 알고리즘은 분명 시간이 흐르면서 더욱 정교해질 것이다. 언젠가는 알고리즘이 스스로 결정을 내리고 이행할 수 있게 될지도 모른다. 그럴 경우 비교적 단순한 업무들은 완전히 자동화될 것이다. 흥미롭게도 이런 시나리오에서 리더는 알고리즘과 인간 양쪽에 권한을 부여해야 한다.

리더는 어떤 방식으로 인간에게 권한을 줄까?

인간은 자신이 하는 일에서 자율성을 경험할 때 가장 의욕을 느낀다. 직원들은 최선의 결과를 위해 자신의 능력을 어떻게 써야 할지 결정하는 과정에서 자신의 권한을 실감할 수 있을 것이다. 직원들은 일을 배우고 숙달하면서 그 안에서 성장한다. 이러한 과정을 겪으며 향후에 더 복잡하고 어려운 문제들을 해결할 역량을 길러나간다. 비슷한 맥락에서 가까운 장래에는 알고리즘에게도 어느 정도 자율성을 부여해야 한다.

우리가 알고리즘에 기대하는 것은 빠른 작업과 정확한 수치 계산을 통해 추세를 식별하여 간단한 문제일 경우 즉시 대처하게 하는 것이다. 이 점을 고려하여 리더는 알고리즘에 어떤 작업을 어떤 방식으로 맡길지 결정해야 한다. 알고리즘에게 업무를 위임하면 다른 직원들을 복잡한 작업에 집중하게 할 수 있으며, 그와 동시에 알고리즘을 가능한 최적의 방식으로 구현할 수도 있다. 조직이 자동화에 막대한 투자를 해놓고 알고리즘이 제 역할을 수행하리라 믿을 수 없다면 돈만 버리는 꼴이 되지 않겠는가.

이론상으로 문제가 없어 보일지라도 알고리즘과의 공동 업무에서 한계가 나타날 수 있음을 인지해야 한다. 애초에 알고리즘을 개발할 때 인간과 공동으로 작업할 것을 고려하지 않은 경우가 대부분이며, 알고리즘이 사회라는 맥락 안에서 기능하고 가치를 발휘하는 방법은 제대로 된 검증을 거치지 않았다.

알고리즘은 인간과 함께 작업한다는 개념을 이해하지 못한다. 그러므로 리더들은 사회적 맥락 안에 알고리즘을 통합할 최적의 방안을 찾아내야 한다. 또한 리더는 어떤 업무가 알고리즘에 위임된다는 사실을 전달할 때 이 정보가 민감할 수 있다는 점을 인지하고 주의해야 한다. 알고리즘에 일을 맡긴다는 것 자체가 그들의 자율권을 인정한다는 의미가 되기 때문이다. 이 과정에는 두 가지 단계가 있다.

위임의 기술

우선 리더는 직원들에게 알고리즘의 판단을 따라야 한다고 말하는 시점이 '언제'가 될지 결정해야 한다. 쉬운 일은 아니다! 인간은 그러한 조치를 잘 받아들이지 않을 것이며 일부러 방해하려 들지도 모른다. 이러한 상황에서 리더는 직원들에게 깊은 공감을 표현하고 이 조치가 그들에게 미칠 영향을 잘 설명할 수 있어야 한다. 그와 동시에 직원들이 알고리즘의 조언을 따라야 하는 이유도 설명해야 한다.

간단히 말해 리더가 위임 과정의 첫 단계에서 하는 역할은 알고리즘이 원활하게 일할 수 있는 기회를 만드는 한편 인간과 알고리즘이 협업하도록 한 결정에 전적인 책임을 지는 것이다. 어떤 책임이냐고? 알고리즘이 자율 작업과 공동 작업 양쪽에서 일으킬 수 있는 각종 문제를 책임지는 것이다. 리더로서 여러분은 만족스럽지 않은 결과가 생겼을 때 기꺼이 상황을 바로잡아야 한다.

알고리즘과 인간의 협업 결과가 만족스러운지 여부는 어떻게 판단할 수 있을까? 이 질문과 함께 우리는 위임 과정의 두 번째 단계에 도달한다. 리더는 알고리즘에 더 많은 자율성을 줄 수 있더라도 그 범위를 설정해야 한다. 알고리즘에게 업무를 맡기는 목적은 직원을 대체하는 것이 아니라 직원의 능력을 향상하는 것이다. 그러므로 다른 모든 위임 과정과 마찬가지로 알고리즘의 성과를 지속적으로 점검하는 피드백 회의가 필요하다. 회의 결과를 바탕으로 알고리즘이 수행할 작업 범위를 협상하고 설정 및 재설정할 수 있다.

피드백 제공자는 알고리즘의 동료, 즉 인간 직원들이 되어야 한다. 그들이 알고리즘의 최종 사용자이므로 피드백의 원천일 수밖에 없다. 직원들의 의견을 들을 때 명심해야 할 것은 앞서 언급한 편견이 존재하지 않는지 함께 확인해야 한다는 점이다. 직원들이 피드백을 단순히 알고리즘을 내치기 위한 수단으로 여기지 않도록 리더들은 편견과 불신을 최대한 줄인 새로운 업무 문화를 조성해야 한다.

| 가장 중요한 데이터 식별하기

알고리즘은 외부 데이터를 투명하게 만들어 우리가 중요한 추세를 더 손쉽게 알아차리고 비즈니스 절차를 최적화하며 가치를 창출할 수 있도록 돕는다. 그런데 데이터가 입력되지 않으면 알고리즘은 이중 어느 것도 할 수 없다. 그렇다면 알고리즘에 어떤 데이터를 제공할 것인지는 누가 결정할까?

이것은 굉장히 중요한 문제다. 지능형 기계는 데이터가 양질일수록 더 나은 통찰력을 제공하며 더욱 유용한 추세를 식별할 수 있기 때문이다. 데이터 품질이 낮으면 알고리즘의 성능이 저하된다. 인간보다 성과가 뒤처질 수도 있다. 그렇게 되면 직원들이 거세게 항의하고 회사가 자동화에 들인 노력이 순식간에 물거품이 될 수도 있다. 많은 기업이 이런 가능성을 심각하게 인지하고 있으나 여전히 문제 해결에는 어려움을 겪는다.

재미있게도 조직의 리더들은 데이터 품질 문제로 알고리즘이 실패했을 때 큰 비용을 들인 자신을 탓하는 것이 아니라 인간 노동자들에게 책임을 돌리곤 한다. 컨설팅 업무를 하는 동안 일이 엇나가기만 하면 사람을 탓하는 사례를 자주 접했다.

이런 식으로 사람을 탓하는 조직들은 아마 기계보다 인간 직원을 없애는 편이 더 수월하겠다는 유혹을 느낄 것이다. 그러나 우리는 이제 그렇게 단순하게 문제를 해결할 수 없다는 사실을 안다. 문제는 분명 인간과 알고리즘 모두에게 명확한 지침을 거의 주지 않았다는 것이다. 조직의 궁극적 목적과 그를 위해 달성해야 할 목표치가 명확하지 않을 경우 자동화 인력에게 어떤 데이터를 입력하는 것이 적합할지 분간하기 어렵다는 이야기이다.

목적이 데이터의 밑거름이 된다

어떤 종류의 데이터를 쓸지 명확히 결정하지 못한 상태에서 알고리즘을 도입하면 회사의 목표를 달성하는 데 도움이 안 될 것이다. 마틴 듀허스트와 폴 윌머트는 2014년 《맥킨지 쿼털리》(Mckinsey Quarterly)에서 '가비지 인/가비지 아웃'(garbage in/garbage out, 쓰레기를 넣으면 쓰레기가 나온다) 원칙을 들어 알고리즘이 적절하게 쓰이지 못하는 현상을 설명하기도 했다.[168] 알고리즘이 의사결정에 도움을 주길 바라면서 적절한 데이터를 입력하지도 않았다면 어떻게 최선의 결과를 기대할 수 있겠는가? 알고리즘은 데이터 품질 문제를 해결할 수 없으므로, 데이터 선정은 리더가 해야 한다. 리더가 우선순위를 정하면 그에 따라 양질의 데이터가 수집될 수 있다. 리더들이 자신이 이끄는 조직의 목적을 명확히 이해하고 수용할 수 있어야 하는 이유다.

의사결정은 효과적인 리더십의 핵심이며 이는 자동화 시대에도 다르지 않다.[169] 미래의 리더들도 똑같이 전략적인 결정을 내리고, 소프트 스킬로 직원들을 대하며, 모든 이해관계자를 고려한 기회를 포착할 줄 알아야 한다. 다만 미래에는 알고리즘이 의사결정 과정에 포함되어야 한다. 이런 변화 속에서 리더는 어떤 가치를 창출하고자 할 때 그 어느 때보다도 더 데이터 품질의 중요성을 염두에 두어야 한다. 방대한 데이터를 무작정 처리하고 분석하는 것이 아니라, 어떤 종류의 데이터가 어떤 이유 때문에 필요한지에 집중해야 한다.

오늘날 리더들은 회사의 목적을 인지하고 그것을 근거로 올바른 질문들을 제기할 수 있도록 훈련되어야 한다. 조직과 리더들은 자신이 성장하여 이루고 싶은 비즈니스를 구상해야 한다. 그들에게는 특정한 비전을 추구하는 구체적인 이유가 있으며, 그것이 곧 그들의 목적이 된다. 비즈니스를 하는 근본 이유 말이다.

'목적'은 리더가 전달하려는 비전에 의미를 부여한다. 목적에 맞는 목표치를 정하고 달성할 수 있도록 노력하고 행동한다면 여러분은 다양한 이해관계자들에게 필요한 가치를 향한 길 위에 있는 셈이다. 즉 의사결정에 알고리즘을 최대한 활용하려면 조직의 목적을 기준 삼아 데이터를 선정해야 한다.

| 적절한 틀을 써서 질문하기

목적이 있으면 회사의 우선순위를 가려낼 수 있고 그 우선순위에 따라 분석할 데이터를 선정할 수 있다. 이처럼 목적은 외부 현실, 즉 데이터를 바라보는 틀이 된다. 틀이 존재하면 혁신적인 해결책 개발에 필요한 구체적인 질문들을 찾아내는 데 도움이 된다. 이런 질문들을 지속적으로 함으로써 품질이 우수한 데이터를 활용할 수 있을 것이다.

목적에 집중하면 고객, 직원, 공급업체, 주주 등 각각의 이해관계자와 관련된 데이터를 선별하는 데 도움이 된다. 물론 모든 부서(마케팅, 영업, HR, 재무, 운영 등)가 동일한 문제를 해결해야 하는 것은 아니다. 리더들이 목적이라는 틀을 통해 각 조직이 어떤 유형의 질문을 제기해야 할지 따져보는 것이 중요하다.

아이언맨 사례를 본받을 수 있을까?

현대 조직은 업무의 상당 부분을 팀 단위로 처리한다. 모두가 연결된 이 시대에 혼자서는 달성할 수 없는 목표를 위해 가상의 그룹으로서 일할 기회가 계속 늘어날 것이다. 복잡한 환경 속에서 혁신적인 해결책을 찾으려면 반드시 팀워크가 필요하다. 팀으로 일하면 더 다양한 아이디어를 얻고 복잡한 문제에 더 신속하게 대응하며 여러 사람에게 동시에 작업을 할당할 수 있다. 딜로이트는 오늘날 디지털 세계에서 조직들이 '팀 네트워크' 기반 업무 환경을 점점 더 확대하고 있다고 언급했다.[170]

혁신적인 솔루션을 신속히 찾아내려면 시시각각 변하는 상황에 맞게 팀워크를 발휘하는 것도 중요하지만, 구성원 각자가 완료해야 하는 작업 목록을 확실히 정해두는 것도 필요하다. 각각의 작업에 세세한 기준이 존재한다면 팀에 어떤 종류의 인원이 필요한지 판단할 수 있다. 빠르고 투명하게 데이터를 분석해야 하는 오늘날 팀들은 새로운 유형의 구성원을 영입해야 한다. 이 새로운 멤버는 사람이 아니라 알고리즘이다.

우리는 영화 〈아이언맨〉(Iron Man)의 등장인물 자비스(아이언맨의 인공지능 비서)로부터 영감을 받아, 인간과 알고리즘이 공동으로 가치를 창조할 수 있는 팀을 꾸리고자 노력한다. 미래 도전 과제에 대응하려면 인간과 알고리즘이 서로 힘을 합해야 한다. 다양한 작업이 인간이나 알고리즘 중 한쪽의 소관이 될 텐데, 가장 중요한 목표는 양쪽의 노력을 합하여 조직에 필요한 부가가치를 창출하는 것이다. 이러한 노력이 결실을 맺으려면 중간에서 조정할 수 있는 리더가 필요하다. 인간과 알고리즘이 각각 1이라면, 리더는 둘을 더한 결과가 3이 되게 만들어야 한다. 이를 위해 리더는 두 가지 역할을 해야 한다.

첫째, 앞에서 이야기했듯 리더는 인간과 알고리즘 각각의 역량을 키워 권한을 부여해야 한다. 알고리즘은 엄청난 양의 데이터를 분석하는 작업을 수행할 것이다. 그들은 기계 지능 덕분에 기존 데이터를 더욱 투명하게 만들어 더 빠르고 효과적으로 결정을 내릴 수 있다. 한편 인간은 통찰, 윤리적 판단, 직관, 공감, 창의적 사고가 필요한 의미 형성 업무를 맡을 것이다. 업무 관계를 암묵적으로 조정하는 데 유용한 소프트 스킬은 팀워크에 특히 중요하다.

둘째, 리더는 사람과 알고리즘으로 구성된 팀 안의 역학관계를 적절히 관리해야 한다. 다르게 말하면 리더들은 이제 '새로운 다양성'에 대처해야 한다. 여기서 새로운 다양성이란 알고리즘이 인간 직원의 새로운 동료가 되는 오늘날의 현실을 말한다. 각 구성원이 보유하는 기술의 종류뿐만 아니라 업무를 처리하는 방식 또한 더욱 다양해질 것이다. 리더들은 새로운 도전 과제들을 맞닥뜨릴 것이며, 그중에서 가장 중요한 것은 인간과 기계가 원활하게 상호작용할 수 있는 방법을 알아내는 것이다.

리더는 이 새로운 형식의 다양성 팀이 인간으로만 구성된 팀보다 더 높은 성과를 내게 할 방법을 깊이 고민하지 않을 수 없다. 미래에는 인간과 알고리즘의 협업을 가장 잘 관리하는 기업이 가장 성공적인 기업이 될 테니까. 또한 주의해야 할 것은, 단순히 인간과 알고리즘 각자의 성과만 높이는 것으로는 모자란다는 것이다. 조직이 인간과 알고리즘의 성과를 얼마나 잘 합쳐서 완전히 새로운 결과물을 만들 수 있는지가 관건이다. 리더들은 자신이 가진 비즈니스 지식 및 기술 지식을 전부 활용하여 사람과 기술을 하나로 모을 수 있어야 한다. 그들은 인간과 알고리즘 공동의 창조를 지혜롭게 촉진해야 한다. 앞에서 설명했듯, 인간과 알고리즘의 역량을 키워 그들에게 힘을 실어줄 수 있는 능력을 숙달하는 것이 매우 중요하다. 새로운 다양성에 힘을 실어준다는 것은 인간과 알고리즘 양쪽이 이상적으로 협력하게 한다는 뜻이다. 협력이란 팀, 조직, 사회 구성원이 공동의 목표를 향해 함께 노력하는 행위다. 인류가 서로 싸우지 않고 협력하기 때문에 생존할 수 있다는 사실은 누구나 잘 아는 바다.

대한민국의 현대자동차 사례에서 인간과 기술이 성공적으로 협력하는 모습이 잘 드러난다.[171] 현대자동차의 생산 라인에서 일하는 직원들은 몸을 많이 쓰는 작업 때문에 육체적·정신적 피로를 겪거나 부상을 입기도 한다. 작업이 고된 한 가지 이유는 직원들이 무거운 물건을 들어 올려야 할 때가 많다는 점이다. 현대자동차는 인간과 기계가 함께 새로운 가치를 창조할 수 있다는 관점으로, 작업자들이 착용하여 근육 피로감을 줄일 수 있는 보조 로봇 H-VEX을 개발했다. 이 로봇은 생산성을 높이는 동시에 직원들이 더욱 안전하게 작업할 수 있도록 돕는다.

인간과 기계가 성공적으로 협력할 때 개인과 팀의 능력이 증대된다. 인간의 능력이 증대된다고 이야기하는 이유는 새로운 다양성으로 얻을 수 있는 효과가 인간만으로 구성된 팀에서 기대할 수 있는 것보다 더 높기 때문이다. 기술이 어떻게 인간의 생산성을 높일 수 있는지 보여주는 또 다른 사례로 미국의 온라인 기업 스티치픽스(Stitch Fix)를 들 수 있다. 스티치픽스는 알고리즘에 기반하여 인간 직원이 고객에게 맞춤 스타일링 서비스를 제공한다. 고객이 자신의 선호도, 신체 치수, 예산 등의 데이터를 제공하면 알고리즘이 이를 분석하여 적당한 옷을 추천한다. 고객이 그 추천을 따르고 프로필을 업데이트하면 알고리즘은 다음번 구매에도 추천 서비스를 제공한다. 이런 식으로 알고리즘을 사용하면 판매자들의 능률을 높이고 더 큰 고객 만족을 이끌어낼 수 있다.

또한 알고리즘과 협업하여 업무 절차를 개선할 수도 있다. 지능형 시스템으로 의사결정 과정을 보강하면 더 나은 조치가 가능하다. 한 예로, 의사들은 알고리즘을 활용하여 더욱 효과적이고 개인화된 맞춤 치료를 제공한다. 알고리즘은 환자들의 프로필과 데이터를 분석하여 모집단에서 패턴을 찾는다. 이렇게 얻은 고품질 정보에 인간의 직관력·공감 능력·창의성을 결합하면 치료 결과가 향상될 수 있을 것이다. 예를 들어 림프절 세포 이미지를 기반으로 암 탐지율을 높이는 방법을 연구했을 때 알고리즘을 단독으로 사용하면 오류율이 7.5퍼센트였고 인간 단독의 암 탐지 오류율은 3.5퍼센트였다. 인간과 알고리즘이 협업했을 경우 오류율은 불과 0.5퍼센트였다.[172]

리더는 오케스트라 지휘자다

팀워크를 높이려면 각 당사자가 원활하게 협력할 수 있도록 조율하는 과정이 필요하다. 미래 리더들은 바로 이 지점에서 자신의 실력을 발휘할 수 있다. 21세기에 가장 중요한 리더십 능력 중 하나는 오케스트라 지휘자가 되어 인간과 알고리즘이 하모니를 이루도록 하는 것이다. 문자 그대로 지휘자가 된 기업 사례도 있다. 2018년 중국의 통신 장비 기업 화웨이(Huawei)는 AI와 함께 슈베르트의 미완성 교향곡 8번의 나머지 부분을 쓰면서 '다양성 협업'의 가능성을 확인해보기로 했다.[173] 거장 슈베르트는 1822년에 이 곡을 짓기 시작하여 첫 두 악장을 작곡했으나 나머지 두 악장은 알 수 없는 이유로 완성하지 못했다.

화웨이는 나머지 악장을 완성하기 위해 메이트20 프로(Mate20 Pro) 스마트폰의 AI 기술을 활용했다. AI는 슈베르트의 곡 90개를 분석하여 코드화한 뒤 확장하는 작업을 했다. 또한 미완성 교향곡 8번의 첫 두 악장을 듣고 주요 음악 요소를 분석한 다음, 분석한 내용을 슈베르트의 다른 작품에서 얻은 정보와 합쳐서 3악장과 4악장의 멜로디를 완성했다.

물론 이 프로젝트에서 가장 중요한 문제는 '슈베르트가 작품에서 의도한 감정과 분위기를 어떤 멜로디가 가장 잘 전달할 수 있을지 AI가 판단할 수 있느냐'는 것이었다. AI가 감정을 느끼거나 예술가의 영혼을 이해할 수 없다는 사실은 명백했다. '새로운 다양성' 관점에서 보면 바로 여기가 인간이 나서야 하는 지점이다. 이 프로젝트를 이끌었던 사람은 드림웍스 애니메이션을 비롯한 유명 영화 음악으로 잘 알려진 작곡가 루카스 캔터(Lucas Cantor)였다. 그의 주요 임무는 슈베르트 교향곡 8번의 엔딩 부분이 지루한 엘리베이터 배경음처럼 들리는 끔찍한 운명을 피하게 하는 것이었다.

이 실험에서 무엇을 배울 수 있었을까? 가장 흥미로운 것은 캔터가 이 공동 작업을 매우 긍정적으로 받아들였고, 다른 작곡가들과 협업하는 과정에 비교하기까지 했다는 사실이다. 인간 입장에서는 이러한 협업 경험이 수용할 만하고 심지어 즐거울 수도 있는 모양이다. 캔터는 그렇게 느끼는 한 가지 이유로 AI 작곡가에 자아가 없는 점을 들었다. 그가 만약 인간 작곡가와 협업했다면 어떤 부분을 수정할 때 상대의 기분을 고려해야 했을 것이다. 그러나 캔터가 작업한 내용을 거절하고 다시 요청했을 때 AI 작곡가는 기분 나빠하거나 항의하지 않았다. 또한 AI 자체의 놀라운 처리 속도와 프로세스 덕분에 단 몇 번의 의견 교환 뒤 18분 분량의 곡을 완성할 수 있었다는 점도 인상적이었다. 전반적으로 효율이 높아졌고 작업 과정은 즐거워 보였으며, 최종 결과물은 인간 비평가들에게 호평을 받았다.

이 사례는 더 나은 성과를 위해 새로운 다양성을 추구할 때 리더가 해야 하는 역할을 이해하는 데 도움을 준다. 같은 맥락에서 리스베스 베너마는 《네이처 머신 인텔리전스》(Nature Machine Intelligence) 저널에 "한 가지 약점은 분명히 남아 있다. 알고리즘은 섬세한 협력이 필요한 상황에서 인간과 상호작용하는 능력이 부족하다"라고 적었다.[174] 알고리즘은 대상을 관찰하고 패턴을 식별하여 학습하고 지식을 생성하지만, 감정과 공감이 작용하는 더 깊은 지능 수준에서는 생각하지 못한다. 이런 이유로 전략적·윤리적·사회적 요소를 인지하고 상식적으로 생각하는 능력이 요구되는 의사결정 과정에는 반드시 인간의 인도가 필요하다. 이를 두고 IBM 최고혁신 책임자인 버니 메이어슨은 이렇게 말했다. "인간은 상식을 기반으로 일한다. 상식이란 그 정의상 사실에 근거한 약속이 아닌 주관적 판단력을 가리킨다."[175]

알고리즘을 인정하는 법

알고리즘은 태생적으로 상식을 갖출 수 없기 때문에 올바른 방식으로 사용하는 것이 매우 중요하다. 그 방식을 정하는 것은 리더가 되어야 한다. 이와 동시에 고유한 능력을 지닌 인간도 각자의 기술과 경력에 맞게 쓰일 수 있어야 한다. 따라서 리더가 제일 먼저 해야 할 일은 '업무 분장'이다. 리더는 알고리즘과 인간에게 각각 맡길 작업을 정하여 팀의 체계를 잡아야 한다. 여기서 끝이 아니다. 팀워크의 한 가지 이점은 다양한 아이디어를 취합하여 더욱 통합적인 해결책을 모색할 수 있다는 것이다.

화웨이 사례에서 알 수 있듯, 리더에게는 알고리즘이 팀에 제공한 정보를 직원들이 사용하게 만들어야 한다는 도전 과제가 있다. 따라서 먼저 인간 구성원들이 알고리즘을 동료로 '인정'하도록 동기부여 해야 한다. 그런 다음, 인간 직원들이 알고리즘을 인정하는 것을 넘어 '유용한' 팀원으로 인식하고 가치 있게 여길 수 있도록 도와야 한다. 이러한 인식 변화는 리더가 인간 직원들로 하여금 알고리즘과 상호작용하도록 지원할 때만 가능하다.

알고리즘은 협력관계를 '시작'할 줄은 모르지만, 일단 관계가 만들어지면 적극적인 구성원이 될 수 있다. 인간과 알고리즘이 힘을 합쳐 통합적인 해결책을 구상할 수 있으려면 인간의 마음을 움직여 먼저 첫걸음을 내딛게 해야 한다. 직원들이 알고리즘과 적극적으로 관계를 맺도록 유도하는 가장 좋은 방법은 앞으로 함께 일해야 하는 인공지능 기술에 친숙해지도록 하는 것이다. 그렇게 하려면 리더들은 앞에서 말한 것처럼 '지속적으로 교육'하여 직원들이 기술 이해도를 높이도록 도와야 한다.

일단 알고리즘의 필요성을 이해한 사람들은 그들의 조언을 더욱 기꺼이 받아들일 것이다. 따라서 리더는 인간 직원이 알고리즘을 팀원으로서 '인정'하게 하는 것 외에도, 알고리즘과 인간의 의견이 전부 취합되고 모두에게 투명하게 공개되는 업무 환경을 구축하는 역할도 해야 한다. 리더는 의사결정을 할 때 인간과 알고리즘의 판단을 전부 종합하여 고려해야 한다. 사람들이 어떤 관계 안에서 각자 다른 영역의 정보를 기억해뒀다가 서로 보충해주는 '분산기억' 방식처럼 인간과 알고리즘이 시너지를 낼 수 있도록 리더는 팀의 다양한 구성원들을 하나로 묶어야 한다. 이를 위해 리더는 누구나 정보에 접근할 수 있게 하고, 인간 직원의 감독 하에 지식을 통합하며, 그것이 궁극적으로 팀과 회사의 목표 달성에 쓰일 수 있을지 판단해야 한다.[176]

'일을 줄인다'는 말의 의미

미래 리더를 향한 이러한 요구 사항들은 모두 인간과 기계의 협력을 촉진하는 기술과 관련 깊다. 지금까지 살펴본 모든 사례에서 알 수 있듯 알고리즘이 만든 가치가 인간적인 맥락, 즉 인간 '최종 사용자'들에게 유의미한 가치로 변환될 수 있는 경우에만 협력을 달성할 수 있다. 듀허스트와 윌머트는 이렇게 주장하기도 했다. "기계가 내린 사소한 결정들이 맥락화된다면 미래의 귀중한 리더십 도구가 될 수 있을 것이다."[177]

이러한 협업이 거의 즉시 효과를 낼 수 있는 한 가지 영역은 직원 채용이다. HR 부서가 적합한 지원자를 찾는 과정에서 알고리즘이 유용하게 쓰일 수 있다. 알고리즘은 수년에 걸쳐 수집된 방대한 데이터를 분석하여 적합한 후보자를 추리거나 연관성 있는 정보에 집중할 수 있도록 도울 것이다. 예를 들어 미국 구직 사이트 자벌린(Jobaline)은 지능형 음성 분석 알고리즘을 사용하여 지원자들을 평가한다. 이 알고리즘은 사람들의 말투나 억양과 같은 보조 언어 요소들을 평가하여 어떤 목소리에 담긴 감정을 추측하고, 지원자가 잘할 것 같은 업무 유형을 식별한다.

조직이 괜찮은 직원들을 채용했다면 그 사람들을 잡아두고 싶어 할 것이다. 미국 국립경제연구국의 연구에 따르면 노동자들의 근속 기간이 짧은 저기술 서비스 부문에서 알고리즘으로 고용 가능성을 판단해 직원을 뽑는 경우 근속 기간이 15퍼센트 더 길어졌다.[178]

적절한 업무 환경이 협력을 촉진했다면? 이제 다른 중요한 질문이 남아 있다. '협력이 시작되면 이제 어떻게 해야 할까?' 전통적인 비즈니스 모델은 팀의 성과가 회사의 목표와 비전에 직접적으로 기여한다고 가정한다. 그러니 리더는 회사의 목표를 추구할 때 우선순위가 무엇인지 인지하고 인간과 알고리즘의 통합 해결책이 직접적으로 기여할 방법을 찾아야 한다. 이를 달성하려면 회사의 궁극적인 목표가 무엇이며 특정한 업무를 통해 이를 수행해야 하는 이유가 무엇인지 직원들에게 분명하게 설명해야 한다. 동시에 리더는 알고리즘이 올바른 우선순위에 따라 연산을 수행할 수 있도록 코딩 작업을 하는 데이터 과학자들과 소통해야 한다. 이렇듯 리더는 다양한 전문 배경을 가진 직원들과 관계를 맺고 그들이 효율적으로 알고리즘을 사용하도록 지원하며 인간과 알고리즘의 공동 창조를 통해 가치를 창출하게 하는 막중한 책임을 지닌다.

마지막으로 할 질문은 이것이다. '우선순위를 결정하고 알려주어 협력이 시작되었다면 이제 리더는 어떻게 해야 하는가?' 리더는 이러한 절차들을 마련한 뒤에도 참여도를 유지해야 할까?

이 지점에 다다랐다면, 리더는 이제 참여도를 줄이고 전략적 사고와 개발에 더 집중해야 한다. "리더십이란 다른 사람이 일을 잘하게 만들어 내 할 일을 줄이는 것"이라는 유명한 말이 있다. 내가 수업시간에 이 말은 인용하면 많은 학생이 흥미를 보이지만 내 의도와는 다른 이유에서일 때가 많다. 학생들은 주로 할 일이 줄어들 수 있다는 부분에 관심을 보인다! 그래서 나는 '줄인다'는 표현이 아무것도 하지 않는다는 의미가 아니라는 사실을 분명히 전달한다. 팀원들이 해야 할 일을 분명히 알고 최대한 역량을 길렀다면, 리더들은 이제 한 걸음 물러나 더욱 전통적인 리더십 업무에 시간을 할애해야 한다. 여기에는 기업의 경쟁력과 장기적인 지속 가능성을 위한 미래의 주요 전략을 기획하고 개발하는 일이 포함된다.

7장

알고리즘 시대,
리더의
두 가지 길

긴 시간이 흘러도 조직이 생존하고 원활하게 운영될 수 있는 것은 리더십의 존재 덕분이며, 급변하는 기술의 도입과 함께 리더십의 중요성은 그 어느 때보다도 더 커졌다.

오늘날 데이터는 조직의 성공을 좌우하는 요인으로서 새롭게 부상했다. 〈스타트렉〉의 등장인물 데이터가 아니라, 우리가 세상에 일어나는 일들을 이해하기 위해 수집하는 실제 데이터 말이다. 이제 데이터는 조직이 활용할 수 있는 가장 귀중한 자원 중 하나로 인식된다. 따라서 오늘날 리더는 대량의 데이터를 처리하고 분석하여 얻은 통찰을 의사결정에 통합할 수 있어야 한다. 알고리즘이 조직에 점점 더 깊이 침투하는 현상을 보면서 우리는 조직 운영 방식에 알고리즘이 미치는 영향을 고민하지 않을 수 없다. 한 가지 어려움은 알고리즘이 조직에서 얼마나 자율적으로 의사결정을 하도록 할지 그 범위를 판단하는 것이다. 이 판단이 어려운 이유는 인간이 알고리즘의 능력과 조언에 점점 더 의존하게 될 위험 때문이다. 의존도가 너무 높아지면 결국에는 우리가 알고리즘을 이끄는 것이 아니라 알고리즘이 우리를 이끌게 될지도 모른다.

일관된 학습자인 알고리즘은 새로운 지식을 얻을 때마다 인지 능력을 확장할 수 있다. 주로 데이터 처리 속도와 투명성을 높이고, 패턴을 인식하는 영역에서 능력을 확장한다. 조직을 더욱 스마트하게 만들며 더욱 정확한 예측을 하는 데 도움이 되는 영역들이다. 그러니 알고리즘을 리더로 고려하는 것도 일리는 있지만, 지금까지 살펴봤듯 그들이 리더가 되는 일은 현실적으로 받아들여지기 어렵고 가능성도 없어 보인다.

알고리즘이 배우거나 개발할 수 없는 한 가지 능력은 인간의 직관처럼 상황의 변화에 따른 영향을 알아차리는 것이다. 이러한 한계 때문에 그들은 사실상 조직을 이끌기에 부적절하다.

상황적 맥락을 인식하는 것이 중요한 이유는 무엇일까?

오늘날 알고리즘은 고도로 발전하여 거의 모든 게임에서 인간을 이길 수 있다. 체스 세계 챔피언 개리 카스파로프가 딥블루(Deep Blue)에 패배한 1997년 이래로 기술은 꾸준히 발전하여 오늘날에는 스마트폰 AI조차 많은 세계 챔피언들을 이길 수 있는 수준에 이르렀다. 그러나 AI가 사람을 이기는 것은 특정 게임이라는 '한 가지' 맥락에서만 가능한 일이다. 사실 알고리즘은 자신이 게임을 하고 있다는 사실조차 모른다. 단지 성공적인 행동 패턴을 식별 및 분석하고 이를 승리에 활용하는 능력이 인간보다 뛰어나서 게임을 잘하는 것뿐이다. 이렇듯 게임이 무엇인지도 모르는 알고리즘이 어떻게 사람들을 이끌 수 있겠는가?

알고리즘은 리더가 각종 상황을 헤쳐나가면서 사용하는 광범위한 종류의 능력들을 이해하지 못할 것이다. 예를 들어 알고리즘은 직원들이 스트레스를 받거나 상황의 변화로 혼란을 느낄 때 공감을 표현하는 것이 무슨 소용인지 모른다. 알고리즘은 분석에 강하기 때문에 모든 행정관리 업무에 적용될 수 있지만, 소프트 스킬이 약하다는 단점 때문에 리더십에는 적합하지 않다. 리더십은 알고리즘이 쉽게 감당할 수 없는 또 다른 차원의 영역이다.

앞에서 보았듯이, 우리를 인간답게 만들며 가장 유력한 리더 후보가 되게 하는 것은 소프트 스킬이다. 그렇다면 인간의 능력을 가장 잘 발휘하게 하는 리더십 스타일은 어떤 것일지도 질문해봐야 한다.

이 질문의 답이 곧 점점 더 자동화되는 미래 일터에서 리더들이 갖춰야 할 리더십 스타일이 될 것이다. 이제 나는 미래에 주목받을 두 가지 유형의 리더십, 즉 목적 지향 리더십과 포용적 리더십을 설명하려 한다.

목적의 중요성

데이터란 조직에 이윤을 창출해줄 제2의 석유나 다름없다. 데이터가 현대 조직을 위한 '새로운' 자원이라고 자주 묘사되기는 하나 사실 데이터는 언제나 비즈니스에 중요했다!

그저 빅데이터 개념이 최근에 각광을 받으면서 조직들이 그 혜택을 좇아 데이터 작업에 더 열심을 쏟기 시작한 것뿐이다. 경영대학원들은 초창기부터 사업을 시작할 때 가장 중요한 첫 단계가 데이터를 분석하는 것이라고 가르쳐왔고, 기업인들은 고객이 무엇을 원하며 어떤 기회가 있고 어떤 산업에 성장 잠재력이 있는지 등 데이터 파악에 익숙해져야 한다는 것을 늘 알았다.

디지털 데이터 시대가 도래하면서 데이터를 다루는 일도 귀한 대접을 받는 전문 분야가 되기 시작했다. 수집할 수 있는 데이터의 양이 너무 많아지는 바람에 어떤 데이터가 중요하고 어떤 것이 그렇지 않은지 가려내는 것 자체가 귀중한 기술이 되었다. 현대 조직에는 데이터를 효율적으로 분류하고 어떤 시스템이나 부서에서든지 쉽게 접근할 수 있도록 만드는 능력이 그 어느 때보다 절실하다. 그렇게 하려면 분명 회사의 목표에 비추어 데이터를 해석할 수 있는 리더십이 필요할 것이다. 오늘날 리더는 비즈니스 전략에 최대한 도움이 되도록 데이터를 활용할 줄 알아야 한다. 그러나 시장의 소리를 들어보면, 데이터를 체계화하고 데이터 중심 문화를 구축하는 일에 실패하는 기업들이 적지 않은 것 같다.[179]

많은 기업이 데이터 중심 비즈니스 환경의 요구를 충족할 만한 문화를 구축하지 못했다는 것은 결국 올바른 유형의 리더십이 존재하지 않는다는 결론으로 이어진다. 그렇다면 데이터를 중심으로 돌아가는 비즈니스 환경에서 최선의 결과를 얻으려면 어떤 리더십이 필요할까?

이 질문에 답하기 전에 먼저 다른 질문을 하나 더 하겠다. 우리가 조직으로서 데이터를 사용해야 하는 구체적인 이유는 무엇일까?

우리는 비즈니스 모델을 개발하고 그것을 바탕으로 가치 창출에 필요한 전략을 세우기 위해 데이터를 쓴다. 비즈니스 모델은 누구를 대상으로 어떤 제품이나 서비스를 어떻게 제공할 것인지에 관한 계획이라고

할 수 있다. 따라서 비즈니스 모델에는 반드시 데이터가 필요하며 데이터 없이는 아무것도 할 수 없다. 우리가 조직으로서 어떤 가치에 관심을 갖고 그것을 창출할 전략을 결정할 때는 반드시 데이터를 참고해야 한다는 의미다. 조직이 주목하는 가치의 종류는 조직의 목적에 따라 결정된다. 기업이 비즈니스를 하는 근본 이유가 되는 목적은 타협이 불가능한 영역이다. 이 '목적'이 회사의 방향성을 결정하고 나아갈 길을 인도해야 한다.

목적이라는 개념은 지난 몇 년 동안 큰 관심을 받아왔다. 기업이 낯설고 복잡한 상황에 처하여 변화의 필요성을 깨달았을 때는 전략적 결정의 지침이 되어줄 '목적'으로 되돌아가는 것이 이상적이다. 이 과정에서 직원들이 조직의 가장 중요한 가치에 집중할 수 있도록 돕는 리더의 역할이 매우 중요하다. 지금은 전략의 대부분을 데이터가 좌우하는 시대이기 때문에 반드시 우리가 추구하는 목적과 관련된 올바른 데이터를 사용해야 한다. 현대 조직들은 목적이 모호해서는 안 된다. 구성원들과 공유되는 분명한 목적이 있을 때 조직은 데이터를 더욱 효과적으로 사용하여 더 나은 비즈니스 모델을 개발할 수 있다. 목적은 우리가 우선순위에 집중할 수 있도록 도움으로써 가장 관련성 높은 데이터를 더욱 용이하게 선별하게 한다.

이런 도전 과제들이 있기 때문에 미래의 조직은 목적 지향적인 리더가 이끌어야 한다. 목적 지향 리더십은 회사의 성장과 성공으로 향하는 길을 안내하는 나침반이 된다. 목적 지향 리더십은 비전 리더십과 목적 리더십이라는 두 가지 중요한 차원으로 구성되며, 이 둘은 개발과 훈련이 가능하다.

우선 목적은 조직의 '비전'을 이루는 내용이 된다.[180] 목적이 명확하다면 달성하려는 대상을 상상해보기가 더 쉬울 것이다. 둘째, 명확한 목표가 있으면 추구하고자 하는 가치가 무엇이며 이를 삶과 직장에서 어떻게 표출할 것인지 결정하는 데 도움이 된다. 여러분이 추구하는 가치를 통해 사람들로 하여금 여러분이 비즈니스를 하는 방식과 타인을 대하는 방식, 더 구체적으로는 여러분의 '윤리적' 입장을 이해할 수 있게 하는 것이 중요하다.

비전 있고 윤리적인 리더로서 목적을 추구하기

비전 리더십이란

인간 직원과 알고리즘이 상호작용하는 방식으로 업무 환경이 변화되면 사람들은 일자리를 잃을까 봐 걱정할 수도 있고, 조직 자동화의 장기적 영향을 우려할 수도 있으며, 알고리즘의 조언을 참고해도 될지 확신하지 못하고 망설일 수도 있다. 바로 이런 순간 리더십이 필요하다. 알고리즘을 의사결정 과정에 통합한 효과를 보려면 사람들의 이해가 수반되어야 하기 때문이다. 리더는 조직의 비전을 잘 설명하여 알고리즘을 동료로 맞아야 하는 정당한 이유를 알려줄 수 있어야 한다. 리더가 제시하는 비전은 사람들이 새로운 여정을 시작했을 때 장차 보게 될 미래가 어떤 모습일지 묘사할 것이다.

자동화 시대에 이 새로운 여정이 지니는 특징은 인간과 알고리즘이 협력하여 공동으로 가치를 창조한다는 것이다. 그런데 이러한 협업을 실현하려면 직원들의 마음을 움직이고 역량을 길러야 한다. 비전 리더십이 그런 역할을 할 수 있다.[181] 비전이 있는 리더는 지금 일어나는 일을 보면서 그것을 앞으로 창출해야 할 가치와 연결해 사람들에게 활력을 불어넣는다.

비전은 사람들이 현재의 노력을 미래의 성취와 연결하도록 돕는다.[182] 그와 동시에 사람들은 이 변혁의 과정을 겪으며 무엇이 조직과 구성원에게 진정으로 중요한지 깨달을 수 있다. 현재와 미래를 연결하여 만들어내려는 가치가 매력 있게 느껴져야만 직원들은 변화의 여정에 참여하려 할 것이다.[183]

| 비전 능력을 개발하는 법

사람들이 자신의 직무에 상당한 시간과 노력을 투자해가며 리더가 정한 방향을 따르게 하려면 영감을 주는 비전이 존재해야 한다. 결국에는 사람들이 기여해야 리더십이 효과를 발휘할 수 있다. 자동화 시대에 리더가 조직을 효과적으로 이끌어가려면 인간과 알고리즘이 협업하는 비전이 직원들의 지지를 받아야 한다. 비전과 관련된 기술을 높이려면 무엇에 집중해야 할까?

만들고자 하는 가치를 인식하라

비전을 전달한다는 것은 현재 상황을 변화시킨다는 의미이므로 여러분은 자신과 타인을 위해 어떤 가치를 창출하고 싶은지 명확하게 설명할 수 있도록 스스로 훈련해야 한다. 리더가 선택한 방향이 사람들의 가치관에 비추었을 때 의미 있어야 한다.

사람들이 그런 가치에 주목하게 하려면 먼저 자신의 동기와 활력을 유지해야 한다. 사실 회복탄력성이야말로 변화를 주도하는 리더가 해결해야 할 큰 과제들 중 하나다. 그러므로 건강관리와 웰빙에 힘쓰고, 무엇보다 자신이 하는 일에 목적성을 부여하는 가치들을 지속적으로 육성하는 것이 중요하다.

여러분이 비전을 따라 선택한 방향성이 타인에게도 의미 있어야 한다. 앞으로 어떤 일들이 일어날지, 그런 결과를 얻는 것이 왜 중요한지 명확하게 소통하자. 비전을 제시하면서 모두가 참여해야 성공할 수 있다는 사실을 깨닫게 해주어야 한다. 여러분의 비전에 알고리즘을 동료로 포함시키는 것이 조직의 더 나은 성과를 위해서라는 사실을 직원들이 이해하는 것이 매우 중요하다.

매력적인 비전을 개발하고 전달하는 일은 분명 큰 노력이 드는 어려운 작업이다. 성공적인 비전 리더들은 시나리오 연습을 한다. 이는 비전을 전달할 다양한 방법을 구상하여 듣는 사람들이 그 비전을 여러분의 요청(예: 새로운 다양성 환경에서 일하기)과 연결 짓게 만드는 가장 효과적인 방식이 무엇인지 탐색하는 것이다.

용기 있게 무대를 꾸며라

비전 안에는 앞으로 가치를 창출하고 기존 업무 방식을 변화하는 데 도움이 되는 지침이 담겨 있다. 비전을 제시하는 태도가 때로 과하게 명료하고 단호하여 사람들이 자신의 안전지대에서 밀려난 느낌을 받을지도 모른다. 그러므로 비전 메시지를 작성하고 전달할 준비를 할 때는 신중하자. 현시점에서 잘못된 부분을 지적하여 문제의식을 느끼게 하는 것도 중요하지만, 사람들이 리더가 전달한 메시지를 진지하게 받아들이고 리더를 따라야 할 정당한 권위자로 여기도록 설득하는 것은 또 다른 문제이다.

여기서 두 가지 측면의 용기가 필요하며, 여러분은 양쪽 모두에서 모범을 보일 수 있어야 한다. 첫째, 사람들이 익숙하게 느끼는 것들에 도전하여 변화를 주도하는 용기가 필요하다. 둘째, 비전을 현실로 만들기 위해 끊임없이 노력하는 용기를 보여야 한다. 여러분이 자신의 비전을 소중히 여긴다면 이러한 단계를 수행하기가 더 쉬워질 것이다. 자신의 노력이 스스로에게 의미 있으니, 에너지가 소진되기보다는 활력을 얻을 테니까.

창조를 위해 소통해라

사람들이 여러분의 비전에 동참할지 여부는 전적으로 여러분의 소통 능력에 달렸다. 첫째, 소통을 할 때는 적절한 상황을 들어가며 변화가 필요한 '이유'를 설명할 수 있어야 한다. 문제가 어떤 맥락에서 발생했는지 알려줄 수 있다면, 왜 여러분의 비전이 미래에 필요한 가치를 창출할 수 있는지 설명하는 데 도움이 될 것이다. 여러분은 사람들이 가장 '관련성 높고 적합한 데이터'를 활용할 수 있도록 적절한 언어로 소통해야 한다. '관련성 높고 적합한 데이터'란 지금 어떤 일들이 일어나며, 그것이 우리 회사에 어떤 의미가 되고(가치), 미래에 어떤 일들을 수반하며(비전), 이 변화를 일으키려면 어떤 자원이 필요한지(직원)를 알게 하는 것이다.

자동화와 관련해 리더들은 비즈니스 여건상 알고리즘을 활용해야만 기업에 필요한 가치를 달성할 수 있다는 취지의 답변을 준비해둬야 한다. 그렇게 하지 않으면 알고리즘은 기회가 아닌 위협으로 인식될지도 모른다. 또한 새로운 다양성을 실천하려는 노력 속에서 '그들'보다는 '우리'를 더욱 강조하는 언어를 사용하는 것도 중요하다. 1장에서 언급했듯이 인간과 알고리즘은 아직 '우리 vs 그들'로서 상호작용하는 수준을 벗어나지 못했다. 이러한 사고방식에서 탈피하려면 서로 협력해야만 가치를 창출할 수 있다는 개념이 비전 안에 포함되어야 한다.

윤리적 리더십이란

목적을 좇는 리더십은 명확하고 구체적인 가치로부터 동기부여를 받는다. 따라서 목적 지향적인 리더들에게는 윤리의식이 있고, 도덕적인 판단과 결정을 할 수 있다. 윤리적인 면모를 보이는 리더는 직원들의 의욕과 참여도를 긍정적으로 고취할 수 있다. 여러분이 윤리적인 사람과 그렇지 않은 사람 중 누구를 더 따르고 싶은지 생각해보면 이해가 쉬울 것이다.

사람들은 윤리적인 리더가 진정성 있으며 필요시 자신의 책임을 인정할 정도로 믿음직스럽다고 보기 때문에, 그런 리더의 영향력이 더 클 수밖에 없다. 사람들이 리더를 깊이 존경하면 그들을 본보기로 삼아 더 책임감 있게 행동한다.

알고리즘은 이런 능력을 발휘하지 못한다. 알고리즘에게는 인간과 같은 가치관과 욕구를 바탕으로 소통할 능력이 없으며 인간의 마음을 감동시키는 윤리 가치들을 구현하지도 못한다. 간단히 말해, 알고리즘은 사람들에게 모범을 보여 윤리적인 사고방식을 이끌어낼 수 없다. 윤리적 리더십의 핵심 측면 중 하나가 바로 이렇게 솔선수범하는 능력이다. 윤리적인 리더는 직원들에게 윤리 지침을 제공하는 롤모델이 된다.[184] 사람들은 리더의 도덕적인 행동을 통해 배우며 올바르게 행동할 동기를 얻는다!

| 윤리의 복잡성 줄이기

지금까지 살펴본 내용을 고려했을 때 알고리즘은 윤리적 리더십에서 완전히 배제되어야 할까? 꼭 그렇지는 않다. 예를 들어 칸트의 '정언명령'은 사람들이 어떤 상황에서든 '거짓말을 해서는 안 된다'와 같은 절대 규칙을 따라야 한다고 명시한다. 분명 알고리즘도 그런 규칙에 근거하여 윤리적으로 판단하는 법을 배울 수 있을 것이다. 이는 윤리를 모든 상황에 적용되는 보편 원칙으로 간주해야 한다는 의미다.

그러나 알고리즘에 윤리를 적용하는 문제에는 몇 가지 위험 요인이 있다. 첫째, 알고리즘은 대체로 정해진 각본을 따라 윤리 판단을 하기 때문에 의사결정 방식이 기계적이며 고정적이다. 이런 유형의 윤리 의사결정을 받아들이는 것은 현실에서 발생하는 복잡한 윤리 문제를 처리하지 못하는 환원주의식 리더십 모델을 채택하는 것이나 다름없다.

무엇을 결정하는 상황에서든 이해 당사자들의 관점은 서로 다를 수 있고, 리더라면 그런 다양한 관점을 고려할 수 있는 섬세함을 지녀야 한다. 특히나 윤리 문제가 걸린 상황에서는 당사자들의 다양한 관심사와 우려를 인지할 수 있는 리더의 존재가 필요하다. 타인의 관심과 걱정에 정서적 공감대를 형성할 수 있는 능력이야말로 윤리적 리더를 뛰어나게 만든다. 그렇게 하면 심리적으로 안전하여 직원들이 용기 있게 목소리를 낼 수 있는 일터를 만들 수 있다.

합리적으로 의사결정 하는 능력만 가지고 윤리적 리더십을 달성할 수는 없다. 공감을 표하는 능력과 모든 관계자의 관심사를 수용할 수 있는 능력도 함께 필요하다.

| 자동화로 윤리 강화하기

자동화 시대에 윤리적 리더십이 해야 할 역할에 초점을 맞추면, 알고리즘이 윤리적 리더십을 대체할 수 없다고 말해도 무방할 것으로 보인다. 앞에서 설명했듯이 인간의 고유한 능력 중 하나는 공감과 배려를 바탕으로 윤리 판단을 하는 것이다. 이 고유한 특성이 없으면 윤리는 기계적으로 실천되고 결국에는 체크박스에 표시만 하면 되는 영역으로 전락해버릴 것이다. 윤리라는 가치는 그보다 나은 대접을 받아야 한다.

그런데 알고리즘은 무엇이 옳고 그른지 판단하는 과정에서 보조 역할은 할 수 있다. 알고리즘이 리더의 윤리적 선택 능력을 증대시킬 수 있다는 의미이다.

기업윤리학자들은 윤리적인 리더를 '도덕적인 사람'이면서 동시에 '도덕적인 관리자'라고 구분하여 정의했다.[185] '도덕적인 관리자'로서 윤리적 리더의 역할은 법률과 규정을 준수하고 윤리 기대치를 정하여 직원들이 충족하도록 만드는 것이다. 법을 지키고 목표를 달성했는지 여부는 객관적으로 확인할 수 있기 때문에 행정 관리에 잘 들어맞는다. 알고리즘은 윤리적 의사결정 과정의 관리 측면을 잘 처리할 수 있을 것이다.

윤리적인 리더가 '도덕적인 사람'이 되어야 한다는 요건에 관해서라면, 이야기가 달라진다. 윤리적인 리더는 사람들에게 동기를 부여하여 윤리적인 행동을 장려할 수 있다. 리더가 도덕적인 사람이라면 더욱 진정성 있게 사람들과 관계할 수 있을 것이다. 단순히 원칙만 지키는 알고리즘보다는 도덕성을 중시하는 사람으로 인식되는 리더가 사람들과 더 깊이 소통할 수 있는 것이 당연하다. 이처럼 알고리즘은 세상 모든 윤리 원칙을 합리적으로 분석할 수 있다 해도 그것을 바탕으로 다른 윤리 능력들을 발전시키지 못한다.

| 윤리적 리더십 능력을 개발하는 방법은 무엇일까?

현대 비즈니스 세계에서 윤리는 분명히 중요하다. 윤리적인 리더라면, 직원들이 올바른 행동 양식을 판별할 수 있을 정도로 윤리의식이 높은 문화를 구축하는 것을 주목표로 삼아야 한다. 어떻게 그런 영향력을 발휘할 수 있을까?

명확한 가치를 가져라

여러분의 가치관을 가장 잘 대변하는 것은 여러분의 행동이므로, 말한 것을 실천으로 옮겨야 한다. 사람들이 여러분의 행동에서 얻은 정보는 자연스럽게 그들의 뇌에서 여러분이 어떤 사람인지를 반영하는 데이터로서 분류된다. 그 과정을 거친 뒤에만 사람들은 누군가가 좋은 사람인지 나쁜 사람인지를 판단할 수 있다.

여러분이 사람들을 대하는 방식에 자신감과 일관성이 없으면, 따르는 사람들도 어떻게 행동해야 할지 갈피를 잡지 못한다. 그러면 사람들은 여러분을 도덕적인 사람으로 분류하지 못하고 여러분의 계획도 잘 따르지 않을 것이다. 리더들은 반드시 성찰의 시간을 가지면서 다음과 같은 질문들을 떠올려봐야 한다. 삶과 일에서 나를 움직이는 추진력은 무엇인가? 사람들에게 전하려는 가치에 비추어 봤을 때 그러한 추진력에 어떤 의미가 있을까? 리더 역할에서 이러한 가치를 따르고 실행함으로써 에너지를 얻을 수 있는 방법은 무엇일까?

규칙만이 윤리의 전부가 되게 하지 마라

사람들은 불확실한 비즈니스 환경에서 일하고 싶어 하지 않는다. 그래서 우리는 재빨리 규칙을 정해서 불확실성과 모호성을 줄이려고 한다. 확실히 규칙이 있으면 어떻게 행동해야 할지 판단하는 데 도움이 된다. 하지만 규칙이, 우리가 '최선의 모습'이 되도록 영감을 주거나 동기를 부여할 수 있을까? 아마 그렇지 않을 것이다.

왜 그럴까? 첫째, 규칙은 행동 방식을 정하는 데 도움이 되지만 대체로 대응적인 성격이 강하다. 무언가 잘못된 뒤에야 시행되는 경우가 많다는 의미다. 따라서 도덕적 나침반으로서 규칙을 사용하는 것은 윤리상의 오류가 발생하는 상황을 예상하거나 이해하지 못하는 방식이다. 문제를 예방하지 못하고 뒤늦게 대응하는 것만 가능할 것이다. 이런 방식은 옳고 그름에 관한 직관력을 기르는 데 도움이 되지 않으며, 결국 윤리적 판단 능력의 발전을 저해한다.

둘째, 우리는 사람들이 언제나 합리적으로 행동하리라고 예측할 수 없다. 오히려 비합리적이라고 생각하는 편이 더 정확할 것이다.[186] 인간은 자신이 가진 지식을 바탕으로 최선의 행동 전략을 찾는 대신 감정의 방해를 받는다. 그 결과 데이터를 체계적이고 논리적으로 처리하지 못하며, 합리성을 바탕으로 한 예측과는 전혀 딴판으로 행동한다.

이 두 가지 이유를 고려했을 때 '규칙을 지침 삼아 윤리적 판단을 내린다'는 개념에는 분명 오류가 있다. 규칙에 아무런 쓸모가 없다는 뜻은 아니다. 다만 그것만으로는 충분하지 않다. 그러므로 알고리즘이 따르는 불충분한 규칙이 인간의 윤리 판단을 대체해서는 안 된다. 양쪽이 모두 필요하다.

조직의 윤리 질서를 위해 규칙을 이용할 수는 있지만 그것이 사람들의 도덕 판단력을 흐리게 해서는 안 된다. 따라서 리더는 명확한 규칙을 세우는 것 외에도 자신이 대표하는 회사의 윤리 기준과 기대치를 함께 논의해야 한다. 그렇게 하면 사람들은 윤리 문제를 맞닥뜨렸을 때 참고할 규칙이 없더라도 스스로 올바른 판단을 내릴 수 있는 능력을 갖출 것이다.

자유롭게 발언할 수 있는 문화를 만들어라

어떤 비즈니스 결정을 직원들이 정당하다고 인식한다면 그 결정이 불러올 윤리적 영향을 더 수월하게 따져볼 수 있을 것이다. 직원들에게 목소리를 낼 기회를 주어야 이러한 참여를 이끌어낼 수 있다. 회사 운영 방식에 관한 발언권을 부여하면 직원들의 성과가 향상되는 것은 물론 윤리 문화 구축이라는 측면에서도 효과가 좋다.

발언권을 부여하면 윤리적인 직장 문화 구축에 없어서는 안 될 요소인 신뢰와 개방성을 높일 수 있다. 예를 들어 직원들이 의심스러운 비즈니스 관행에 우려를 표현한다면 이 회사는 윤리의식이 높은 것이다. 윤리의식이 높을 때의 이점은 회사가 우선시하는 가치를 모든 이들이 이해하고 공유하도록 할 수 있다는 것이다. 또한 사람들이 윤리적 실패와 오류에 관해 서로 논의하고 최대한 빨리 해결책을 강구할 수 있는 문화를 조성하는 데에도 도움이 된다.

직원들이 규칙을 준수하도록 강력하게 규제하려면 모니터링 시스템에 상당한 비용을 들여야 한다. 자유로운 의견 개진이 가능한 문화를 조성해서 심리적 방식으로 접근하면 모니터링 시스템보다 훨씬 경제적으로 직원들의 윤리의식을 제고할 수 있다.

온정을 베풀어라

사람은 언제든 실패할 수 있다. 실패가 인간 경험의 한 부분을 차지한다는 말에는 논란의 여지가 없다. 그런데 우리는 실패가 자신의 일부라는 점을 인정하면서도 자신이나 타인의 실패를 혐오한다. 그런 현상 자체가 잘못된 것은 아니지만, 그 혐오감이 실패를 근절하기 위한 시스템 또는 사회를 만들어낼 동기가 되는 것은 문제가 될 수 있다. 인간의 본성을 고려했을 때 그러한 관행에는 위험이 따른다.

우리는 누군가가 발전하려면 배울 수 있어야 한다는 것을 안다. 배움이 시작되려면 여전히 실패 가능성이 존재한다는 것과 실패가 일어난 이유를 이해할 시간과 노력이 용인되어야 한다. 리더가 직원들의 윤리의식을 높이려 할 때도 같은 과정이 필요하다. 사람들이 실패했을 때 윤리적인 본보기를 보여줄 인간 리더가 없다면 그 조직에는 제대로 된 윤리의식이 없다고 봐도 무방하며, 사람들은 실패로부터 배우지 못할 것이다. 윤리적 판단력을 가다듬고 발전시키려면 자신의 행동을 교정할 수 있도록 실패가 일어난 이유를 파악해야 한다. 하지만 알고리즘은 그렇게 할 준비가 되어 있지 않다. 다른 직원들과 소통하면서 윤리의식이 있는 문화를 세울 수도 없고, 충분히 시간을 들여 반성하는 과정을 통해 배우는 것도 불가능하다.

목적 지향적인 리더십의 이점

자동화가 점점 확대되는 비즈니스 세계는 목적 지향적인 리더십을 요구한다. 그 이유는 다음과 같다.

┃ 데이터 우선순위 설정

오늘날 기업은 다양한 출처에서 얻은 데이터를 취합하는 데 열심을 쏟는다. 예를 들면 소셜미디어에서 얻은 데이터를 인사 관리 데이터에 결합하여 활용하는 식이다. 회사 내에서 직접 얻을 수 있는 전통적인 데이터와 온라인 데이터를 한데 모으면 그중에는 정형 데이터도 있고 비정형 데이터도 있을 것이다. 정형 데이터란 정해진 형식이나 구조에 따라 체계화된 데이터이며, 비정형 데이터는 동영상이나 오디오 파일 등과 같이 정해진 형식과 구조가 없는 데이터를 의미한다. 이 방대한 데이터를 어떻게 검토해야 할까? 지금 당면한 문제의 답을 찾으려면 어떤 데이터를 활용해야 할까?

선택을 하기 위해서는 자신이 리더로서 어떤 종류의 가치를 만들고 싶은지 잘 알아야 한다. 조직의 목적은 무엇이며, 그것이 다양한 이해관계자에게 가치를 창출하는 문제에서 어떤 의미가 될까? 이런 질문들에 명확하게 답할 수 있다면 가장 관련 깊은 데이터를 선별하는 데 도움이 될 것이다.

| 올바른 전략을 위한 올바른 질문 구성

가장 관련성 높은 데이터를 골랐다면 이제는 어떤 질문에 답을 해야 하는지 알아야 한다. 데이터에게 무엇을 물어봐야 할까?

올바른 질문에 답할 수 있다면 올바른 전략을 개발할 수 있을 것이다. 적절한 질문들의 답을 찾다 보면 조직의 목적을 달성하기 위해 어떤 조치가 필요한지 알아낼 수 있다. 회사가 처한 구체적인 상황에 들어맞는 조치를 식별하여 그것들을 토대로 전략의 상당 부분을 수립할 수 있을 것이다.

| 데이터 분석 방법에 맞는 초점 제공

필요한 질문들을 식별하여 초기 분석을 마치고 나면 예상치 못한 문제를 맞닥뜨리기도 한다. 이런 순간, 조직의 목적이 우리를 안내하여 새로운 과제에 주목하게 하고 지금까지 사용해온 데이터 접근 방식을 재점검하게 한다. 그 과정에서 예전에는 관련성이 없다고 생각했던 데이터가 최선의 전략을 찾는 데 쓰이기도 한다. 회사 내에 데이터가 두루 공유되는 일은 중요하다. 데이터 과학자들뿐만 아니라 모든 부서에 데이터 접근 권한이 부여되어야 한다. 새로운 도전 과제가 나타났을 때는 그것을 바라보는 신선한 시각이 필요하기 때문이다. 데이터 과학자들은 다양한 부서의 관점을 참고하여 문제 해결에 도움을 얻을 수 있다.

▎새로운 비즈니스 요구를 조직 가치와 연결하여 관련성 있는 전략 세우기

비정형 데이터에서 예상치 못한 추세에 관한 정보를 얻거나 당초 비즈니스 모델에 포함되지 않았던 새로운 요구 사항을 알아낼 수 있다. 통계 분석 기업 SAS에 따르면 이렇게 새로 얻은 자료는 성공적인 전략 모색에 직접적으로 기여할 수 있다.

그런데 비정형 데이터는 불확실성을 야기하기도 한다. 예를 들어 어떤 방식으로 분석해야 할지 판단하기가 애매하다. 따라서 사실에 입각한 의사결정을 하려면 적당한 지침이 필요하며, 이를 제공할 수 있는 것은 목적 지향적인 리더십이다.

비정형 데이터를 사용하는 경우 '기업의 전략'이라는 렌즈를 통해 데이터를 해석할 방식을 결정하고, 조직에 필요한 가치를 창출할 줄 아는 리더십이 필요하다.

▎데이터를 수집하고 분석하는 이유를 명확하게 설명하기

누군가의 데이터를 수집하고 분석하는 것은 사생활 침해로 간주될 수 있다. 데이터 전략을 당사자들이 자신을 통제하는 수단으로 인식할 수 있다는 위험은 늘 존재한다. 따라서 사람들에게 개인 데이터를 요청할 때는 조직이 창출하고자 하는 가치에 맞는 명확한 이유를 설명하는 것이 중요하다.

그렇게 하지 않으면 데이터 수집이나 분석은 더 큰 가치를 달성하기 위한 수단이 아니라 그 자체가 목적으로서 인식될 것이다. 목적 지향적인 리더십으로 데이터 과학자들의 목표가 무엇이며 그들의 전문성이 조직의 가치에 어떻게 기여할지를 설명할 수 있어야 한다. 조직의 목적과 관련하여 내부적인 공감대가 형성되고 그것을 토대로 데이터 사용 방식을 이해시켰을 때 가장 효과적으로 사람들의 협조를 이끌어낼 수 있을 것이다.

포용적 리더십의 중요성

알고리즘이 노동력의 일부가 되면 새로운 다양성 환경이 만들어질 것이다. 이러한 환경에서 인간과 기계는 최선의 가치를 위해 인간 능력을 증대시키는 것을 목표로 협력해야 한다. 그런 결과를 얻으려면 리더가 모두를 협동 정신으로 단결시킬 수 있어야 한다.

인간과 알고리즘의 협력관계를 구축하려면 포용적인 업무 환경을 조성해야 한다. 그러려면 공공의 이익을 지향하고 팀원 각자의 잠재력을 활용하여 부가가치 창출을 꾀하는 리더가 필요하다.

포용적 리더는 권력이나 영향력을 행사하는 데 관심을 두는 것이 아

니라, 모두가 집단의 노력에 함께 참여할 수 있는 환경을 만드는 데 집중한다.[187]

포용적 리더는 모든 구성원의 참여를 장려하는 근무 환경을 촉진하려 힘쓴다. 물론 이러한 수준의 참여를 이끌어내려면 리더가 새로운 다양성 개념을 수용하고 적극적으로 지지한다는 사실을 보여주어야 한다. 또한 인간과 알고리즘 사이에 유대감을 구축하는 일도 필요하다.

알고리즘을 쓰는 목적은 인간의 기술을 증대하는 것이므로 기계적으로 설계한 각본에 따라 억지로 유대감을 유도하지 않는 것이 중요하다. 포용적 리더는 인간과 알고리즘을 향한 신뢰와 존중을 높인다. 포용적 리더십의 목표는 직원들이 기술의 다양성을 인정하고, 다음 그림과 같이 여러 관점을 통합하여 새롭고 가치 있는 결과를 창출하도록 동기부여하는 것이다.

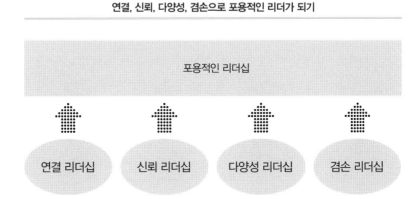

연결, 신뢰, 다양성, 겸손으로 포용적인 리더가 되기

연결 리더십이란

리더는 어느 때 유능하다고 말할 수 있을까? 개인의 성과가 중요할까, 아니면 타인으로 하여금 성과를 내게 하는 능력이 중요할까?

이제 여러분은 후자가 옳다는 사실을 분명히 알 것이다. 리더십은 변화의 '원동력'이 되어야 한다. 비즈니스 혁신을 성공으로 이끌자면 집단적인 움직임이 필요하다. 리더가 나서서 사람들이 구체적인 방향으로 움직이도록 동기를 부여하고 영감을 주면 변화가 일어나기 시작한다. 그러므로 집단에 영감을 불어넣을 수 있는 리더가 유능하다는 평가를 받는다.

유능한 리더는 타인과 연결될 수 있어야 한다. 리더는 시간, 에너지, 자원을 들여 양질의 관계를 쌓도록 노력해야 한다. 일단 관계가 구축되면 들인 투자에 상응하는 보상이 따르기 마련이다. 무엇이 사람들을 움직이게 하는지 알아야 관계를 잘 쌓을 수 있다. 사람들의 욕구는 무엇이며, 어떤 목표를, 왜 달성하고 싶어 할까?

진심 어린 의사소통이 자주 이루어질수록 사람들은 마음을 더욱 활짝 연다. 그러므로 포용적인 리더는 훌륭한 의사소통자이며 동시에 경청자이기도 해야 한다. 경청은 거리감을 없애고 사람들을 가까워지게 하므로 리더십의 필수 요소가 된다. 화합을 유도하고 유대감을 느끼게 해주는 리더는 모든 구성원의 연결을 강조하는 포용적 언어를 사용한다.[188] 이 지점에서 여러분은 이런 생각을 할 수도 있다. '포용적인 리더가 사람들을 연결할 수 있다면, 그저 조용히 있으면서 반론이 있어도 가만히 듣기만 해야 한다는 뜻일까? 그건 너무 소극적인 자세가 아닐까?'

나는 다음의 이유로 그렇지 않다고 주장할 것이다.

사람과 사람을 연결하려면 그들을 소통으로 하나가 되게 하는 공통 주제 플랫폼이 있어야 한다. 플랫폼의 장점은 누구나 정보를 얻을 수 있게 해준다는 점이며, 사람들이 공통 주제에 관해 대화를 시작하고 소통하기만 하면 관계가 만들어지기 시작할 것이다. 플랫폼 구축 작업에 들어가기 전에 먼저 할 일이 있다. 사람들이 공통적으로 관심을 가지는 주제나 이야깃거리를 찾아야 한다. 이런 정보는 어디에서 얻을 수 있을까?

그렇다. 질문을 해야 한다. 그런 뒤에는 상대를 방해하지 않으면서 귀를 기울일 준비를 해야 한다. 아니면 더욱 간단하게, 사람들끼리 관심 있는 주제에 관해 진솔하게 이야기하는 것을 듣고 있기만 해도 된다. '듣기'는 대부분의 사람이 생각하는 것보다 더 포괄적인 행동이며 결코 수동적인 행위가 아니다. 정보를 수집하고 종합하여 사람들의 공통점을 찾아내고 강력한 사회관계를 구축하려 노력하는 과정이다.

경청을 통해 무엇이 사람들을 화합하게 하는지 알아낸 뒤, 리더는 다음 단계로서 사람들을 연결하여 하나로 모으고 그들을 움직여야 한다. 이 단계에서도 의사소통이 중요하다. 유대감이 형성되고 나면 리더들은 사람들을 목적에 맞는 업무에 동원할 수 있어야 한다.

그럴 때 필요한 것은 리더를 지지하도록 집단의 마음을 움직일 수 있는 명확하고 전염성 있는 메시지다. 이런 의사소통 능력은 비전 리더의 자질과도 밀접하게 관련 있다. 비전 있는 리더는 설득력 있는 화법과 스토리텔링의 힘을 통해 사람들을 연결하고, 결국에는 일을 시작하도록 집단을 고취한다.

| 연결 능력을 개발하는 법

데이터 공유의 필요성이 증가하면서 조직의 각 부서는 더 이상 고립된 상태로 일할 수 없게 되었다. 조직 전체의 데이터 투명성을 확보하려면, 모든 그룹을 효과적으로 연결하고 한데 모을 수 있는 능력이 리더에게 있어야 한다. 연결 능력이 있는 리더들은 다음의 특징을 지닌다.

먼저 경청한 뒤 이야기한다

부서 간 연결이 빛을 발하려면 모든 사람에게 참여 기회가 있고 각자 기여한 만큼 인정받을 수 있어야 한다. 따라서 리더십은 이런 형태의 지식이 적극적으로 수집되고 공유되도록 할 규범을 마련해야 한다. 사람들이 서로 경청하면 지식 공유가 원활해진다. 오직 그럴 때 소통이 시작되고 숨겨졌던 정보가 드러날 기회가 생긴다. 얻고 싶은 정보가 있다면 대화가 시작될 것이다. 사람들은 서로 아는 부분을 이야기하며 각자의 지식을 통합하고 성과를 높일 동기를 얻을 수 있다. 이러한 말하기와 듣기의 상호작용 속에서 포용적인 리더십과 목적 지향적인 리더십이 함께 힘을 발휘할 것이다.

서로 다른 시각의 중요성을 강조한다

경청하는 태도가 있다는 것은 상대방의 입장에서 생각한다는 뜻이다. 타인과 관점이 같지 않더라도 그 사람의 입장에서 생각하려는 강한 의지가 있다면 공감의 반응을 일으킬 수 있다. 상대의 시각으로 보면 그 사람이 말하는 내용이 무엇이며 그것이 상대에게 왜 중요한지를 인지적으로 이해하는 데 도움이 된다. 공감이란 상대방이 어떤 말을 하게 된 원인이 무엇인지 정서적으로 느낄 수 있는 능력이다. "그랬군요"나 "그 심정 이해해요" 같은 표현이야말로 유대감을 이끌어내는 최고의 전략이 아닐까?

피드백을 장려한다

서로 다른 당사자들을 하나로 모으는 일이 일회성으로 끝나서는 안 된다. 유대감이 형성된 뒤에는 장기적 관계를 목표로, 지속적인 성장을 촉진하고 시간에 따라 더 큰 가치를 창출하도록 해야 한다. 따라서 양쪽이 서로를 이해하는 것은 물론 상대와 관련된 지식을 지속적으로 보강할 수 있어야 한다. 그러니 사람들을 연결할 때는 각 당사자가 피드백을 주고 받는 절차를 마련하자. 피드백은 상대를 더 깊이 이해하여 깊은 유대감을 형성하게 하는 학습 도구이다. 피드백은 잘못된 부분을 수정하거나 기존 방식의 효과를 높이는 데 유용하다.

신뢰 리더십이란

사람들이 어느 팀에 합류했을 때 신뢰가 존재한다는 것을 느낄 수 있다면 더 원활하게 타인과 교류할 수 있다. 신뢰는 다양한 당사자 간의 협력과 조화를 촉진하는 사회적 윤활유이자 접착제이다. 그런데 사람들은 이 지식을 너무 당연하게 여긴 나머지 계속해서 신뢰를 쌓고 유지해야 한다는 걸 잊는다. 신뢰가 사라지고 나서야 포용적인 업무 환경의 긍정적 요소들이 전부 없어져버렸다는 것을 깨닫는다. 투자의 귀재 워런 버핏은 이렇게 말했다. "신뢰는 우리가 숨 쉬는 공기와 같다. 곁에 있을 때는 아무도 알지 못하지만, 사라진 뒤에는 모두가 알아차린다."

우리는 신뢰가 사라지고 나서야 허둥지둥 조치를 취하려 하지만, 이는 불신에 효과적으로 대처하는 방법이 아니다. 차라리 리더는 어느 일을 하든 신뢰 먼저 구축해야 한다고 생각하는 편이 낫다. 세월이 흐르면서 더욱 헌신적이고 포용적인 팀을 만드는 비결이 바로 신뢰이기 때문이다. 다르게 표현하면, 리더는 신뢰 구축의 문제를 타인에게 맡길 수 없으며 스스로 책임져야 한다는 사실을 깨달아야 한다.

이런 현실을 고려할 때 리더에게는 신뢰를 쌓는 기술이 필요하다. 인생의 여러 일과 마찬가지로 그 기술을 얻는 시작점은 신뢰가 무엇인지 이해하는 것이다. 일반적으로 사회과학에서 신뢰를 정의할 때는 신뢰 과정의 주관적 특성, 즉 사람들이 서로를 향해 갖는 믿음과 기대에 초점을 맞춘다. 흔히 "신뢰는 보는 사람의 눈에 달려 있다"라고들 말하는 것은 그래서다.[189]

이러한 생각은 신뢰 행동을 나타내는 방식에도 영향을 미친다. 사회과학자들이 가장 흔히 사용하는 신뢰의 정의는 '타인의 의도나 행동을 향한 긍정적 기대를 바탕으로 기꺼이 취약성을 감수하는 심리 상태'이다.[190] 사람들은 상대가 유능하고 정직하며 자신을 이용할 의도가 없다고 믿을 수 있을 때 약한 부분을 드러내는 위험을 기꺼이 감수할 것이다. 누군가의 앞에서 약해질 수 있다면 사람들은 더 긍정적으로 행동할 것이다. 오랜 기간에 걸친 수많은 연구에 따르면, 직원들이 서로 신뢰하기 시작했을 때 그들이 협력하고 정보를 공유하며 자신의 일과 대인관계에서 행복과 만족을 느낄 가능성이 많아졌다.[191][192]

| 신뢰 쌓기는 리더와 함께 시작된다

포용적인 업무 문화가 신뢰관계의 존재 유무에 달렸다면, 리더는 자신이 신뢰할 만한 사람이라는 신호를 행동으로 보여줄 수 있어야 한다. 회사 전체에 신뢰 분위기를 심어주는 역할은 리더의 몫이다. 기억하겠지만 신뢰 문제는 다른 누구에게도 맡길 수 없다! 그런데 현실에서 신뢰 쌓기 과정을 누가 시작해야 하는가의 문제는 그리 녹록하지 않다. 타인에게 이용당할지 모를 위험을 자진해서 감수하려는 사람들은 극소수이기에, 모두 누군가가 첫걸음을 내딛기만을 기다리곤 한다.

아무도 첫걸음을 내딛지 않으면 모니터링과 같은 제3자 통제 시스템에 희망을 걸기도 한다. 감시 시스템이 있으면 사람들은 자신이 이용당하지 않겠지 안심할 수 있다. 그러나 이것은 우리가 말하는 진정한 신뢰, 곧 포용적인 리더가 원하는 신뢰가 아니다.

물론 우리는 통제 시스템 자체의 확실성과 정확성을 믿는다. 하지만 시스템이 있다고 해서 타인의 행동도 신뢰할 수 있는 건 아니다. 통제 시스템은 사람들의 비협조적인 행동을 감시하고 심지어 처벌하기 위해 사용된다. 사람들은 처벌이 두려워 서로 협업할 것이다. 정말 같이 일하고 싶어서가 아니라 강요받았기 때문에 그렇게 한다. 통제 시스템이 존재할 때 우리는 타인의 속마음을 전혀 알 수 없으며, 이는 신뢰 쌓기에 걸림돌이 된다.

포용적 리더십에는 사람들을 하나로 묶는 능력, 집단으로 모인 다양한 개인들로 하여금 가치를 창출하게 하는 능력이 요구된다. 그렇게 하려면 사람들이 진심으로 서로에게 관심을 갖고 상대를 신뢰할 수 있어야 한다. 여기에는 통제 시스템이 말하는 신뢰와는 다른 종류의 신뢰가 필요하다. 사람들이 기꺼이 취약성을 드러내고 공유 가치, 존중, 협력 의지를 바탕으로 관계를 쌓도록 하는 신뢰 말이다. 개개인이 모인 집단에 이런 신뢰 관계가 구축되려면 리더가 솔선수범하여 행동을 보여야 한다. 우리는 뛰어난 리더들이 모범을 보이는 방식으로 사람들을 이끈다는 사실을 안다. 리더인 여러분이 마땅히 해야 할 행동을 보여주면 다른 이들도 본보기를 따라 같은 마음가짐을 가질 것이다.

그렇다면 리더들은 어떤 방식으로 신뢰의 본보기가 될까? 위험한 상황에서 다른 사람들을 신뢰함으로써 자신의 취약성을 내보이는 것이다. 리더가 기꺼이 타인을 신뢰하면 대부분이 그에 보답한다는 사실이 연구를 통해 밝혀졌다.[193] "신뢰가 신뢰를 낳는다"라는 말처럼 말이다. 여러분은 리더로서 사람들이 조직 안에서 어떻게 행동해야 하는지 기준을 제시해야 한다. 사람들이 기본적으로 서로 신뢰하고 협력하는 업무 환경을 조성해야 한다. 물론 신뢰가 쌓이기 시작하면 그것을 더 가다듬고 발전시키는 과정도 필요하다.

| 신뢰를 키우는 기술

지속적으로 신뢰를 쌓아가려면 어떻게 해야 할까? 사람들에게 신뢰할 만한 사람으로 인식되어야 한다.[194] 신뢰란 보는 이의 눈에 달려 있다는 사실을 잊지 말자. 사람들이 여러분을 신뢰할 만한 사람으로 볼 수 있다면 진정한 신뢰 구축자로도 인식할 수 있을 것이다. 또한 신뢰도는 조직 안에서 여러분의 평판을 가늠하는 척도가 되기도 한다. 신뢰도를 높이고 유지하는 것은 기본적으로 누구에게나 유익한 일이다. 그렇게 할 수 있는 마법의 공식은 무엇일까?

연구에 따르면 신뢰에는 세 가지 중요한 요소가 존재한다. 첫 번째는 여러분의 '유능함'에 관한 정보이다. 사람들은 여러분이 일을 잘 해낼 정도로 유능할지 궁금해한다. 리더로서 여러분은 성과를 달성하고 다른 사람들의 현황을 파악할 수 있으리라는 기대를 받는다. 물론 유능함은 특정한 전문지식과 관련 깊기 때문에 구체적인 영역에만 적용된다. 건강 분야의 전문가인 의사가 자동차를 수리하는 일에도 전문가일 것이라고는 기대하지 않는다는 뜻이다. 또한 유능함이란 유연한 개념이다. 인간은 학습으로 능력을 키울 수 있으므로 누군가에게 당장은 필요한 능력이 없더라도 훈련과 교육으로 문제를 해결할 수 있다고 믿는다. 유능함과 관련된 정보는 대체로 금방 파악할 수 있다.

신뢰의 두 번째 요소인 '진실성'은 파악하는 데 시간이 더 오래 걸린다. 진실성은 우리의 가치관과 정의감을 가리킨다. 진실한 리더는 목적 지향적이며 자신이 추구하고자 하는 가치가 어떤 것인지 잘 안다. 특이하게도 진실성은 유능함과는 달리 유연한 개념이 아니다. 누군가 정의의 기준을 어기고 부정직하게 행동하면 우리는 곧장 그 사람이 나쁘다고 확신해버린다.

부정적인 인식은 한 번 생기면 여간해서 바꾸기가 어렵다. 우리는 '한 번 나쁜 사람은 영원히 나쁜 사람'이라는 공식을 고수하곤 한다. 이렇게 유연성이 없는 이유는 타인을 대하는 행동에 그 사람의 원칙이 녹아들어 있다는 믿음 때문이다. 여러분이 안 좋은 행동을 하면 사람들은 여러분이 곧 그런 종류의 인간이라고 생각할 것이다. 리더들은 말한 것을 실천으로 옮겨야 한다. 행동이 일관되지 않으면 진실성이 의심받는다.

마지막으로 신뢰에 관한 인식을 형성하는 세 번째 요소는 '자애로움'

이다. 사람들은 자애로운 리더가 다른 사람의 이익을 돌볼 줄 안다고 믿으므로, 자애로움은 긍정적이고 건강한 관계의 발전을 뒷받침한다. 자애로운 리더는 모두의 이익에 초점을 맞추기 때문에 사람들이 더욱 가까워지고 돈독한 관계를 쌓게 하는 사회적 접착제 역할을 한다.

| 신뢰도를 높이는 방법

신뢰할 만한 리더는 사람들이 다음과 같이 생각하도록 행동한다.

우리의 리더는 유능한 사람이다

리더는 기대에 부응할 수 있다는 신뢰를 받아야 한다. 그런 평가를 받는 가장 직접적인 방법은 결정한 내용을 수행하고 성공적으로 목표를 달성하는 모습을 보여주는 것이다. 성과는 상황적 요구에 좌우되는 경우가 많으므로 자동화 환경에서 리더는 당면한 기술 과제를 이해하고 해결법을 제시할 수 있어야 한다. 다만 지키지 못할 약속은 하지 말아야 한다. 약속은 듣기에는 좋아도 기대치를 높이기 마련이다. 약속을 이행하지 못하면 신뢰도 얻지 못할 것이다.

리더는 자신에게 충분한 기술 지식이 있으며 그 지식을 바탕으로 올바른 전략적 결정을 내릴 수 있다는 사실을 보여야 한다. 다시 말하지만 리더들이 개발자가 되어야 하는 것은 아니다. 그러나 오늘날 우리가 목도하는 기술혁명이 초래하는 문제들을 인식할 수는 있어야 한다. 전문 팀들을 한데 모아 최적의 방식으로 데이터를 활용하여 가치를 창출하는 것이야 말로 21세기 리더가 유능함을 증명하는 방법이다.

예를 들어 리더가 투명하고 효과적인 방식으로 데이터 과학자들을 인사나 재무 팀과 연결해줄 수 있다면 디지털 혁신 전략의 성공률을 높이는 데 도움이 될 것이다. 데이터 과학자 팀은 동료들이 정보를 디지털화하는 방법을 찾도록 도울 것이다. 마찬가지로 다른 팀들은 무엇이 필요한지 정보를 제공하여 데이터 과학자들이 더욱 사용자 친화적인 디지털 환경을 설계하도록 도울 수 있다. 마지막으로 성공이란 단번에 얻을 수 있는 것이 아니므로 리더가 어떤 방식으로 도전 과제를 해결하고 있는지 여러 관계자에게 정기적으로 알리는 것도 중요하다. 사람들에게는 최종 결과만을 보고 누군가가 유능한지를 판단하려는 경향이 있지만, 진행 경과를 공유함으로써 여러분의 능력에 관해 긍정적인 인상을 심어줄 수 있을 것이다.

우리의 리더는 진실한 사람이다

리더가 정직하고 올바른 가치관을 지닌 사람으로 인식되는 것은 굉장히 중요하다. 자동화 업무 환경에서 데이터 수집은 아주 민감한 문제이므로 더욱 그렇다.

'데이터는 왜 수집되고, 어떻게 사용되며, 개인정보가 보호될 수 있을까?'

사람들이 기술의 사용과 목적과 관련하여 정보를 얻을 수 있도록 정직하고 공개적으로 의사소통하는 것은 진실성을 높이는 행동이다. 말을 행동으로 실천하는 것도 중요하다. 사람들은 여러분이 약속한 내용과 행동이 일치하기를 기대한다. 기대치를 세워놓고 부응하지 못한다면 사람들은 여러분의 진심이나 약속을 미더워하지 않을 것이고, 평판이 심각하게 손상될 것이다. 마지막으로 진실한 사람에게는 타인을 존중하는 자세가 있다. 사람들은 성과와 상관없이 그들을 고유한 능력을 지닌 인간으로 대하는 리더를 신뢰한다. 리더들은 과정(사람들을 대하는 방식)과 결과 (사람들에게 보상하는 방식)를 구별함으로써 타인의 가치를 존중하고 귀중 하게 여기는 면모를 보여줄 수 있다.

우리의 리더는 자애로운 사람이다

궁극적으로 사람들은 자신의 이익이 돌봄과 보호를 받는다고 느끼고 싶 어 한다. 리더들은 일터에서 어려움을 겪는 직원들을 어떻게 보살피고 지원하느냐에 따라 평가받을 것이다. 특히 빠르게 발전하는 자동화 업무 환경에서 직원들은 안정감을 원한다. 기술의 영향력이 늘어났다고 해서 인간을 향한 관심을 소홀히 해도 되는 것은 아니다. 오히려 정반대다! 더 많은 시간과 노력을 들여서라도, 깨어 있는 리더라면 사람들을 돌아볼 준비가 되어 있어야 한다.

많은 디지털 혁신 실패 사례에서 볼 수 있듯이 새로운 기술을 구현하 는 과정은 완벽과 거리가 멀다. 리더는 디지털 혁신 과정이 쉽지 않고 때 로는 좌절을 일으키기도 한다는 점에 공감을 표현함으로써 직원들의 삶 을 변화시킬 수 있다.

우리의 리더는 투명하게 소통하는 사람이다

변화가 시작되면 일이 진척되는 속도가 빨라지고 복잡성도 늘어난다. 이 변화 과정에서 리더는 반드시 투명하고 명확한 커뮤니케이션을 이루어 야 한다. 오늘날 데이터 중심 조직들에게 투명한 소통의 중요성은 늘어 만 간다. 어떤 데이터를 사용할 수 있으며 그것을 가지고 어떤 작업을 수 행할 수 있는지 모두가 알 수 있게 하려면 한층 높은 수준의 데이터 투명성 감각이 필요하다.

오늘날 기술혁명은 더욱 개방적이고 분산된 업무 방식을 요구하며, 직원들은 끊임없이 늘어나는 데이터가 중앙에 집중돼 소수의 관리자만 통제하게 되는 상황을 받아들이지 않는다. 21세기에는 누구나 자유롭게 데이터에 접근하고 이용할 수 있는 '오픈 액세스'(open access) 정책으로 투명성을 향상시켜 신뢰를 구축해야 한다. 데이터 투명성이 낮으면 조직의 진실성이 곧바로 의심받고 불신이 생긴다.

다양성 리더십이란

사람들을 하나의 그룹으로 모으면 개개인의 공통점과 차이점이 여실히 드러난다. 차이점이란 분열을 조장하는 요소로 봐야 할까, 아니면 집단에 가치를 부여하는 요소로 봐야 할까?

후자가 맞다. 차이는 다양성이라는 가치를 제공한다. 사회와 조직들은 다양성이 존중받아 마땅한 중요한 가치라고 강조한다. 포용적인 리더는 다양성의 가치를 인식하고, 다양한 관점을 활용하여 비전을 달성하며 더 큰 가치를 창출한다.

| 다양성 큐레이터

상이한 관점을 이해하는 능력이야말로 미래에 가장 필요한 기술일지도 모른다. 런던경영대학원 교수이자 경영학 권위자인 린다 그래튼(Lynda

Gratton)은 미래에 다양성 큐레이터라는 직업이 생길 것이라고 말했다. 이 직업의 역할은 적극적으로 새로운 관점을 모색하고, 실험과 실패에서 교훈을 얻어 조직의 효율과 적응력을 높이는 것이다. 리더가 인간과 알고리즘의 역량을 키우고 양쪽의 노력을 합쳐 가치를 창출해야 한다는 사실을 고려했을 때 이러한 직업의 필요성은 수긍할 만하다.

포용적 리더십은 리더가 다양성을 끌어안을 것을 요구한다. 포용적인 리더는 다양성을 약점이 아닌 강점으로 바라볼 수 있기 때문에 다양성을 실험하고 그로부터 배울 수도 있을 것이다. 이 과정은 강력한 '다양성 신념'을 낳는다. 다양성이 집단에 갈등뿐만 아니라 유익함을 가져다줄 수 있다는 인식이 다양성 신념이다.[195] 이러한 인식은 다양성이 포용성을 촉진한다는 믿음으로 이어진다.

| 실험과 실패

리더의 역할은 이러한 신념과 함께 끝나지 않는다. 추가적인 조치가 필요하다! 그런 의미에서 다양성이 집단에 긍정적·부정적 결과를 모두 가져올 수 있다는 사실을 유념하자.

포용적인 리더로서 여러분은 적극적으로 다양성을 실험하고 실패에 대처할 능력을 갖춰야 한다. 중요한 것은 실패가 일어나더라도 다양성을 포기하지 않는 것, 실패를 통해 배우는 것이다. 자동화 업무 환경을 구축하면서 디지털 구현 작업이 때때로 실패하는 것은 당연하다는 것을 인정하고 받아들이자.

이러한 상황에서는 실험을 해볼 의지와 인내심이 있고, 공감을 보여줄 수 있는 리더가 필요하다. 다양한 인력을 육성할 때에는 포용적이고 공감 능력이 높은 리더가 제격이다. 리더가 공감을 잘 표현하면 사람들은 직장에서 안전함을 느끼며, 안전감은 다양성 실험에 반드시 전제되어야 하는 조건이다. 신경 영상 연구를 참고하면 공감을 잘하는 리더는 다양성이 존재하는 환경에서 효과적인 업무관계를 발전시키는 데 필요한 신뢰를 구축할 수 있으며, 직원들은 공감을 잘하는 리더에게 높은 충성도를 보였다.[196][197]

| 다양성 사고방식을 개발하는 방법

일터가 점점 더 자동화되면서 새로운 도전 과제가 생기고, 새로운 유형의 직원들이 등장하며, 새로운 업무 방식을 탐색할 필요가 생긴다. 리더는 업무 문화의 새 측면들을 종합적으로 고려하여 조직을 이끌어야 한다. 여기에는 다양성을 잘 활용하는 사고방식을 기르는 것도 포함되며, 그렇게 하기 위해 리더는 다음을 수행해야 한다.

다양성의 가치를 이해하기

리더는 비전을 좇는 과정에서 여러 결정을 내려야 한다. 인간과 기계가 동료가 되는 새로운 다양성 맥락에서 의사결정은 점점 더 복잡해지기 마련이다. 따라서 리더는 중요한 결정을 내리기 전에 문제를 다양한 각도에서 바라볼 수 있어야 한다. 다양성이 존재하는 환경에서는 같은 문제를 보는 색다른 관점을 얻을 수 있다. 그러므로 의사결정 과정에서 다양성이 강점으로 작용할 수 있다는 사실을 안다는 것은, 다양한 동료들과 협업하는 것의 가치를 제대로 이해한다는 의미가 된다.

21세기 리더들이 이러한 사고방식을 얻으려면 업무 안에서 적극적인 자세로 새로운 관점을 모색할 수 있어야 한다. 리더는 다양한 관계자들의 상황과 그들의 필요를 인지하고, 그것을 조직이 원하는 가치와 연결할 수 있도록 스스로 훈련해야 한다. 이 훈련을 통해 리더들은 생각하는 과정 자체를 사고하는 작용인 '메타인지' 습관을 기를 수 있다. 메타인지 능력을 개발하면 다양한 관점의 가치를 이해할 수 있고, 여러 시각을 통합하여 더욱 포괄적인 비전에 적합한 계획을 세울 수 있는 등 효과적인 리더십에 도움이 된다. 그러니 다양한 관계자들에게서 정보를 수집할 수 있도록 지속적으로 노력해야 한다.

민첩한 사고 기르기

다양한 관점의 가치를 인식하는 것도 중요하지만 이 지식을 효과적으로 활용할 줄도 알아야 한다. 우리는 변동성, 불확실성, 복잡성, 모호성을 뜻하는 뷰카(VUCA, volatile, uncertain, complex, ambiguous)라고 불리는 시대에 산다. 알고리즘이 도입되면서 비즈니스를 운영하기가 훨씬 더 어려워졌다. 리더는 적극적인 배움의 자세로 새로운 기술을 맞이할 수 있는 문화를 만들어야 한다. 배움의 문화가 있으면 다양한 부서 출신 직원들이 함께 모여 팀워크를 발휘하는 데 필요한 기술 지식이 지속적으로 공유될 수 있다.[198] 변화를 불편해하지 않는 자세가 있다면 리더들은 현존하는 문제들을 확인하고 다양한 각도에서 바라볼 동기를 얻을 수 있을 것이다.

편견 인지하기

인간인 우리는 이성적인 존재가 아니다. 비이성적인 본성 탓에 어떤 판단이나 결정을 내릴 때 편견에 빠지곤 한다. 다양성 상황에 대처할 때는 특히나 더 심하다. 연구에 따르면 인간에게는 특정한 관점을 다른 것들보다 선호하는 편향이 쉽게 생길 수 있다. 우리 마음 깊숙이 잠재의식의 수준에서 어떤 그룹을 다른 그룹보다 더 좋게 생각하고, 이 암묵적인 믿음이 궁극적으로 우리 결정과 행동에 영향을 미친다.

인간이 언제나 알고리즘보다 인간의 관점을 선호할 위험이 존재한다는 사실은 쉬이 알 수 있다. 정말 인간이 옳을 때도 있겠지만, 우리의 편견 때문에 알고리즘이 제공하는 부가가치를 놓치지 않도록 주의해야 한다. 미래의 리더는 이러한 편견을 인지하고 자신이 서로 다른 관계자들에게 반응하는 방식을 돌아보는 훈련을 해야 한다. 첫 번째 과제는 자신이 의식할 수 있는 편견을 제거하도록 노력하는 것이다. 두 번째 과제는 편견에 관한 인식을 한층 더 높여서 자신이 무의식적으로 편견을 보이는 곳이 어디인지 알아내려고 노력하는 것이다. 이 두 번째 단계에서 여러분은 의사결정 방침이나 과정, 체계의 기준을 마련하여 무의식적인 편견으로부터 자신을 보호해야 한다. 주변에 다른 관점을 계속 상기시켜줄 사람들을 두는 것이 좋은 시작이 될 것이다.

겸손 리더십이란

모든 관계자를 포용하고 연결하는 리더십은 다양성을 향한 열린 태도로 칭송을 받을 것이다. 또한 상이한 관점 덕분에 누릴 수 있는 장점들을 인식하고 여러 방식을 두려움 없이 시도한다는 긍정적인 평가를 받을 수도 있다. 이러한 포용적 리더십은 편견과 선입견이 없어 심리적으로 안전한 업무 환경에서 싹튼다. 신뢰가 존재하면 서로의 차이를 더 쉽게 인정하고 포용하며 대화를 나눌 수 있다. 그 결과로서 다양한 업무 방식을 탐색하고 성공 가능성을 높일 수 있을 것이다. 사실 편견이 존재하면 그만큼 기회가 줄어든다고 말해도 과언이 아니다.

| 반대 의견을 주세요!

물론 모두를 위한 가치를 창출하는 것이 쉬운 일이 아니다. 여러분은 리더로서 자신의 의견을 비판적으로 평가할 줄 알아야 한다. 스스로 악마의 변호인이 되어, 의도적으로 반대 의견을 제기하면서 선의의 비판자 역할을 해보라. 나는 임원들 대상으로 수업을 진행하면서 그들이 무언가를 기획할 때 아무도 이의를 제기하지 않을 경우 스스로 비판하는 역할을 해야 한다고 힘주어 말하곤 한다. 내가 이 말을 하면 어떤 사람들은 깜짝 놀라며 왜 자기 자신의 아이디어를 비판해야 하는지 의아해하기도 한다. 아무도 반대하지 않았으니 더할 나위 없이 좋은 결과가 아닐까?

물론 누구든 자신의 아이디어에 이견이 없기를 바랄 것이다. 그러나 단 한 사람도 이의를 제기하지 않았다면 십중팔구 다른 의미가 있을 것이다. 신뢰가 없거나, 사람들이 자유롭게 의견을 낼 만큼 안전감을 느끼지 못하거나. 더 나쁘게는, 리더에게 반대 의견을 말해봤자 듣지 않을 것이 뻔하니 시간 낭비라는 인식이 퍼져 있을 수도 있다. 여러분이 이런 분위기를 읽지 못한다면 팀 안의 사회적 관계성을 볼 수 있을 만큼 충분히 마음을 열거나 관심을 기울이지 않았다는 의미다. 이는 무엇보다도 겸손의 부족을 알리는 방증이다.

| 상향적 사고 촉진하기

사회과학자들은 겸손함을 이렇게 정의한다. "억지로 이목을 끌려 하지 않고 자신의 업적이 스스로 말하게 하는 것, 자신을 다른 사람보다 더 특별하게 생각하지 않는 것."[199] 겸손함은 열린 태도로 타인의 의견을 듣고 동시에 자신의 생각을 비판적으로 보게 하는 도덕적 가치다. 그러한 태도가 있으면, 더 넓은 범위의 기회가 등장했을 때 자신에게만 집중하지 않고 많은 사람에게 더 나은 것을 선택할 수 있게 된다.

겸손은 점점 더 역동적이고 불안정해지는 환경 속에서 발휘되는 효과적인 리더십의 핵심 요소다.[200] 다양한 관점을 탐색하고 거기서 얻은 광범위한 지식 가운데 필요한 것을 신속히 골라내는 일, 이것이 바로 겸손한 리더가 하는 일이다.

예를 들어 겸손한 리더는 실무자들의 의견을 폭넓게 수렴하여 팀과 조직 전체에 긍정적인 효과를 일으킬 수 있다는 사실이 연구에서 밝혀졌다.[201] 다르게 표현하면 겸손한 리더는 자신이 잘 모르는 부분을 주저 없이 인정하고 조언을 구한다. 겸손한 리더들은 아래에서 시작된 아이디어가 상부로 올라가 조직을 움직이게 만드는 상향식 의사결정의 열렬한 팬이다.

| 겸손을 기르는 방법

겸손한 리더는 자신이 어떤 것을 잘 알고 어떤 것을 잘 모르는지 인지한다. 이런 자세는 협력 문화를 만드는 데 도움이 된다. 겸손한 리더는 다음을 할 수 있다.

폭넓은 시각으로 보기

사람들은 대체로 원래 알던 내용을 고수하고 늘 하던 대로 행동하고 싶어 한다. 생물학적 특성상 새로운 방식으로 생각하거나 행동하지 않으려 하며, 다른 사람들도 자신과 똑같이 생각하고 행동하리라 여긴다. 우리는 세상에 지극히 다양한 생각과 행동 양식이 있다는 생각을 쉽게 부정하곤 한다. 그러나 겸손한 리더는 타인이 언제나 자신처럼 생각하고 행동하지 않는다는 사실을 인정한다. 그들은 자신의 관점에서 벗어나 주변 사람들의 아이디어, 통찰, 견해에 집중할 수 있다.

경청하기

자신의 강점과 약점을 인식하고 나면 다른 사람들이 생각하고 행동하는 방식을 보고 들을 의향이 생긴다. 자신의 약점을 인정하려면 물론 먼저 상처받을 가능성을 기꺼이 끌어안을 수도 있어야 한다. 타인에게 보이고 싶어 하는 자신의 완벽한 이미지를 무너뜨려보아야 한다. 겸손한 리더는 자기 능력의 한계가 어디까지인지 현실적으로 인식할 수 있기 때문에 망설이지 않고 다른 사람에게 도움을 요청하고 조언을 구한다. 그렇게 할 수 있는 비결은 약점을 인정하고 타인에게 도움을 구하는 것이 실패가 아닌 훌륭한 인격을 나타내는 행위라는 점을 아는 것이다.

자신의 실수를 인정하기

리더는 모두 인간이다. 그들이 때때로 실수를 한다는 뜻이다. 여러분이 자신의 실수를 허심탄회하게 공유할 수 있다면 사람들과 더 깊이 있고 진솔한 유대를 쌓을 수 있을 것이다.

그러나 완벽한 사람으로 보이려고 안간힘 쓰는 습관이 있는 사람들은 인간적이지 않다고 평가될 것이다. 그렇게 하면 충성이나 헌신을 기대할 수 없고 거리감만 생길 뿐이다. 겸손한 리더가 된다는 것은 여러분의 인간적인 면을 보여준다는 의미이며, 이는 사람과 사람 사이의 연결을 촉진한다.

포용적 리더십의 이점

알고리즘이라는 새로운 존재가 조직 환경에 등장하면서 우리가 기술을 구현하여 바라는 가치를 창출하게 하는 개방적이고 협력적인 사고방식이 그 어느 때보다 절실해졌다. 그러므로 자동화를 도입한 조직이라면 어디든 포용적인 행동과 사고방식을 강조해야 한다. 그 이유는 다음과 같다.

| 서로 다른 부서가 협력하게 한다

대부분의 기업에는 공통적으로 '벽'이 존재한다. 많은 사람은 목표치를 완수하는 것이 업무의 전부라고 생각하고, 요구되는 것 이상의 일은 하지 않으려 한다. 각자 해야 하는 일에만 몰두한다는 의미이다. 누구나 자기 팀 체크 리스트는 전부 완성하지만 다른 팀의 체크 리스트에 표시하는 일은 거의 없다. 결국 조직 내의 지식을 하나로 모아 최선의 결정을 내리는 협력적인 방식으로 일을 하기가 어려워진다. 업무에 알고리즘이 투입되면 각자 벽 안에서 고립된 상태로 일하는 현상이 더욱 확산될 수 있다.

알고리즘을 사용하면서 벽의 존재가 야기할 수 있는 위험은 두 가지이다. 첫째, 각 부서가 서로 다른 방식으로 알고리즘을 사용하기 때문에 회사 전체의 목적을 위해 알고리즘을 활용할 종합적인 관점을 얻을 수 없다. 둘째, 알고리즘을 상대적으로 더 많이 쓰는 부서들이 생기면서 자동화를 향한 태도가 서로 달라질 수 있다. 이는 디지털 혁신 과정을 더 어렵게 만드는 원인이 된다.

| 데이터 과학자 팀을 회사의 일상 업무에 통합할 수 있다

업무 환경이 점진적으로 자동화되면서 조직은 기계공학이나 데이터 과학 분야 인재를 더 많이 채용해야 한다. 이 직원들에게는 신기술 관련 전문지식과 빅데이터를 다루는 능력이 있을 것이다. 문제는 데이터 전문가인 이들과 다른 직원들의 사고방식이 같지 않다는 점이다. 조직들은 이런 차이를 인지하지 못하고, 데이터 과학자들을 원활하게 조직 구성원으로 통합하는 일을 놓친다.

조직 자동화는 모든 운영 부문에 영향을 준다. 데이터 과학자 팀은 재무, 인사, 영업 부서 등의 목표를 이해할 수 있어야 한다. 마찬가지로 조직은 각 부서가 데이터 과학자 팀에게 개방적이고 협조적인 태도를 취할 수 있도록 준비시켜야 한다.

열린 자세가 있어야만 알고리즘이 각 부서에서 성공적으로 자리를 잡고 구현될 수 있다.[202]

| 의사소통과 데이터 교환에서 투명성을 높인다

미래 조직이 성공하려면 데이터 처리 능력과 알고리즘 활용 능력을 겸비해야 한다는 점에는 더 이상 의심의 여지가 없다. 우리에게 필요한 첫 번째 단계는 사용자 친화적이고 이해하기 쉬운 방식으로 데이터를 수집하고 저장하는 것이며, 두 번째 단계는 이 데이터를 모두가 이용할 수 있도록 데이터 민주화를 실현하는 것이다.

첫 번째 단계는 비교적 수행하기 쉽지만 두 번째 단계는 포용적인 리더십의 부재로 종종 실패한다. 실제로 기술 구현이 완료되고 나서 자동화 노력을 성공시키는 데 필요한 사람 간 협업이 부족해 문제가 생기곤 한다. 포용적인 업무 환경을 조성하면 정보에 접근하고 공유하는 일이 더욱 용이해질 것이다.

투명하게 데이터를 관리하려면 개인 - 팀 - 부서로 이어지는 소통이 원활해야 하며, 조직 리더십이 협력적인 사고방식을 촉진해야 한다.

| 편견 없이 알고리즘에게 권한을 부여한다

포용적인 사고방식이 있으면 알고리즘을 동료로 바라보기가 더 쉬워진다. 그들은 여러분과 똑같은 팀의 일원으로 인정받을 수 있을 것이다! 포용성을 이 수준까지 끌어올리려면 알고리즘과의 거리감이 아닌 연결감을 만들어야 한다.

이때 포용적인 업무 문화가 도움이 된다. 포용적인 리더는 직원들이 알고리즘의 가치를 이해하도록 도와줌으로써 이러한 업무 문화를 조성한다. 그러려면 지속적으로 교육 기회를 만들어 기술의 진보를 이해하려는 노력을 기울여야 한다.

| 겸손하며 기술을 잘 알도록 노력하게 한다

알고리즘의 존재 때문에 여러 부서의 기술지식 수준이 제각각 달라질 수 있다. 그러므로 새로운 기술을 이해하기 어려울 때 주저하지 않고 도움을 구할 수 있는 안전하고 신뢰할 만한 분위기가 필요하다. 리더가 그런 분위기를 조성한다면, 전문성을 요하는 분야에서 직원들이 서로 조력하는 문화를 세울 수 있다.

이렇게 깨어 있는 분위기 속에서는 알고리즘이 회사의 전반적인 목표 달성에 지니는 가치를 더 잘 이해할 수 있도록 교육해야 할 부서들이 어디인지 찾아내기도 용이할 것이다.

8장

우리에게
필요한
나침반

끝없이 변화하는 이 사회에서 AI는 차기 영웅으로 추앙받고 있다. 영화에서 영웅 캐릭터들은 인간에게 없는 능력을 구사하는 존재이며, 이 점에서는 AI도 예외가 아니다. 우리 사회는 자신의 능력을 최대치로 끌어올리려는 무한한 야망에 사로잡혀 알고리즘을 재빨리 도입하기 시작했다. 얼마나 많은 알고리즘을 발명했던지, 이미 우리가 상상할 수 있는 모든 영역에서 알고리즘이 쓰이는 중인 것 같다.

알고리즘의 주된 강점은 엄청난 양의 데이터를 빠르게 처리하고 인간 혼자서는 놓칠 수 있는 추세를 읽거나 정보를 찾아내는 것이다. 이런 것들은 당연히 사회가 작동하는 방식을 개선(어떤 이들은 완전하게 만든다고 말하기도 한다)하는 데 쓰일 수 있는 우수한 기술들이다. 2009년에 전 골드만삭스 회장이자 CEO였던 로이드 블랭크페인은 "은행가는 신의 일을 한다"라고 말했다. 그런데 이제는 알고리즘이 은행가의 역할은 물론이고, 신의 역할을 넘보는 경지에 오른 듯하다!

물론 조직들은 신에 버금가는 AI의 위상에 주목했다. 알고리즘은 합리적이고 명확하며 체계적인 데다가 어느 인간보다 정확하게 일할 수 있다. 경영진들의 눈에 알고리즘은 기업의 의사결정 과정을 지원할 완벽한 조언자이다. 어떤 이들은 알고리즘을 빗대어, 조직이 감정을 배제한 채 객관적인 결정을 내리게 하는 '냉철한 머리'라고 표현하기까지 한다. 그야말로 완벽한 의사결정 기계가 아닌가? 하지만 우리는 조직이 '냉철함'만 가지고 성공할 수 없다는 것을 안다. 대개는 '따뜻함'이 함께 필요하다.

소위 말하는 따뜻한 접근법이란 의사결정 과정에서 적절한 감정을 섞어 서로 다른 이해관계자들의 이익에 미칠 영향을 평가하는 것이다. 현대 조직들은 자신이 의사결정으로 창출하고자 하는 사회적 가치가 어떤 종류인지를 그 어느 때보다도 잘 알아야 한다.

2019년 여름, JP모건체이스 CEO 제이미 다이먼을 비롯한 대기업 수장들이 이끄는 이익단체 비즈니스 라운드테이블(Business Roundtable)은 조직의 결정이 주주뿐 아니라 모든 이해관계자의 이익을 반영해야 한다는 내용의 성명을 내고, 저명한 경제학자 밀턴 프리드먼이 발전시킨 개념을 공식적으로 떠나보냈다. 프리드먼은 "기업의 사회적 책임은 이윤을 높이는 것"이므로 조직의 유일한 목적은 주주의 이익을 극대화하는 것이라고 주장한 바 있다.[203] 그의 말은 주주의 가치를 높이는 것이 어떤 면에서는 윤리적인 행위라는 의미가 되기도 했다!

이제 우리는 그 주장이 틀렸다는 것을 안다. 더욱 기술 중심적인 '냉철한' 사회로 변모할 가능성을 눈앞에 두고, 우리는 오히려 인간성이 더 필요해짐을 느낀다. 데이터 분석으로 얻은 합리적인 계산 결과와 기능 최적화에 더하여, 모든 관계자의 우려와 요구를 돌볼 수 있는 건전하고 윤리적인 판단력의 중요성에 더욱 주목해야 한다. 조직과 그 리더들은 디지털 혁신 과정에서 알고리즘이 선사하는 기회와 한계를 지속적으로 인지해야 한다.

페이스북의 사례

우리가 해결해야 할 첫 번째 문제는 일터의 디지털 전환이 인간 활동의 종말을 알리는 신호탄이 되지 않도록 하는 것이다. 알고리즘이 조직에 침투하기 시작하면서 사람들의 두려움은 늘어만 갔다. 모두가 알듯이 조직 리더들은 딥러닝 알고리즘이 모든 영역에 도입된 비즈니스 모델을 가장 효과적이라고 여긴다. 조직들은 이 모델을 채택하여 집행 비용 절감, 효율성과 업무 성과의 증대라는 놀라운 효과를 기대할 수 있다. 기업이 미래에 두각을 나타내려면 자동화 노동력에 의존할 수밖에 없다는 견해를 경영진들이 완전히 수용했다는 증거가 많다. 적게 투자하여 많이 벌어들일 수 있다면 그런 굉장한 기회를 누가 마다하겠는가! 하지만 이것이 사실이라기엔 과하게 근사해 보이지는 않는지 자문해보자. 기업들이 자동화에 너무 심취한 나머지 무언가를 잊어버린 것은 아닐까?

그 '작은' 무언가는 최적화 개념을 받아들인 우리가 완벽한 세상을 만들려는 열망 속에 인간 정체성을 잃어버릴 위험을 무릅쓴다는 사실이다. 이는 사실 사소한 문제가 아니다. 애초에 조직이 알고리즘의 존재를 확대하기 시작한 것은 '인간' 사회의 작동을 최적화하려는 목적에서였고, 그 점은 앞으로도 변함없어야 한다. 이 개념이 잘못 확장되어 AI를 업그레이드하고 구현하는 데에만 정신이 팔려 정작 급속도로 발전하는 사회의 인간적 측면들을 소홀히 해서는 절대로 안 된다.

최종 사용자는 기술이 아니라 사람이다. 우리는 알고리즘이 최종 사용자가 되어버리는 사회를 만들려고 AI 혁신을 추구하는 것이 아니다. 그랬다면 오늘날 AI 혁명은 어떤 모습의 사회를 만들 것인지와 상관없이 완벽한 기술을 개발하는 것만을 목표로 삼을 것이다. 결국 AI를 써서 일으키고자 한 혁명의 최종 사용자가 알고리즘 자체가 되는 것이다.

여러분 가운데는 그런 일이 벌어지지 않을 거라고 말하는 사람들도 있을 것이다. 하지만 유사 사례를 참고하면 이것이 생각보다 더 현실적인 문제라는 사실을 알 수 있다. 2018년에 8700만 명에 달하는 페이스북 사용자 데이터가 유출되어 연구 및 정치적 목적으로 사용된 사건을 기억하는가? 당시 페이스북 창립자이자 CEO인 마크 저커버그는 거센 비난을 받았고, 사람들은 그가 개인정보 보호의 중요성을 알기는 했는지 궁금해했다.

최종 사용자는 분명 여러분이나 나와 같은 인간일 텐데, 저커버그는 왜 그토록 부주의하게 데이터를 취급했던 걸까? 저커버그는 새로운 플랫폼의 창조자로서 자신에게 기술의 진보를 이루는 것뿐만 아니라 고객의 안녕을 보장할 책임도 있다는 사실을 몰랐던 걸까? 질문의 답을 찾아 2017년 6월로 돌아가보자. 저커버그는 괴짜경제학 라디오(Freakonomics

Radio)와의 인터뷰에서 이렇게 말했다. "물론 개인정보는 굉장히 중요합니다. 사람들이 페이스북에서 활발히 활동하고 콘텐츠를 공유하는 것은 자신의 개인정보가 보호될 것을 알기 때문입니다."

좋다. 페이스북 창시자는 개인정보가 인간 최종 사용자에게 중요하며 세심한 보호가 필요하다는 사실도 알았다. 그러나 불과 일 년 뒤, 저커버그가 개인정보와 그것이 인간에게 의미하는 가치에 충분히 신경을 쓰지 않았다는 사실이 적나라하게 드러났다. 오히려 그가 신속하게 혁신을 이루고 기술을 발전시키려는 야망에 빠져 사회에 미칠 영향은 고려하지 않았다는 사실만 분명해졌다. 저커버그 같은 사람들은 자기 회사가 멋져 보이는 것에만 관심이 있었던 모양이다. 그는 내가 '오로지 혁신'이라 부르는 편향에 빠졌고,[204] 그가 혁신을 이루는 목적은 단지 또 다른 혁신을 이루는 것에 불과했다. 혁신을 위한 혁신만 추구했던 셈이다. 가능성이 무한대인 독창적 발명품을 만드는 데 집착하다 보면 혁신 그 자체의 가치만 보게 된다. 이러한 편향에는 맹점이 있다. 결국 최종 사용자와 사회 전반에 해로운 결과가 발생하는 경우가 많아질 것이다.

저커버그는 청문회에 출석하여 기술혁신 속 자신의 역할을 돌아보며, 비로소 페이스북과 같은 플랫폼이 인간 사용자의 복지와 이익에 미치는 영향에 자신의 책임이 있음을 깨달았다. "나는 페이스북을 시작했고 운영하며 이곳에서 일어나는 일들을 책임집니다. 우리가 여기서 한 실수로 다른 사람을 탓하며 희생시키고 싶지 않습니다."

그는 회사에 어려움이 닥치고 나서야 인간 최종 사용자의 입장에서 생각할 수 있었다.

지금 이 순간 인간이 더 이상 이해하지도 못하는 딥러닝 프로세스를 기반으로 알고리즘을 더 완벽하게 만들려는 우리의 집착은 페이스북 사례와 소름 끼치도록 닮았다. 우리는 혁신을 위한 혁신을 하고 있으며, 이는 인류보다는 기술의 발전에 더 유익할 것이다. 페이스북 사례에서 그랬듯, 우리는 완벽한 기술 시스템에 통제권을 넘겨버리고 나서야 뒤늦게 인간성의 상실을 깨닫게 될지도 모른다. 이런 일을 방지하려면 가능한 한 빨리 이 문제의 논의에 나서야 한다. 또한 신기술을 구현하여 기능 최적화를 꾀하려는 모든 조직, 정부, 사회는 언제나 인간의 복지를 자동화의 궁극적인 목표로 삼아야 한다는 사실을 인지하고 상기해야 한다.

인간은 어떻게 될까?

AI가 급격히 늘어나기 시작했을 당시에는 그렇지 않았지만, 최근에는 인간이 어떻게 될 것인지와 관련하여 진지한 의문들이 제기되고 있다. 주의 깊게 들어보면 자동화 증가 추세를 둘러싼 반대 목소리에는 전형적인 인간의 걱정과 두려움이 수반되는 것을 알 수 있다. 기술 자체의 한계를 우려하는 경우는 거의 없다. 아마 기술은 무한대로 발전할 것이다. 우리는 기술의 잠재력과 능력을 낙관하면서도 인간 정체성의 미래는 어떻게 될지 의심과 두려움을 함께 느낀다.

알고리즘이 더 성숙해지고 자율적으로 변하면서 인간성 문제도 더욱 난해해지는 것 같다. 자동화가 본격적으로 시작되어 상상조차 할 수 없는 기회들을 약속하고 있지만 많은 직원은 여전히 두려움을 느낀다. 그들은 신기술을 쓰면서 일하기를 두려워하고, 알고리즘을 새 동료로 인정하길 두려워하며, 결국엔 이 모든 일 때문에 일자리를 뺏길까 봐 두려워한다. 사람들은 본질적으로 '인간인 나는 어떻게 되는 거죠?'라고 묻기 시작했다.

이 실존적 두려움은 알고리즘 적대감의 형태로 표면화되었다. 앞서 언급했듯 사람들은 알고리즘을 블랙박스로 인식하고 신뢰하길 어려워한다. 새 동료의 발언권이 커져만 가는데 이 동료가 생각하는 방식을 알 길이 없다면 당연한 일이다. 설계 엔지니어들조차 알고리즘의 작동 방식을 점점 더 설명하지 못하게 되면서 이러한 부정적인 감정을 떨쳐내기가 더 어려워졌다. 이는 AI 기술이 주어진 과제에만 집중하던 좁은 범위의 지능에서 발전하여 인간 지능의 고유한 강점에 비견될 수 있을 뿐 아니라 그것을 능가할 정도로 진보할 가능성을 염두에 둔 것이다.

인간인 설계자가 기술이 작동하는 방식을 이해하는 데 한계가 있다면, 신기술에 관한 인간의 의존도는 필연적으로 높아지고 결국엔 어쩔 수 없는 현실이 될 것이다. 그런 현실 속에서 반대로 기술이 인간에 의존하는 정도는 놀라운 속도로 줄어들 것이다. 이는 조직, 사회, 세계 전반에서 인간의 입지와 영향력에 변화를 가져올 수밖에 없다.

인간의 영향력에서 완전히 해방된 슈퍼 AI의 개념이 너무 먼 미래의 이야기라고 생각하는 사람들이 많고, 이것이 앞으로 수십 년 안에 실현 가능한 일이 아닌 것도 사실이다. 그럼에도 우리는 이 가능성을 염두에 두고 알고리즘에 관해 어떤 입장을 취한 상태로 조직 발전의 차기 단계에 진입해야 하는지 고민해야 한다.

최적화의 길

인류가 위협을 받을 때마다 늘 그랬듯 이런 유형의 본질적 고찰이 시작되면 사람들은 알고리즘이 노동력의 일부가 되는 문제에 점점 더 불안감을 느낀다. 이러한 두려움은 인간의 생물학적 기질에 기인한 것으로 보이며, 조직이 알고리즘의 사용을 대폭 확대하는 것에 반대의 목소리가 있는 것도 새삼스러울 것은 없다. 비평가들은 혁명이 일어나 우리가 일하는 방식에 도전이 생길 때마다 인간의 생물학적 기질이 실존적 두려움을 경험하게 한다고 주장했다.

그러나 이러한 실존적 두려움이 표면화될 때마다 인간은 늘 적응하고 앞으로 나아간다. 어떻게 보면 인간에게만 있는 정말 독특한 능력은 생존력인 것 같다. 우리가 몇 번이고 반복해서 살아남을 수 있었던 것은 적응력 덕분이다. 찰스 다윈이 《종의 기원》에서 펼친 주요 주장 가운데 하나는 자신이 처한 환경에 가장 잘 적응하는 개체가 생존하여 번식할 가능성이 가장 높다는 것이다.[205]

다윈에 따르면, 인간은 모두는 아닐지언정 환경 변화에 적응할 수 있으며 인류가 오랜 세월 생존할 수 있었던 것도 이러한 선천적 욕구와 동기 때문이다. 이를 바탕으로 우리는 점점 더 자동화되는 환경에서 인류가 적응할 방법을 찾아내리라고 어느 정도 확신할 수 있다. 그러나 그 적응이 어떤 형태를 취할지는 명확히 알기 어렵다.

지금 우리 앞에 놓인 위협은 인류가 여태껏 겪어온 평균적인 위협과는 다르다. 오늘날 우리가 논의하는 혁명은 사실상 인간을 위한 미래와는 크게 관련이 없다. 가장 극단적인 형태의 논의에서 인간은 거의 막다른 길에 다다랐다.

전 세계 유명 언론과 전문가들은 기술이 인간 종의 더 우수하고 강력한 버전으로 성장할 것이라고 이야기한다. 이 예측이 실현된다면 인류는 사상 최초로 지구라는 행성을 지배하는 종으로 남을 자격을 뺏길지도 모른다. 우리는 인간보다 우월한 시스템의 추종자가 될 것이며 어쩌면 제거될 수도 있다. 이러한 가능성이 진지하게 고려되는 만큼 우리는 책임감을 가지고 사회 내에서 신기술을 사용하는 방식을 충분히 논의하고 반성해야 한다.

이 노력의 일환으로 미래 조직에서 인간과 알고리즘이 동시에 일하면서 협력할 방안을 모색하는 과정이 필요하다. 인간이 변화에 대처할 새로운 방식을 찾아가며 살아남을 수 있었던 것은 오로지 협력 덕분이다. 즉 협력이라는 행위에는 고유한 능력과 장점을 지닌 당사자들이 미래의 안녕을 목표로 힘을 합쳐야 한다는 의미가 깔려 있다. 협력이 있다면 인간의 관심사에 적합한 방식으로 미래를 맞이할 새롭고 혁신적인 기회를 찾아낼 수 있을 것이다.

이것이야말로 인류가 적응하여 생존할 가능성이 가장 높은 혁신 유형이다. 따라서 오늘날 우리에게는 인간과 기술 양쪽을 잘 활용할 새로운 협력 방안을 구상해야 한다는 중요 임무가 있다. 이 '새로운 다양성'의 목적은 효율적이고 더 나은 사회로 가는 길을 닦는 것이자 인간의 정체성을 보존하고 또 그것에 자극을 주는 것이다.

이 맥락에서 말하는 최적화란 인간의 경계를 넘어서는 기술 개발을 시도하지 않는 것이다. 대신 최대한 효율적인 방식으로 인간의 생존을 촉진하며 향상시킬 새로운 기술을 찾으려 한다. 신기술 개발은 인류의 발전이라는 주목적에 따라 진행되고 조정된다. 이렇듯 우리는 때가 늦어 인간과 알고리즘의 격차가 메울 수 없을 정도로 커지기 전에 기술혁명에 제한을 두어야 한다.

물론 이만큼 협력적인 상황을 만들려면 모든 관계자가 올바른 태도를 갖추어야 한다. 오늘날 존재하는 각종 문제를 정확히 짚어내고 그것들을 인간의 관심사에 맞게 해결하려면 현실 감각이 필요하다. 이 문제에서 우리는 어디쯤 와 있을까?

현재로서는 신기술을 통해 회사의 이익을 도모하려는 기업 리더, 주주들과 그 회사에서 일하는 직원들의 인식 사이에 단절이 존재하는 것 같다. 이러한 단절은 긴장을 조성하여 알고리즘의 구현을 훨씬 더 어렵게 만들 뿐 아니라 자동화 조치가 조직 내 인간들에게 실제적이며 실존적인 위협으로 인식된다는 관점마저 부각한다. 우리는 이 문제들을 심각하게 여기고 아주 조심스럽게 다루어야 한다. 프라이스워터하우스쿠퍼스의 조사에 따르면 기업 최고 경영진의 90퍼센트는 신기술을 도입할 때 인간 직원들의 요구 사항에 주의를 기울인다.[206]

조사 결과를 보면, 기업 리더들이 노동력 자동화 비즈니스 모델을 구현하고자 노력하는 동시에 인간의 문제 또한 진지하게 바라보는 것 같다. 하지만 벌써부터 안도의 한숨을 내쉴 것은 없다. 프라이스워터하우스쿠퍼스가 실시한 같은 설문조사에서 직원 중 53퍼센트만이 최고 경영진의 응답에 동의한다고 답했기 때문이다. 이렇듯 신기술을 다루는 문제에서 기업의 리더와 직원들의 인식에는 차이가 있다.

계속 나아가는 방법

이러한 인식 차이를 어떻게 받아들여야 할까? 나는 누가 옳고 그른지를 따지기보다 양측의 시각을 포용하고 통합할 수 있는 건설적인 토론이 필요하다고 본다. 한편 새로운 아이디어와 트렌드 없이는 혁신이 불가하다는 법칙에 따라 자동화는 이미 시작되었고 앞으로도 유지될 것이라는 사실을 기억하자. 최선의 방안은 새 기술의 잠재력을 인지하고 그것을 조직 맥락에서 가장 잘 활용할 방법을 더 자세히 탐구하는 것이 될 듯하다.

자녀가 있는 이들은 누구나 알겠지만 타인에게 무언가를 억지로 받아들이고 시키는 대로 하도록 강요하는 것은 아무 도움도 되지 않는다. 인류가 원하는 진보에 기여할 혁신적인 잠재력이 신기술에 담겨 있는지 배우고 테스트할 기회가 직원들에게 주어져야 한다. 이 검증 단계가 있어야 잘못된 부분을 고쳐나갈 수 있다. 또한 그 과정에서 인간의 리더십이 제자리를 유지할 것이라는 확신도 얻을 수 있으므로 테스트 단계는 인간의 정체성 감각을 높인다는 측면에서도 중요하다.

앞서 이야기했듯 조직은 인간과 알고리즘의 협력이 가능한 업무 문화를 구축하기 위해 첫걸음을 내딛어야 한다. 다양한 관계자들이 전문지식을 합쳐서 기여하는 협력은 조직 기능에 중요하다. 현대 디지털 사회에서 조직들은 알고리즘과 직원의 협력을 원활하게 촉진할 수 있어야 한다. 문제는 사람들이 대체로 알고리즘보다는 다른 인간과 작업하기를 더 선호한다는 것이다. 조직과 경영진에게는 디지털 환경에 적합한 사고방식을 육성하여 올바른 문화를 구축해야 한다는 과제가 남는다. 그렇게 하면 직원들이 회사의 성장에 필요한 혁신 아이디어를 찾아내는 것을 비롯하여 알고리즘의 도입으로 누릴 수 있는 기회들을 생각해보도록 동기부여 할 수 있다.

이러한 문화가 정착되면 알고리즘과 인간이 함께 만들어나가는 혁신의 선순환을 시작할 수 있을 것이다. 액센츄어의 보고서(2018)에 따르면 신기술 AI는 인간과 협업할 때 가장 큰 효율을 낸다. 인간과 알고리즘 양쪽의 고유한 능력을 더하여 더 나은 결과를 만들기 때문이다.[207] 액센츄어는 하버드 의사들이 AI 기술을 활용하여 유방암 세포를 감지하는 사례를 들면서 이 개념을 설명했다. AI가 암세포를 단독으로 감지했을 때 정확도는 92퍼센트였고, 인간 병리학자들의 정확도는 더 높은 96퍼센트였다. 그런데 두 파트너가 서로 협력할 방법을 찾아내자 탐지율은 99.5퍼센트까지 치솟았다.

조직들이 새로운 혁명에서 살아남고 싶다면, 알고리즘과 인간의 성공적인 공동 창조를 보장해줄 문화를 하루빨리 구축해야 한다.

안타깝지만 이 일은 쉽지 않다. 첫째, 마이크로소프트 아시아 지사가 진행한 설문조사를 참고하면 조직들은 직원들이 AI를 받아들이고 적극적으로 활용할 마음가짐을 갖게 하는 데 실패하고 있다.[208] 사실 조사 결과만 보면 아시아 태평양 지역은 아직 AI를 사용할 준비가 되지 않은 것 같다.

설문조사에 응한 아시아 태평양 지역 비즈니스 리더 중 절반 이상은 오늘날 기업이 혁신의 수단으로서 AI를 인정하는 문화와 그에 상응하는 사고방식을 구축하지 못했다고 이야기했다. 그런 상황이라면 인간과 알고리즘 사이에 꼭 필요한 공동 창조가 촉진되기는커녕 더 어려워질 것이다.

둘째, 문화 구축에 실패하는 것은 그리 놀라운 일이 아니다. 조직 학자들은 수십 년간 올바른 직장 문화 구축이라는 주제로 논의를 진행해왔다. 이 논의가 그토록 오래 지속되었다는 사실만 봐도 조직 문화를 변화시키는 방식에서 합의점에 도달하는 것이 얼마나 어려운지 알 수 있다. 어떠한 조치가 필요한지 설명하는 모델은 아주 많지만 변화 프로젝트를 추진하는 조직들은 여전히 학자들이나 자문 위원들의 조언을 구하려고 문을 두드린다. 다만 모든 문화 변혁 모델에서 찾을 수 있는 한 가지 공통점은, 변화를 일으키는 일에 없어서는 안 될 한 사람이 존재한다는 것이다. 바로 타인에게 의미 있는 방식으로 변화를 이끄는 리더다.

리더십은 영향력으로 사람들이 생각하고 행동하는 방식을 변화시키는 과정이다. 그러므로 사람들에게 신기술의 가치와 목표를 이해할 마음가짐을 심어주려면 효과적인 리더십이 필요하다. 조직이 이런 내용들을 생각할 수 있다면, 인간과 알고리즘의 공동 창조가 더욱 원활하게 이뤄지는 데 필요한 비옥한 기반을 다질 수 있을 것이다. 이런 종류의 리더십을 제안하며 우리는 알고리즘 리더십이라는 주제에서 아주 흥미로운 지점에 도달한다.

기억하겠지만 책의 앞부분에서 나는 조직을 이끄는 영역에서 인간이 갖는 우월함조차 알고리즘의 위협에서 자유롭지 않다고 이야기했다. 이러한 분위기를 전체적으로 확대한 것은, 역동적이고 복잡하며 불안정한 비즈니스 환경에 적합한 전략을 신기술을 통해 찾도록 장려하는 비즈니스 모델이다.

기업계와 리더들은 이러한 상황을 인정했고, 내 제자인 기업 임원들은 미래에 리더로서 자신의 지위가 얼마나 자동화될 것인지 걱정하는 지경에 이르렀다. 그들은 내심 알고리즘에게 리더십을 빼앗기는 미래를 두려워한다. 알고리즘에 점점 더 의존하는 우리의 모습은 인간 리더십이 곧 역사의 뒤안길로 사라질 것이라는 생각에 불을 지피기도 한다. 그러나 인간 직원들이 알고리즘을 활용하도록 장려하는 문화를 조성할 리더가 필요하다면, 그 역할을 하는 리더가 알고리즘 자신이 된다는 것은 앞뒤가 맞지 않는다.

인간 직원들이 신기술의 가치를 알아볼 수 있도록 그들의 마음을 움직여야 한다. 기술 자체가 사람들의 마음을 움직이기는 어려울 것이다. 내가 자세하게 다뤘듯, 알고리즘은 인간이 달성할 수 없는 속도와 정확도로 데이터를 분석함으로써 더욱 체계적으로 현실을 바라보게 한다. 그러나 이 알고리즘에게는 의사결정을 하고 그 결과에 따라 자신이 이끄는 인간들에게 의미 있는 변화를 선사할 수 있는 리더십 감각이 없다. 직원의 사고방식과 행동에 영향을 미치는 문화를 구축하는 일에는 인간의 정체성·야망과 연결 지어 판단할 수 있는 논리 과정이 요구된다.

인간은 리더고 알고리즘은 관리자다

우리는 이런 논의를 통해, 미래 리더십이 인간과 비인간의 협조를 의미 있게 만드는 문화를 조성할 수 있어야 한다는 사실을 분명히 알 수 있다. '새로운 다양성'이 효과를 발휘하려면 양 당사자가 업무 환경에서 자신의 위치를 인지하고, 단순한 기술혁신이 아닌 인류가 바라는 사회에 필요한 가치를 창출하기 위해 노력하도록 인도해야 한다.

이런 결과를 달성하려면 인간 중심 리더십이 필요하다. 나는 여기서 더 나아가, 점점 더 자동화되는 현실 속에서 진정한 인간성 감각을 유지하는 데 도움이 될 비전과 판단력을 갖춘 인간 리더가 필요하다고 말하고 싶다. 한편으로 나는 합의된 절차와 전략에 따라 업무를 이행할 때는 굳이 사람의 손길이 필요하지 않다고 믿으며, 이를 뒷받침하는 증거도 존재한다.

사람들에게 비전을 전달하고 그것이 받아들여진 뒤로는 의미를 만들어내는 능력보다는 질서를 확립하는 능력이 관건이다. 그렇기에 앞서 설명한 것처럼 관리 기능을 수행하는 과정은 자동화되어 결국에는 조직 관리의 기본 설정값이 될 공산이 크다.

알고리즘에 의한 관리는 우리가 인간 관리자에게 기대하는 모습과 크게 다르지 않다. 우리는 인간 관리자들이 적절한 절차를 통해 질서와 안정을 확립하길 기대한다. 알고리즘은 인간보다 더 효율적이고 정확하게 관리 업무를 수행할 것이다. 게다가 우리가 알고리즘에게 얼마나 의존할 것인지를 결정할 때 인간의 실존적 관심사에 위협이 될 가능성도 더 적다. 다른 말로 하면, 조직 운영의 측면에서 알고리즘에 의한 관리는 인간 정체성 상실의 두려움을 크게 야기하지 않는다.

보스턴컨설팅그룹이 최근 발간한 보고서에 따르면 대다수의 직원은 관리자가 되기를 꿈꾸지 않는다.[209] 또한 서구의 비관리자 가운데서 앞으로 관리자가 되고 싶다고 응답한 설문자의 비율은 열 명 중 한 명이었다. 한편 서구의 현직 관리자 가운데서 향후 5~10년간 관리자 직책을 유지하고 싶다고 응답한 비율은 37퍼센트에 그쳤다. 이런 경향은 알고리즘에 의한 관리가 곧 현실화될 것이라는 주장에 비추어 좋은 소식일지도 모른다.

앞서 설명한 것처럼 관리 업무의 대부분은 완전히 자동화될 가능성이 높다. 현대 직원들이 더 이상 관리자 직책에 관심을 갖지 않는다면, 이 분야의 자동화 비율이 높아진다고 해서 인간의 정체성이 사라질 수도 있다는 두려움에 시달릴 이유는 없다. 실제로 보스턴컨설팅그룹의 조사 결과를 고려했을 때 자동화 확대가 창출하는 기회는 인간 관리자의 욕구와 잘 맞아떨어지는 것 같다. 인간은 관리 업무를 덜 하고 싶어 하고, 알고리즘에게는 관리 업무에 더 적합한 자질이 있다. 서로 윈-윈인 상황이다!

우리가 그 필요성을 인지했듯, 지속적인 교육을 받는다면 알고리즘에 의한 관리를 받아들일 수 있을 것이다. 하지만 이를 실현하려면, 우리가 방향성을 제시하고 결정을 내린 것들이 삶의 모든 면면에서 의미를 지닐 수 있도록 인간으로서 리더십 능력을 키워야 한다. 그래야만 알고리즘 관리자와 인간 리더의 조합이 지속 가능한 가치를 창출할 수 있을 것이다. 내가 이토록 강력하게 이야기하는 이유가 있다.

이제 여러분은 나아갈 방향을 찾고 싶을 때 알고리즘에게 조언을 구하는 것이 적절하지 않다는 것을 잘 알 것이다. 알고리즘은 기계이기 때문에 우리 인간 고유의 정체성에 비추어 의미 있는 결과나 가치 중심적인 결과를 좇아 작동하지 않는다. 오히려 알고리즘은 실용성이라는 기준에 따라 행동 방식을 최적화한다. 실용성을 추구하는 회사들이 실전에서 알고리즘을 활용하는 방식을 잘 보여주는 사례로 유튜브를 들 수 있다. 유튜브 알고리즘은 시청자들이 가장 원하는 영상을 찾게 해주려고 작동하는 것이 아니다. 다른 요소들은 고려하지 않은 채, 사람들이 거의 중독에 이르기까지 시청 빈도를 늘리려는 목적에 따라 측정지표(예: 시청 시간)를 정하고 그것을 근거로 콘텐츠를 추천한다.[210]

멜라니 미첼이 저서《인공지능: 생각하는 사람들을 위한 가이드》에 적었듯, 알고리즘은 구체적으로 정해진 좁은 범위 안에서 업무를 우수하게 처리할 수 있지만 본질적으로 더 넓은 맥락에서 의미를 형성하는 일에는 쓸모가 없다.[211] 미첼은 그 이유가 알고리즘에게 상식이 없기 때문이라고 이야기했다.

이러한 시각으로 보면 어떤 결과가 인간 사회에 미치는 영향에 관해 알고리즘이 조언이나 판단을 할 수 없다는 사실이 분명해진다. 알고리즘은 자신의 결정과 행동이 '인류를 위한 기여'라는 측면에서 어떤 가치를 지니는지 판단하지 못한다.

강력한 감성 지능의 힘

리더는 집단이 인류를 위한 가치 창출에 기여하게 할 방법을 고민해야 한다. 리더십은 변화를 주도하기 위해 존재하며, 변화란 아무런 감정 소통도 없는 단순한 처리 과정이 아니다. 오히려 리더십은 혁신을 낳는 문화를 구축하면서 다른 한편으로는 협력을 일으키는 도덕적·사회적 조화로움을 보존한다. 조화로운 상태를 만들 능력이 없다면 리더는 성공적으로 변화를 주도할 수 없다. 이 점을 깨우치며 우리는 앞에서 이야기한 것처럼 인간과 알고리즘의 협력을 가능하게 하는 사고방식을 심어줄 수 있는 유일한 존재가 인간 리더라는 사실을 다시금 떠올릴 수 있다. 인간은 미래에 조직 리더십의 핵심으로 남을 것이다. 인간성을 보존하는 방식으로 알고리즘을 사용하는 데 필요한 자질들이 곧 인간의 고유한 특성이기 때문이다.

인간이 기술 중심 사회에서 선도적인 역할을 하도록 장려하고 훈련하거나 교육하는 일의 중요성은 결코 과소평가되어서는 안 된다. 이는 인간이 가장 유능한 리더이기 때문이기도 하고, 인간의 미덕이 미래의 우리 사회와 조직을 이루는 기초가 되어야 하기 때문이기도 하다. 가장 유능한 리더를 세우면서 주된 목표로 삼아야 할 것은 인간과 알고리즘 간의 적절한 협력을 구축하여 공동 창조로 최상의 결과물을 얻는 것이다. 그 과정에서 이러한 협력의 결과가 지닌 가치를 판단할 줄 아는 리더십이 필요하다. 이 판단 능력은 기계가 복제할 수 없기 때문에 인간의 고유한 특성으로 간주된다. 협력을 이끌려면, 그 과정을 주도하는 사람에게 충분한 지식이 있고 그 사람이 집단의 선이라는 가치를 인지할 수 있어야 한다. 집단의 선이란 우리 조직과 사회 구성원에 복지와 혜택을 가져다주는 것들을 말한다.

리더가 이러한 업무 환경을 조성하려면 어떻게 해야 할까? 호기심을 가져야 하며, 조직이 운영되는 사회 안에서 인간 DNA를 희생시키지 않고도 업무 방식의 경계를 확장할 수 있는 방법을 모색해야 한다. 또한 리더는 앞으로 인류의 복지가 어떤 모습이 되어야 할지 상상할 수 있어야 한다.

이때 우리가 앞으로 만들어나가고 싶은 조직의 관점으로 이해관계자들의 감정, 필요, 욕구를 고려해서 미래를 그려야 한다. 이 미래 지향적인 사고에 강력한 감성 지능과 상상력을 결합하면 창의적인 업무의 토대를 마련할 수 있다.

지속적인 교육의 필요성

알고리즘이 진가를 발휘할 수 있는 영역은 인간의 진보 속도를 향상시키도록 기술 발전에 필요한 조언을 제공하는 일이다. 그러나 진보가 인류에게 이로운 방향으로 이루어지는지 평가하는 것은 또 다른 문제이며 인간됨의 의미에 관한 더 깊은 이해를 요구한다.

알고리즘이 종양 탐지나 자율주행 등의 몇 가지 분야에서 인간의 지능을 따라잡거나 뛰어넘을 수 있을 것처럼 보이지만, 멜라니 미첼이 적었던 것처럼 인류에게 유익한 가치를 창출하려면 여전히 인간의 독창성이 필요하다. 미래의 리더십을 준비하는 우리에게는 리더의 인간 DNA를 보호해야 할 의무와 책임이 있다. 여기서 인간 DNA가 의미하는 것은 연민, 용서, 공감, 윤리의식, 호기심, 상상력 등 기술 중심 환경에서 우리의 인간 정체성을 강화하는 데 필요한 모든 미덕을 지칭한다.

알고리즘의 사용이 점점 늘어나는 오늘날 기술 경쟁 속에 인간 감각을 끌어들이려면 리더십이 필요하다. 미래 리더들은 기술 기반 효율성 모델을 새로운 업무 방식으로서 지지하는 것과 궁극적으로는 창의성, 공감, 윤리적 판단과 같은 가치가 가장 중요하다는 인식을 제고하는 것 사이에서 균형을 찾아야 한다. 이러한 균형을 이루려면 지속적인 교육과 훈련이 필요하다. 미래 리더들은 다음의 두 가지 방식으로 지속적인 교육을 실시해야 한다.[212]

첫째, 직원들에게 신기술과 관련된 교육을 제공해야 한다. 지식 부족으로 디지털 혁신이 실패하는 경우가 너무 많다. 관련 지식이 없으면 기술이 조직의 성과 향상에 어떻게 쓰일 수 있는지 이해할 수 없다. 그러므로 조직들은 반드시 직원들을 훈련하고 끊임없이 업데이트를 해주어 기본 지식을 갖추게 해야 한다. 예를 들면 코딩이 무엇이고 그것이 어떻게 업무에 활용될 수 있을지 알려줄 수 있다.《월스트리트저널》은 아마존이 앞으로 6년간 7억 달러를 투자하여 직원 10만 명에게 신기술을 교육할 것이라고 보도했다.[213] 유사하게 마이크로소프트는 AI 비즈니스 스쿨을 세워 조직에서 AI를 전략적으로 사용하는 방법에 관해 최고 경영진 및 사상가들의 지식과 통찰을 공유하기로 했다.[214] 이렇게 얻은 기술 지식으로 리더들은 알고리즘을 가장 효과적으로 사용할 방법을 찾을 수 있다. 동시에 인간 직원들은 이 지식을 토대로 비인간 직원들이 필요한 이유를 이해할 수 있을 것이다.

둘째, 미래 지도자들에게 필요한 인간적 기술을 증진하는 교육을 해야 한다. 리더들이 최첨단 기술을 발전시키는 데 매달리느라 인간 정체성을 핵심으로 하는 비전을 세우지 못하는 것은 바람직하지 않다. 기술 중심적인 조직을 확립하는 데 필요한 정서 능력 및 창의력을 직원들에게 지속적으로 교육해야 한다. 이는 윤리, 개인정보, 인류를 위한 혁신 등을 주제로 활발하게 질문하고 논의하는 자리가 되어야 한다.

AI의 나침반이 되는 리더

지속적인 교육이 중요한 만큼 미래의 지도자들이 알아야 할 것들이 무엇인지 식별하는 것 또한 중요하다. 알고리즘으로 효율성 제고를 꾀하는 조직의 리더들은 철학이나 심리학 등 더욱 인간적인 분야의 통찰로 신기술과 관련된 기본 지식을 '보완'해야 한다. 아무리 기술이 중시되는 시대라 해도 더 인간적인 방식으로 행동하는 조직의 성공 확률이 더 높다.

AI의 아버지라고 불리는 이들은 뭐라고 이야기했는지 알아보자. 그들은 AI가 점차 자동화되는 사회에서 인류를 대체하고 권력 구조를 뒤집기 위해서가 아니라, 인간을 인간답게 하는 고유한 가치를 품은 사회가 번영을 누리고 더 효율적으로 돌아가도록 돕기 위해 개발되었다고 말했다. 사이버네틱스(cybernetics) 학문의 창시자 노버트 위너(Norbert Wiener)가 1960년에 썼던 다음 구절이 특히 설득력 있다. "우리가 어떤 목적을 이루려고 기계를 쓸 경우, 작업이 일단 시작되면 너무 속도가 빠르고 되돌리기도 어렵기 때문에 끝날 때까지 중간에 간섭하는 것이 불가능하다. 따라서 기계에 입력하는 우리의 목적이 그럴듯한 흉내 내기가 아니라 진정으로 바라는 것이 맞는지 확실하게 확인해야 한다."[215]

이 도전을 염두에 두고, 나는 내일의 리더십에 소프트 스킬이 필요할지 물었던 제자들의 질문으로 되돌아가려고 한다. 기억하겠지만 많은 제자들이 자신의 입지를 걱정하며 코딩에 시간과 에너지를 더 쏟아야 하는 것은 아닐지 고민했다.

대처가 필요한 것은 맞다. 또한 리더들이 프로그래밍을 배울 수 있도록 조직이 자원을 투자하는 것도 좋은 일이다. 그러나 과거의 리더십 기술이 미래에는 더 이상 필요하지 않다고 생각하는 것은 바람직하지 않다. 리더들이 새롭게 습득한 기술로 기존의 소프트 스킬을 대체해야 한다고 생각한다면 그건 완전히 틀렸다. 리더들은 더욱 기계처럼 생각할 수 있도록 변하는 것이 아니라 더욱 인간다울 수 있도록 노력해야 한다!

이 장에서 언급했듯 새 기술의 작동 방식이나 민감도를 이해하는 것 자체가 궁극적인 목적은 아니다. 오늘날 리더들이 데이터 분석가가 되라는 강요를 받아서는 안 된다. 기술을 잘 알면 조직의 효율을 높이는 데 유리하지만 늘 인간의 관점이 우선되어야 한다. 따라서 신기술에 대한 지식을 바탕으로 리더를 교육하되, 이를 비판적 사고 능력으로 향상시키고 해당 기술이 인간 정체성에 의미하는 바를 고찰함으로써 강화해야 한다.

다른 사람들도 동일한 목소리를 내고 있다. 예를 들어 미국의 기업인이자 벤처 자본가인 피터 틸은 "사람들이 기후변화에 관해서는 너무 많이 생각하고, AI에 관해서는 너무 조금 생각한다"라고 이야기했다. 마찬가지로 케임브리지대학교의 고 스티븐 호킹 교수는 《인디펜던트》에서 "성공적인 AI의 개발은 인류 역사상 '최대'의 사건이 될 수도 있지만, 그 위험을 피할 방도를 찾지 못할 경우 인류 '최후'의 사건이 될 수도 있다"고 경고했다.

빌 게이츠도 "일부 사람들이 전혀 걱정하지 않는 이유를 이해할 수 없다"라고 말하며 자신의 불안감을 공개적으로 인정했다. 이렇게 유명인들이 표현한 우려가 사실이든 아니든 같은 감정을 느끼는 사람들은 많다. 예를 들어 2018년 11월 《가디언》은 〈킬러 로봇의 진실〉이라는 제목의 기사를 내보냈고, 한 달 뒤 《이코노미스트》는 "아직 킬러 로봇은 존재하지 않는다. 그러나 2019년에는 규제 기관들이 반드시 AI에 대응해야 한다"라고 보도했다.[216] [217] 이러한 예시들을 보면서 우리가 미래의 리더를 교육할 때 알고리즘이 조직과 사회에서 인간 정체성에 미칠 수 있는 영향을 반드시 고려하도록 강조해야 한다는 사실을 분명히 알 수 있다.

불완전함에 관한 관용

미래의 리더들은 인간 정체성을 우선시함으로써 기술 발전에 끌려다니는 것이 아니라 주도적으로 알고리즘 변혁을 도모할 수 있다. 인간 사회의 핵심 특성 한 가지는 사람들이 연민을 느끼고 실수를 용서할 수 있다는 것이다. 다시 말해 우리는 발전을 추구하는 과정에서 불완전한 행동을 용인할 수 있다. 프랑스의 유명한 작가이자 철학자 볼테르는 이를 다음과 같이 표현했다. "관용이란 무엇일까? 인류의 필연적인 결과이다. 우리는 모두 실수할 수 있으니 서로의 어리석음을 용서하자. 이것이 바로 자연적으로 주어지는 첫 번째 권리이다."

알고리즘과 딥러닝 기술은 끝없이 정확성과 효율을 끌어올리는 데 몰두한다. 신기술에 집중하다 보면 자연히 완벽에 초점을 맞출 수밖에 없다. 이런 사고방식이 팽배해 리더십을 대신하게 놔둔다면, 우리 조직과 사회가 개인의 자유를 존중하지 않는 곳이 될 위험이 있다. 완벽을 지향하고 인간적 실패를 용납하지 않음으로써 알고리즘이 주축이 되고 인간성은 서서히 제거되는 일은 이미 벌어지고 있는지도 모른다.

안면인식 기술을 예로 들어보자. 현재 중국은 AI 기술이 적용된 카메라 1억 7000만 대를 사용하여 범죄와 싸우고 전반적인 치안을 개선하려 한다. 물론 이런 기술을 쓰는 데는 합당한 이유가 있다. 그러나 이 안면인식 기술이 사생활 보호나 인간의 자유와 같은 가치들에 미치는 영향을 조금이라도 고민하지 않는다면, 우리 사회에서 신기술에 관한 반대의견이 수용될 여지는 사라지고 말 것이다. 이는 기술에 완전히 굴복하는 것이나 다름없으며, 반대 기회를 용인하지 않고 완전한 투명성을 지지하는 기계의 논리를 따라야만 무언가를 진행할 수 있게 될 것이다.

그러한 시스템이 얼마나 인류를 대변할 수 있을까? 검열을 피하려는 인간의 욕망은 의심을 살 것이다. 숨길 것이 없는 사람들은 개인의 자유를 침해하는 조치에 반대할 이유가 없고, 당당하지 못한 사람들만 반발할 것이라고 간주되기 때문이다. 이런 사고방식이 기본 전제라면 우리는 이미 인간의 직접적인 선택을 허용하지 않는 사회에 진입한 셈이다. '완벽한' 기계가 주도하는 '완벽한' 사회의 관점에서 인간의 선택은 불완전하고 실패에 취약하다.

우리는 안면인식을 금지하기로 결정한 샌프란시스코 주의 최근 결정이나, 이 기술을 공정성·비차별·사전동의 등의 가치를 인정하는 원칙에 입각하여 사용하고 발전시켜야 한다는 마이크로소프트 회장 브래드 스미스의 발언을 생각해봐야 한다.[218]

기술 발전을 추구하는 과정에서 인간성을 보장할 사명이 있는 리더들은 자동화 과제 수행에 도덕적 공동체가 필요하다는 사실을 깨달아야 한다. 내가 말하는 도덕적 공동체는 인간으로서 정체성을 유지하는 데 결정적 요소가 되는 윤리 가치들을 지지하며, 신기술을 통해 바로 그런 윤리 가치들이 실현되는 것을 보고 싶어 한다.

　신기술을 도입한다고 해서 과거에 당연시했던 도덕적 의무와 책임을 뒷전으로 미루고 결국 망각하게 하는 문화를 만들어서는 안 된다. 예를 들어 간호 로봇으로 간호사를 대체하면 병원의 인력 부족에 효과적으로 대응할 수 있다. 그러나 이러한 새로운 기술혁신을 인간적 관점을 가진 리더가 주도하지 않는다면, '서로 돌보는 것'이 우리가 보호해야 할 중요한 인간적 가치 중 하나라는 사실이 잊힐지도 모른다. 기술혁명 과정에서 인류 정체성 문제를 피상적으로만 다룰 경우, 간호 로봇과 같은 혁신이 궁극적으로 인간의 사회적 고립을 증가시키는 원인이 될 수도 있다. 어떤 인간 리더도 그런 결과를 바라지는 않을 것이다.

나가며

인류는 기술혁명을 통해 진화를 꾀하는 동안 자신을 정의하는 한 가지, 곧 인간 정체성을 상실하여 스스로를 해하지 않도록 조심해야 한다. 만약 그런 일이 발생한다면 우리 자신 외에는 그 누구도 탓할 수 없다.

우리는 효율성을 높이는 것이 공익에 가장 크게 기여하는 방법이라는 개념을 발전시키고 있다. 또한 최적화에 몰두하느라 기계에 굴복하는 위험조차 무릅쓰며, 그 과정에서 기계에 적용한 것과 동일한 기준으로 자신을 평가한다. 이런 일이 지속되면 인간은 기계를 따르다가 궁극적으로 기계 자체가 되는 운명을 맞을지도 모른다. 그것도 기준을 충족하는 사람들에 한해서 말이다. 이렇게 인류가 주도권을 빼앗긴다는 것은 과연 현실적인 생각일까? 사람들은 인류가 아닌 기계가 주도하는 세상에서 더 만족할까?

공상과학의 세계를 참고하면 인간은 실제로 기계가 주도하는 세상을 선호할 수도 있을 듯싶다. 예를 들어, 2009년에 개봉한 제임스 캐머런 감독의 영화 〈아바타〉에서 인간은 가상세계에 살면서도 여전히 감정적·육체적 경험을 할 수 있다. 사람들은 아바타가 되어 기술세계로 넘어가 실제적인 구성원이 된다. 영화에서 흥미로운 점은 사람들이 이러한 제2의 인생을 보상으로 여기고 쉽게 중독되는 모습을 보인다는 것이다. 두뇌에서 보상센터가 활성화되면 중독성이 생기고 사람들은 더 많은 것을 원하게 된다. 우리는 기계를 '더 많이' 원하게 된다.

2018년에 개봉한 영화 〈레디 플레이어 원〉은 누구든지 '오아시스'라 불리는 가상세계에 들어가 원하는 캐릭터가 되어볼 수 있는 2045년의 사회를 그린다. 사람들은 오아시스에서 자신의 환상을 이룰 수 있으며, 그들이 가상세계와 현실을 구분할 수 있는 한 문제될 것은 없다. 하지만 주인공 웨이드는 가상 캐릭터 아르테미스와 사랑에 빠지면서 가상과 현실을 구분하는 데 실패하고 만다. 그는 오아시스에서 보내는 시간에 점점 중독된다.

이런 작품들은 인간이 어떤 대가를 치러서라도 진보를 이루려고 기술에 굴복하며 정체성을 박탈당하는 모습을 생생히 보여줌으로써 귀중한 교훈을 준다.

게다가 가상의 삶을 사는 것은 머지않아 단순한 환상이 아니게 될 수도 있다. 한 예로 일론 머스크가 설립한 뉴럴링크(Neuralink)는 현재 인간과 AI의 만남을 실현할 수 있는 두뇌-기계 인터페이스를 개발중이다. 표면적으로는 AI가 현실세계에서 인간의 능력을 증대할 목적으로 쓰이기만 한다면 아무런 문제가 없을 것이다. 그러나 인간이 새로운 기술로 끊임없이 자신을 발전시키려고 노력하는 과정에는 확고한 도덕적 나침반이 있어야 한다. 우리가 알고리즘을 사용하는 목적과 방식을 윤리적으로 인식하지 않는다면, 기술이 줄 수 있는 무한한 기회에 눈이 멀어 사회와 조직을 형성하고 규정짓는 고유한 인간적 특징들을 잃을지도 모른다. 그런 일이 일어나면 기껏해야 인간이 기계를 따르는 것이 최선이 되고, 최악의 경우에는 인류라는 종이 지구상에서 사라질지도 모른다.

우리가 일터에서 알고리즘의 잠재력을 인정하고 인류에 유익한 방식으로 사용하기 전에 먼저 제대로 된 지침을 세워야 한다. 그러자면 인간적인 경험을 한계가 아닌 기회로 이해하고 인정할 수 있는 리더가 필요하다. 결국 이 모든 것은 미래 리더십이 인간으로 남을 것이라는 결론으로 이어진다.

참고 문헌

1장

1. Reeves, M, 'Algorithms Can Make Your Organization Self- Tuning,' Harvard Business Review, May 13, 2015. (Retrieved from https://hbr.org/2015/05/algorithms-can-make-your-organization-self-tuning)

2. Andrews, L., 'Public administration, public leadership and the construction of public value in the age of algorithm and big data,' *Public Administration*, 97(2), 2015, pp. 296~310.

3. Fountaine, T., McCarthy, B., & Saleh, T., 'Building the AI-powered Organization,' *Harvard Business Review*, July-August, 2019, pp.2~13.

4. Lehnis, M., 'Can we trust AI if we don't know how it works?', 2018. (Retrieved from https://www.bbc.com/news/business-44466213)

5. Accenture, 'AI as the new UI – Accenture Tech Vision,' 2017. (Retrieved from https://www.accenture.com/t20171005T065832Z__w__/us-en/_acnmedia/Accenture/next-gen-4/tech-vision-2017/pdf/Accenture-TV17-Trend-1.pdf)

6. Accenture, 'Realizing the full value of AI,' 2018. (Retrieved from https://www.accenture.com/_acnmedia/pdf-77/accenture-workforce-banking-survey-report)

7. Chui, M., Henke, M., Miremadi, M., 'Most of AI's Business Uses Will Be in Two Areas,' *Harvard Business Review*, July 20, 2018. (Retrieved from https://hbr.org/2018/07/most-of-ais-business-uses-will-be-in-two-areas)

8. McKinsey, 'Notes from the AI frontier: Applications and value of deep learning,' 2018. (Retrieved from https://www.mckinsey.com/featured-insights/artificial-intelligence/notes-from-the-ai-frontier-applications-and-value-of-deep-learning)

9. Bloomberg, 'Alibaba's AI Outguns Humans in Reading Test,' January 15, 2018. (Retrieved from https://www.bloomberg.com/news/articles/2018-01-15/alibaba-s-ai-outgunned-humans-in-key-stanford-reading-test)

10. Gee, K., 'In Unilever's Radical Hiring Experiment, Resumes Are Out, Algorithms Are In,' *The Wall Street Journal*, 2017. (Retrieved from https://www.wsj.com/articles/in-unilevers-radical-hiring-experiment-resumes-are-out-algorithms-are-in-1498478400)

11. Glaser, V., 'Enchanted Algorithms: How Organizations Use Algorithms to Automate Decision-Making Routines,' *Academy of Management Proceedings*, 2014(1), 12938.

12. Hoffman, M., Kahn, L.B., & Li, D., 'Discretion in hiring,' *NBER Working Paper*, No. 21709, 2017. (Retrieved from https://www.nber.org/papers/w21709?sy=709)

13. Son, H., 'JP Morgan algorithm knows you're a rogue employee before you do,' 8 April, 2015. (https://www.bloomberg.com/news/articles/2015-04-08/jpmorgan-algorithm-knows-you-re-a-rogue-employee-before-you-do)

14. Hoffman, M., Kahn, L.B., & Li, D., 'Discretion in hiring,' *NBER Working Paper*, No. 21709, 2017. (Retrieved from https://www.nber.org/papers/w21709?sy=709)

15. Fethi, M.D., & Fotios, P., 'Assessing bank efficiency and performance with operational research and artificial intelligence techniques: A survey,' *European Journal of Operational Research*, 204(2), 2010, pp.189~198.

16. Greer, S., Lodge, G., Mazzini, J., & Yanagawa, E., 'Global Tech spending forecast: Banking edition,' 20 March 2018. (Retrieved from https://www.celent.com/insights/929209647)

17. Paterl, V.L., Shortliffe, E.H., Stefanelli, M., Szolovits, O.P., Berthold, M.R., & Abu-Hanna, A., 'The coming age of artificial intelligence in medicine,' *Artificial Intelligence in Medicine*, 46(1), 2009. pp.5~17.

18. Leachman, S.A., & Merlino, G., 'The final frontier in cancer diagnosis,' *Nature*, 542, 2017, p.36.

19. Bennett, C.C., & Hauer, K., 'Artificial intelligence framework for simulating clinical decision-making: A Markov decision process approach,' *Artificial Intelligence in Medicine*, 57(1), 2013, pp.9~19.

20. Wang, D., Khosla, A., Gargeya, R., Irshad, H., & Beck, A.H., 'Deep learning for identifying metastatic breast cancer,' arXiv, 2016, preprint arXiv:1606.05718. (Copy at http://j.mp/2o6FejM)

21. Dawes, R.M., 'The robust beauty of improper linear models in decision making,' *American Psychologist*, 34(7), 1979, pp.571~582.

22. Dawes, R.M., Faust, D., & Meehl, P.E., 'Clinical versus Actuarial Judgment,' *Heuristics and Biases*, 1989, pp.716~729.

23. Kleinmuntz, D.N., & Schkade, D.A., 'Information displays and decision processes,' *Psychological Science*, 4(4), 1993, pp.221~227.

24. Adams, I.D., Chan, M., Clifford, P.C., et al., 'Computer aided diagnosis of acute abdominal pain: A multicentre study,' British Medical Journal, 2093, 1986, pp.800~804.

25. Beck, A.H., Sangoi, A.R., Leung, S., Marinelli, R.J., Nielsen, T.O., Van De Vijver, M.J., & Koller, D., 'Systematic analysis of breast cancer morphology uncovers stromal features associated with survival,' *Science translational medicine*, 3(108), 2011, doi: 108ra113-108ra113.

26. Grove, W.M., Zald, D.H., Lebow, B.S., Snitz, B.E., & Nelson, C., 'Clinical versus mechanical prediction: A meta-analysis,' *Psychological Assessment*, 12(1), 2000, pp.19~30.

27. Maidens, J., & Slamon, N.B., Abstract12591: 'Artificial intelligence detects pediatric heart murmurs with cardiologist-level accuracy,' Circulation, 138 (suppl_1), 2018.

28. Highhouse, S., 'Stubborn Reliance on Intuition and Subjectivity in Employee Selection,' *Industrial and Organizational Psychology*, 1 (3), 2008, pp.333~342.

29. Schweitzer, M.E., & Cachon, G.P., 'Decision bias in the newsvendor problem with a known demand distribution: Experimental evidence,' *Management Science*, 46(3), 2000, pp.404~420.

30. Frey, C.B., & Osborne, M.A., 'The future of employment: how susceptible are jobs to computerisation?' *Technological Forecasting and Social Change*, 114, 2017, pp.254~280.

31. Accenture, 'The promise of Artificial Intelligence: Redefining management in the workforce of the future,' 2017. (Retrieved from https://www. accenture.com/no-en/insight-promise-artificial-intelligence)

32. PwC, 'AI Predictions: Six AI priorities you can't afford to ignore,' 2019. (Retrieved from https://www.pwc.com/us/en/services/consulting/library/artificial-intelligence-predictions-2019?WT.mc_id=CT13-PL1300-DM2-TR1-LS4-ND30-TTA5-CN_ai2019-ai19-digpul-1&eq=CT13-PL1300-DM2-CN_ai2019-ai19-digpul-1)

33. Salesforce Research, 'State of Service,' Insights and trends from over 3,500 service leaders and agents worldwide, 2019. (Retrieved from https://www.salesforce.com/blog/2019/03/customer-service-trends.html)

34. Hoffman, P., 'The Unity of Descartes' Man,' *The Philosophical Review*, 95, 1986, pp.339~369.

35. Google Duplex, 2018. (https://www.youtube.com/watch?v=D5VN56jQMWM)

2장

36. Naqvi, A., 'Responding to the will of the machine: Leadership in the age of artificial intelligence,' *Journal of Economics Bibliography*, 4(3), 2017, pp.244~250.

37. Gamson, W.A., & Scotch, N.A., 'Scapegoating in baseball,' *American Journal of Sociology*, 70, 1964, pp.69~72.

38. Pfeffer, J., & Salancik, G.R., 'The external control of organizations: A resource dependence perspective,' New York: Harper & Row Publishers, 1978;《장외영향력과 조직》, 정음사, 1988.

39. Pfeffer, J., 'The ambiguity of leadership,' *Academy of Management Review*, 2, 1977, pp.104~112.

40. MacCrory, F., Westerman, G., Alhammadi, Y., & Brynjolfsson, E., 'Racing with and against the machine: Changes in occupational skill composition in an era of rapid technological advance,' In Proceedings of *the 35th International Conference on Information Systems*, Red Hook, NY: Curran Associates Inc, 2014, pp.295~311.

41. von Krogh, G., 'Artificial intelligence in organizations: New opportunities for phenomenon-based theorizing,' *Academy of Management Discoveries*, 4(4), 2018, pp.404~409.

42. Parry, K., Cohen, M., & Bhattacharya, S., 'Rise of the machines: A critical consideration of automated leadership decision making in organizations,' *Group & Organization Management*, 41(5), 2016, pp.571~594.

43. Lindebaum, D., Vesa, M., & den Hond, F.(in press), 'Insights from the machine stops to better understand rational assumptions in algorithmic decision-making and its implications for organizations,' Academy of Management Review.

44. Derrick, D.C., & Elson, J.S., 'Exploring automated leadership and agent interaction modalities,' Proceedings of the 52nd Hawaii International Conference on System Sciences, 2019, pp.207~216.

45. SAS, 'Becoming a data-driven organization,' 2018. (https://analyticsconsultores.com.mx/wp-content/uploads/2019/03/Becoming-a-data-driven-organization-Citizen-Data-Scientist-SAS-2018.pdf)

46. Copeland, R., & Hope, B., 'The world's largest hedge fund is building an algorithmic model from its employees' brains,' 2016. (Retrieved from https://www.wsj.com/articles/the-worlds-largest-hedge-fund-is-building-an-algorithmic-model-of-its-founders-brain-1482423694 on 31 October 2018.)

47. Nelson, J., 'AI in the boardroom – Fantasy or reality?' March 26, 2019. (Retrieved from https://www.mondaq.com/new-technology/792746/ai-in-the-boardroom-fantasy-or-reality)

48. Libert, B., Beck, M., & Bonchek, M., 'AI in the boardroom: The next realm of corporate governance,' February 21, 2017. (Retrieved from https://sloanreview.mit.edu/article/ai-in-the-boardroom-the-next-realm-of-corporate-governance)

49. Amazon, 2019. (https://www.businessinsider.com/amazon-system-automatically-fires-warehouse-workers-time-off-task-2019-4)

50. Acemoglu, D., & Restrepo, P., 'Robots and jobs: Evidence from US labor markets,' *Journal of Political Economy*, Accepted August 1, 2019.

51. IBM, 'Unplug from the Past: 19th Global C-Suite Study,' IBM Institute for Business Value (2018), 2019. (https://www.ibm.com/downloads/cas/D2KEJQRO)

52. LinkedIn, 'The Rise of HR Analytics' (2018), 2019. https://business.linkedin.com/content/dam/me/business/en-us/talent-solutions/talent-intelligence/workforce/pdfs/Final_EMEA_Rise-of-Analytics-Report.pdf

53. Drucker, P., 'The manager and the moron,' *McKinsey Quarterly*, 4, 1967. (mckinsey.com)

54. Ikujiro, N., & Hirotaka, T., 'The wise leader,' *Harvard Business Review*, May, 89(5), 2011, pp.58~67; 현명한 CEO: 실천적 지혜인 '프로네시스' 갖춰라, 《동아 비즈니스리뷰》.

(https://dbr.donga.com/article/view/1401/article_no/4660)

55. Bigman, Y.E., & Gray, K., 'People are averse to machines making moral decisions,' *Cognition*, 181, 2018, pp.21~34.

56. Gray, H.M., Gray, K., & Wegner, D.M., 'Dimensions of mind perception,' *Science*, 315(5812), 2007, p.619.

57. Hogan, R., & Kaiser, R.B., 'What we know about leadership,' *Review of General Psychology*, 9, 2005, p.169.

58. Finkelstein, S., Cannella, S.F.B., & Hambrick, D.C., 'Strategic leadership: Theory and research on executives, top management teams, and boards,' Oxford University Press: New York, 2009.

59. Messick, D. M., & Bazerman, M., 'Ethical leadership and the psychology of decision making,' *Sloan Management Review*, 37, 1996, pp.9~22.

60. Logg,J., Minson, J.A., & Moore, D.A., 'AlgorithmAppreciation: People Prefer Algorithmic to Human Judgment,' *Organizational Behavior and Human Decision Processes*, 151, 2019, pp.90~103.

61. Granulo, A., Fuchs C., & Puntoni, S., 'Psychological reactions to human versus robotic job replacement,' *Nature Human Behavior*, 3, 2019, pp.1062~1069.

62. Gartner, 'Gartner says 25% of customer service operations will use virtual customer assistants by 2020,' 2018. (Retrieved from https://www.gartner.com/en/newsroom/press-releases/2018-02-19-gartner-says-25-percent-of-customer-service-operations-will-use-virtual-customer-assistants-by-2020)

63. Capgemini Research Institute, 'Conversational commerce. Why consumers are embracing voice assistants in their lives,' 2018. (Retrieved from https://www.capgemini.com/resources/conversational-commerce-dti-report)

64. Curchod, C., Patriotta, G., & Cohen, L.(in press), 'Working for an algorithm: power asymmetries and agency in online work settings,' Administrative Science Quarterly.

65. Shamir, B., 'From passive recipients to active co-producers: followers' role in the leadership process,' In B. Shamir, R. Pillai, & Bligh, M.C. (Eds.), Follower-centered perspectives on leadership: A tribute to the memory of James R. Meindl. Greenwich, CT: Information Age Publishing, 2007.

66. Davenport, T.H., & Bean, R., 'Big Companies Are Embracing Analytics, But Most Still Don't Have a Data-Driven Culture,' Harvard Business Review, 15 February, 2018. (Retrieved from

https://hbr.org/2018/02/big-companies-are-embracing-analytics-but-most-still-dont-have-a-data-driven-culture)

67. Castelvechi, D., 'Can we open the black box of AI?' *Nature*, 538, 2016, pp.20~23.

68. Zeng, Z., Miao, C., Leung, C. & Chin, J.J., 'Building more explainable Artificial Intelligence with argumentation,' *Association for the Advancement of Artificial Intelligence*, 2018, pp.8044~8045.

69. Frick, W., 'Here's why people trust human judgment over algorithms,' *Harvard Business Review*, February 27, 2015. (Retrieved from https://hbr.org/2015/02/heres-why-people-trust-human-judgment-over-algorithms)

70. Diab, D.L., Pui, S.Y., Yankelevich, M., & Highhouse, S., 'Lay perceptions of selection decision aids in US and non–US samples,' *International Journal of Selection and Assessment*, 19(2), 2011, pp.209~216.

71. Eastwood, J., Snook, B., & Luther, K., 'What people want from their professionals: Attitudes toward decision-making strategies,' *Journal of Behavioral Decision Making*, 25(5), 2012, pp.458~468.

72. Önkal, D., Goodwin, P., Thomson, M., Gönül, S., & Pollock, A., 'The relative influence of advice from human experts and statistical methods on forecast adjustments,' *Journal of Behavioral Decision Making*, 22(4), 2009, pp.390~409.

73. Promberger, M., & Baron, J. 'Do patients trust computers?' *Journal of Behavioral Decision Making*, 19(5), 2006, pp.455~468.

74. Shaffer, V.A., Probst, C.A., Merkle, E.C., Arkes, H.R. & Medow, M.A., 'Why do patients derogate physicians who use a computer-based diagnostic support system?' *Medical Decision Making*, 33(1), 2013, pp.108~118.

75. Dietvorst, B.J., Simmons, J.P., & Massey, C., 'Algorithm aversion: People erroneously avoid algorithms after seeing them err,' *Journal of Experimental Psychology: General*, 144(1), 2015, pp.114~126.

76. Dimitrov, A., 'The digital age leadership: A transhumanistic perspective,' *Journal of Leadership Studies*, 12(3), 2018, pp.79~81.

77. Grove, W.M., & Meehl, P.E., 'Comparative efficiency of informal (subjective, impressionistic) and formal (mechanical, algorithmic) prediction procedures: The clinical – statistical controversy,' *Psychology, Public Policy, and Law*, 2(2), 1996, p.293.

3장

78. Kotter, J.P., 'Management is (still) not leadership,' *Harvard Business Review*, 9 January, 2013. (Retrieved from https://hbr.org/2013/01/management-is-still-not-leadership)

79. Hamel, G., & Zanini, M., 'Busting bureaucracy,' Blog, 2018. (retrieved from https://www.garyhamel.com/blog/busting-bureaucracy)

80. Saval, N., *Cubed: A secret history of the workplace*, New York: Doubleday, 2014;《큐브, 칸막이 사무실의 은밀한 역사》, 이마, 2015.

81. Kotter, J.P., Force for change: How leadership differs from management, The Free Press, 1990.

82. Kotter, J.P., 'What leaders really do,' In J.T. Wren (Ed.), *The Leaders Companion*, pp.114~123, The Free Press, 1995;《변화의 리더십》, 21세기북스, 2003.

83. Awamleh, R., & Gardner, W.L., 'Perceptions of leader charisma and effectiveness: The effects of vision content, delivery, and organizational performance,' *The Leadership Quarterly*, 10, 1999, pp.345~373.

84. Kotterman, J., 'Leadership versus management: What's the difference?' *The Journal for Quality and Participation*, 29(2), 2006, pp.13~17.

85. Kotter, J.P., *Force for change: How leadership differs from management*, The Free Press, 1990.

86. Kotterman, J., 'Leadership versus management: What's the difference?' *The Journal for Quality and Participation*, 29(2), 2006, pp.13~17.

87. Yukl, G., *Leadership in organizations*, Upper Saddle River, NJ: Prentice Hall, 1998;《현대조직의 리더십 이론》, 시그마프레스, 2013.

88. Bass, B.M., 'The future of leadership in learning organizations,' *Journal of Leadership & Organizational Studies*, 7(3), 2000, pp.18~40.

4장

89. Tarnoff, B., 'Silicon Valley siphons our data like oil. But the deepest drilling has just begun,' *The Guardian*, 2017. (Retrieved from https://www.theguardian.com/world/2017/aug/23/silicon-valley-big-data-extraction-amazon-whole-foods-facebook)

90. Thorp, J., 'Big data is not the new oil,' *Harvard Business Review*, November 30, 2012. (Retrieved from https://hbr.org/2012/11/data-humans-and-the-new-oil)

91. Lapuschkin, S., Wäldchen, S., Binder, A., Montavon, G., Samek, W., & Mueller, K.R., 'Unmasking clever Hans predictors and assessing what machines really learn,' *Nature Communications*, 10, 2019, p.1096.

92. Editorial, 'How does the brain work?' *Neuron*, 94(5), 2017, p.933.

93. Goldhill, O., 'Algorithms make better hiring decisions than humans,' 2015. (Retrieved from https://qz.com/561206/algorithms-make-better-hiring-decisions-than-humans)

94. Fly, A., 'The skills leaders need to survive in the age of AI,' 2019. (https://www.techradar.com/sg/news/the-skills-leaders-need-to-survive-in-the-age-of-ai)

95. IBM, 'Power your candidate experience with AI,' 2018 (Retrieved from https://newsroom.ibm.com/IBM-watson?item=30401); also Leight-Deobald et al.(in press), 'The challenges of algorithm-based HR decision-making for personal integrity,' Journal of Business Ethics.)

96. Bonczek, R.H., Holsapple, C.W., & Whinston, A.B., 'Computer-based support of organizational decision making,' *Decision Sciences*, 10(2), 1979, pp.268~291.

97. Courtney, J.F., 'Decision making and knowledge management in inquiring organizations: Toward a new decision-making paradigm for DSS,' *Decision Support Systems*, 31(1), 2001, pp.17~38.

98. Gigerenzer, G., & Gaissmaier, W., 'Heuristic Decision Making,' *Annual Review of Psychology*, 62, 2011, pp.451~482.

99. Huber, G., 'A theory of the effects of advanced information technologies on organizational design, intelligence and decision making,' *Academy of Management Review*, 15(1), 1990, pp.47~71.

100. Pomerol, J.C., 'Artificial intelligence and human decision making,' *European Journal of Operational Research*, 99(1), 1997, pp.3~25.

101. Russel, S.J., & Norvig, P., *Artificial intelligence: A modern approach*, Pearson Education Limited, 2016; 《인공지능: 현대적 접근방식》, 제이펍, 2021.

102. Rosenblat, A., Kneese, T., & Boyd, D., 'Workplace surveillance,' *Data & Society Working Paper*, New York: Data & Society Research Institute, 2014.

103. Volini, E., Schwartz, J., Roy, I., Hauptmann, M., Van Durme, Y., Denny, B., & Bersin, J., 'Organizational performance: It's a team sport,' Deloitte report, 2019 Global Human Capital

Trends. April 11, 2019. (Retrieved from https://www2.deloitte.com/us/en/insights/focus/human-capital-trends/2019/team-based-organization.html)

104. De Cremer, D., McGuire, J., Naryanan, J., Tang, P., & Mai, M.K., 'How fair and trustworthy automated assessment systems are: it depends on you speaking up and your supervisor's humility,' Working paper NUS Business School, 2020.

105. Kelly, K., *The inevitable: Understanding the 12 technological forces that will shape our future*, Viking Press, 2016;《인에비터블 미래의 정체》, 청림출판, 2017.

5장

106. Geraerts, E., *Authentieke Intelligentie: Waarom mensen altijd winnen van computers*, Prometheus, 2019.

107. Avolio, B.J., Walumbwa, F.O., & Weber, T.J., 'Leadership: Current theories, research and future directions,' *Annual Review of Psychology*, 60, 2009, pp.421~449.

108. Hazy, T.E., Frank, M.J., & O'Reilly, R.C., 'Towards an executive without a homunculus: computational models of the prefrontal cortex/basal ganglia system,' *Philosophical Transactions of the Royal Society B*, 362(1485), 2007.

109. Uhl-Bien, M., Marion, R., McKelvey, B., 'Complexity leadership theory: Shifting leadership from the industrial age to the knowledge era,' *The Leadership Quarterly*, 18(4), 2007, pp.298~318.

110. De Cremer, D., *The proactive leader: How to overcome procrastination and be a bold decision-maker*, Palgrave MacMillan, 2013.

111. Jarrahi, M. H., 'Artificial intelligence and the future of work: Human-AI symbiosis in organizational decision making,' Business Horizons, 61(4), 2018, pp.577~586.

112. Malone, T.W., 'How human-computer 'Superminds' are redefining the future of work,' Sloan Management Review, 59(4), 2018, pp.34~41;《와이즈 트렌드》, 일의 미래를 재정의하는 인간-컴퓨터 '슈퍼마인드', 마인드빌딩, 2018, p.151.

113. De Cremer, D., McGuire, J., Hesselbarth, Y., & Mai, M., 'Can algorithms help us decide who to trust?' *Harvard Business Review*, 6 June, 2019. (Retrieved from https://hbr.org/2019/06/can-algorithms-help-us-decide-who-to-trust)

114. Bigman, Y.E., & Gray, K., 'People are averse to machines making moral decisions,' *Cognition*, 181, 2018, pp.21~34.

115. Gray, H.M., Gray, K., & Wegner, D.M., 'Dimensions of mind perception,' *Science*, 315(5812), 2007, p.619.

116. Fiske, S.T., Cuddy, A.J.C., & Glick, P., 'Universal dimensions of social cognition: warmth and competence,' *Trends in Cognitive Science*, 11(2), 2007, pp.77~83.

117. Gray, K., Jenkins, A.C., Heberlein, A.S., & Wegner, D.M., 'Distortions of mind perception in psychopathology,' Proceedings of *the National Academy of Sciences of the United States of America*, 108(2), 2011, pp.477~479.

118. Haslam, N., 'Dehumanization: An integrative review,' *Personality and Social Psychology Review*, 10(3), 2006, pp.252~264.

119. Knobe, J., & Prinz, J., 'Intuitions about consciousness: Experimental studies,' *Phenomenology and the Cognitive Sciences*, 7(1), 2008, pp.67~83.

120. Jack, A.I., & Robbins, P., 'The phenomenal stance revisited,' *Review of Philosophy and Psychology*, 3(3), 2012, pp.383~403.

121. De Cremer, D., McGuire, J., Hesselbarth, Y., & Mai, M., 'Can algorithms help us decide who to trust?' Harvard Business Review, 6 June, 2019. (Retrieved from https://hbr.org/2019/06/can-algorithms-help-us-decide-who-to-trust)

122. De Cremer, D., 'How self-conception may lead to inequality: An experimental investigation of the impact of hierarchical roles on the equality-rule when allocating organizational resources,' *Group and Organization Management*, 28(2), 2003, pp.282~302.

123. Kaplan, A.,& Haenlein, M.(inpress), 'Rulers of the world, unite! The challenges and opportunities of artificial intelligence,' Business Horizons.

124. Ready, D.A., 'In praise of the incurably curious leader,' July 2018. (Retrieved from https://sloanreview.mit.edu/article/in-praise-of-the-incurably-curious-leader)

125. Pelaprat, E. & Cole, M., 'Minding the gap: Imagination, creativity and human cognition,' *Integrative Psychological and Behavioral Science*, 45, 2011, pp.397~418.

126. Talat, U. & Chang, K., 'Employee imagination and implications for entrepreneurs,' *Journal of Chinese Human Resource Management,* 8(2), 2017, pp.129~152.

127. Zhou, J. & Hoever, I.J., 'Research on workplace creativity,' *Annual Review of Organizational Psychology and Organizational Behavior*, 1, 2014, pp.333~359.

128. Amabile, T.M., 'The social psychology of creativity: A componential conceptualization,' *Journal of Personality and Social Psychology*, 45(2), 1983, pp.357~376.

129. Kelley, S., 'This physicist is trying to make sense of the brain's tangled networks,' April 11, 2019. (Retrieved from https://www.science.org/content/article/physicist-trying-make-sense-brain-s-tangled-networks)

130. Nijstad, B.A., De Dreu, C.K.W., Rietzschel, E.F., & Baas, M., 'The dual pathway to creativity model: Creative ideation as a function of flexibility and persistence,' *European Review of Social Psychology*, 21, 2010, pp.34~77.

131. De Cremer, D., 'Leading Artificial Intelligence at work: A matter of facilitating human-algorithm co-creation,' *Journal of Leadership Studies*, 13(1), 2019, pp.81~83.

132. Goleman, D., *Leadership: The power of emotional intelligence*, More than Sound(1st edition), 2011.

133. Hasan, A., 'Demand for emotional intelligence skills soars six folds,' November 5, 2019. (Retrieved from https://www.peoplemattersglobal.com/news/employee-assistance-programs/demand-for-emotional-intelligence-skills-soars-six-folds-23636)

134. Law, K.S., Wong, C.S., Huang, G.H., & Li, X., 'The effects of emotional intelligence on job performance and life satisfaction for the research and development scientists in China,' *Asia Pacific Journal of Management*, 25, 2008, pp.51~69.

135. Huang, M.H., Rust, R., & Maksimovic, V., 'The feeling economy: Managing in the next generation of Artificial Intelligence (AI),' *California Management Review*, 61(4), 2019, pp.43~65.

136. Jago, A.S., 'Algorithms and authenticity,' *Academy of Management Discoveries*, 5, 2019, pp.38~56.

137. Bigman, Y.E. & Gray, K., 'People are aversive to machines making moral decisions,' *Cognition*, 181, 2018, pp.21~34.

138. Jago, A.S., 'Algorithms and authenticity,' *Academy of Management Discoveries*, 5, 2019, pp.38~56.

139. Reynolds, S.J., 'Moral awareness and ethical predispositions: Investigating the role of individual differences in the recognition of moral issues,' *Journal of Applied Psychology*, 91(1), 2006, pp.233~243.

140. Treviño, L.K., Weaver, G.R., & Reynolds, S.J.,'Behavioral ethics in organizations: A review,'

Journal of Management, 32(6), 2006, pp.991~1022.

141. Rest, J.R., *Moral development: Advances in research and theory*, Praeger: New York, 1986; 《도덕발달 이론과 연구》, 학지사, 2008.

142. Brown, M.E., Treviño, L.K, & Harrison, D.A., 'Ethical leadership: A social learning perspective for construct development and testing,' *Organizational Behavior and Human Decision Processes*, 97(2), 2005, pp.117~134.

143. Davenport, 'What does an AI ethicist do?' June 24, 2019. (Retrieved from https://sloanreview. mit.edu/article/what-does-an-ai-ethicist-do)

144. Fisher, B., 'Top 5 hires companies need to succeed in 2019,' 2019. (https://info.kpmg.us/ news-perspectives/technology-innovation/top-5-ai-hires-companies-need-to-succeed-in-2019.html)

145. Werber, C., 'The five most important new jobs in AI, according to KPMG,' January 8, 2019. (Retrieved from https://qz.com/work/1517594/the- five-most-important-new-ai-jobs-according-to-kpmg)

6장

146. Parry, K., & Cohen, M., 'Rise of the machines: A critical consideration of automated leadership decision making in organizations,' *Group and Organization Management*, 41(5), 2016, pp.571~594.

147. von Krogh, G., 'Artificial intelligence in organizations: New opportunities for phenomenon-based theorizing,' *Academy of Management Discoveries*, 4(4), 2018, pp.404~409.

148. Diab, D.L., Pui, S.H., Yankelevich, M., & Highhouse, S., 'Lay perceptions of selection decision aids in US and Non-US samples,' *International Journal of Selection and Assessment*, 19(2), 2011, pp.209~216.

149. Promberger, M. & Baron, J., 'Do patients trust computers?' *Journal of Behavioral Decision Making*, 19(5), 2006, pp.455~468.

150. Dietvorst, B.J., Simmons, J.P., & Massey, C., 'Algorithm aversion: People erroneously avoid algorithms after seeing them err,' *Journal of Experimental Psychology: General*, 144(1), 2015, pp.114~126.

151. Ariely, D., *Predictably irrational: The hidden forces that shape our decisions*, HarperCollins, 2009;《상식 밖의 경제학》, 청림출판, 2018.

152. Shaffer, V.A., Probst, A., Merkle, E.C., Arkes, H.R., & Medow, M.A., 'Why do patients derogate physicians who use a computer-based diagnostic support system?' *Medical Decision Making*, 33(1), 2013, pp.108~118.

153. Gray, H.M., Gray, K., & Wegner, D.M., 'Dimensions of mind perception,' *Science*, 315(5812), 2007, p.619.

154. White, R.W., 'Motivation reconsidered: The concept of competence,' *Psychological Review*, 66(5), 1959, pp.297~333.

155. Bobadilla-Suarez, S., Sunstein, C.R., & Sharot, T., 'The intrinsic value of choice: The propensity to under-delegate in the face of potential gains and losses,' *Journal of Risk and Uncertainty*, 54, 2017, pp.187~202.

156. De Cremer, D., McGuire, J., Mai, M.K., & Van Hiel, A., 'Sacrificing to stop autonomous AI,' *Working paper NUS Business School*, 2019.

157. Tyler, T.R., 'The psychology of legitimacy: A relational perspective on voluntary deference to authorities,' *Personality and Social Psychology Review*, 1(4), 1997, pp.323~345.

158. Berinato, S., 'Data science and the art of persuasion,' *Harvard Business Review*, 2019. (Retrieved from https://hbr.org/2019/01/data-science-and-the-art-of-persuasion)

159. Castelvechi, D., 'The black box of AI,' Nature, 538, 2016, pp.20~23.

160. MIT Sloan Management Review and Deloitte, 'Coming of age digitally: Learning, leadership and legacy,' 2018. (Retrieved from https://sloanreview.mit.edu/projects/coming-of-age-digitally/?utm_medium=pr&utm_source=release&utm_campaign=dlrpt2018)

161. De Cremer, D. & Mancel, P., 'Leadership is about making others smarter to better serve customers,' *The European Financial Review*, October-November, 2018, pp.57~60.

162. Madhavan, P., & Wiegmann, D.A., 'Similarities and differences between human-human and human-automation trust: An integrative review,' *Theoretical Issues in Ergonomics Science*, 8(4), 2007, pp.277~301.

163. Shaw, J.C., Wild, E., & Colquitt, J.A., 'To justify or excuse: A meta-analytic review of the effects of explanations,' *Journal of Applied Psychology*, 88(3), 2003, pp.444~458.

164. Holtz, B.C., & Harold, C.M., 'When your boss says no! The effects of leadership style and trust on employee reactions to managerial explanations,' *Journal of Occupational and*

Organizational Psychology, 81, 2008, pp.777~802.

165. Bies, R.J., Shapiro, D.L., & Cummings, L.L., 'Casual accounts and managing organizational conflict: Is it enough to say it's not my fault?' *Communication Research*, 15, 1988, pp.381~399.

166. Mansour-Cole, D.M., & Scott, S.G., 'Hearing it through the grapevine: The influence of source, leader-relations, and legitimacy on survivors' fairness perceptions,' *Personnel Psychology*, 51, 1998, pp.25~54.

167. Bobocel, D.R., & Zdaniuk, A., 'How can explanations be used to foster organizational justice?' In J. Greenberg & J. A. Colquitt (Eds.), *Handbook of Organizational Justice*, Mahwah, NJ: Lawrence Erlbaum, 2005.

168. Dewhurst, M., & Willmott, P., 'Manager and machine: The new leadership equation,' *McKinsey Quarterly*, 2014, pp.1~8.

169. House, R.J., 'Path-goal theory of leadership: Lessons, legacy, and a reformulated theory,' *The Leadership Quarterly*, 7(3), 1996, pp.323~352.

170. Bersin, J., 'New research shows why focus on teams, not just leaders, is key to business performance,' *Forbes*, March 3, 2016. (Retrieved from https://www.forbes.com/sites/joshbersin/2016/03/03/why-a-focus-on-teams-not-just-leaders-is-the-secret-to-business-performance/?sh=4c2b5fd524d5)

171. Owana, N., 'Hyundi exoskeleton aims to cut workers' strains, will be tested in factories,' 2018. (Retrieved from https://techxplore.com/news/2018-10-hyundai-exoskeleton-aims-workers-strains.html)

172. Wang, D., Khosla, A., Gargeya, R., Irshad, H., & Beck, A.H., 'Deep learning for identifying metastatic breast cancer,' 2016. (Copy at https://scholar.harvard.edu/humayun/publications/deep-learning-identifying-metastatic-breast-cancer)

173. De Cremer, D., 'On the symphony of AI and humans in the work context,' *The World Financial Review*, September-October, 2019, pp.61~64.

174. Venema, L., 'Algorithm talk to me,' *Nature Human Behavior*, 2(3), 2018, pp.173~173.

175. Captain, S., 'Can IBM's Watson Do It All?' *Fast Company*, October 10, 2017. (Retrieved from https://www.fastcompany.com/3065339/can-ibms-watson-do-it-all)

176. Hinsz, V.B., Tindale, R.S., & Vollrath, D.A., 'The emerging conceptualization of groups as information processors,' *Psychological Bulletin*, 121(1), 1997, pp.43~64.

177. Dewhurst, M., & Willmott, P., 'Manager and machine: The new leadership equation,' *McKinsey Quarterly*, 2014, pp.1~8.

178 Hoffman, M., Kahn, L.B., & Li, D., 'Discretion in hiring,' NBER Working Paper No. 21709, 2017. (https://www.nber.org/papers/w21709?sy=709)

7장

179. Davenport, T.H., & Bean, R., 'Big Companies Are Embracing Analytics, But Most Still Don't Have a Data-Driven Culture,' *Harvard Business Review*, 15 February, 2018. (Retrieved from https://hbr.org/2018/02/big-companies-are-embracing-analytics-but-most-still-dont-have-a-data-driven-culture)

180. Bass, B.M., *Leadership and Performance Beyond Expectations*, New York: Free Press, 1985.

181. Conger, J.A., & Kanungo, R.N., 'Toward a behavioral theory of charismatic leadership in organizational settings,' *Academy of Management Journal*, 12, 1987, pp.637~647.

182. Berson, Y., & Avolio, B.J., 'Transformational leadership and the dissemination of organizational goals: A case study of a telecommunication firm,' *The Leadership Quarterly*, 15(5), 2004, pp.625~646.

183. Awamleh, R., & Gardner, W.L., 'Perceptions of leader charisma and effectiveness: The effects of vision content, delivery, and organizational performance,' *The Leadership Quarterly*, 10, 1999, pp.345~373.

184. Brown, M.E., Treviño, L.K., & Harrison, D.A., 'Ethical leadership: A social learning perspective for construct development and testing,' *Organizational Behavior and Human Decision Processes*, 97, 2005, pp.117~134.

185. Treviño & Nelson, K.A., *Managing business ethics*, Wiley, 2003.

186. Ariely, D., *Predictably irrational: The hidden forces that shape our decisions*, HarperCollins, 2009;《상식 밖의 경제학》, 청림출판, 2018.

187. Howell, J.M., & Shamir, B., 'The role of followers in the charismatic leadership process: Relationships and their consequences,' *Academy of Management Review*, 30, 2005, pp.96~112.

188. Steffens, N.K., & Haslam, S.A., 'Power through "Us": Leaders' use of we-referencing language predicts election victory,' *PLos ONE*, 8(10), 2013, pp.1~6.

189. Mayer, R.C., Davis, J.H., & Schoorman, F.D., 'An integrative model of organizational trust,' *Academy of Management Review*, 20(3), 1995, pp.709~734.

190. Rousseau, D.M., Sitkin, S.B., Burt, R.S., & Camerer, C., 'Not so different after all: A cross-discipline view of trust,' *Academy of Management Review*, 23, 1998, pp.393~404.

191. Colquitt, J.A., Scott, B.A., & LePine, J.A., 'Trust, trustworthiness, and trust propensity: A meta-analytic test of their unique relationships with risk taking and job performance,' *Journal of Applied Psychology*, 92, 2007, pp.909~927.

192. De Cremer, D., & Tyler, T.R., 'The effects of trust in authority and procedural fairness on cooperation,' *Journal of Applied Psychology*, 92, 2007, pp.639~649.

193. Pillutla, M.M., Malhotra D., & Murnighan, J.K., 'Attributions of trust and the calculus of reciprocity,' *Journal of Experimental Social Psychology*, 39(5), 2003, pp.448~455.

194. Mayer, R.C., Davis, J.H., & Schoorman, F.D., 'An integrative model of organizational trust,' *Academy of Management Review*, 20(3), 1995, pp.709~734.

195. van Knippenberg, D. van Ginkel, W.P. & Homan, A.C., 'Diversity mindsets and the performance of diverse teams,' *Organizational Behavior and Human Decision Processes*, 121(2), 2013, pp.183~193.

196. Boyatzis, R.E., Passarelli, A.M, Koenig, K., Lowe, M., Mathew, B., Stoller, J.K., & Phillips, M., 'Examination of the neural substrates activated in memories of experiences with resonant and dissonant leaders,' *The Leadership Quarterly*, 23(2), 2012, pp.259~272.

197. Qiu, T., Qualls, W., Bohlmann, J., & Rupp, D.E., 'The effect of interactional fairness on the performance of cross-functional product development teams: A multi-level mediated model,' *The Journal of Product Innovation Management*, 26(2), 2009, pp.173~187.

198. McKinsey, 'Skill shift: Automation and the future of the workforce,' 2018. (Retrieved from https://www.mckinsey.com/~/media/mckinsey/industries/public%20and%20social%20 sector/our%20insights/skill%20shift%20automation%20and%20the%20future%20of%20 the%20workforce/mgi-skill-shift-automation-and-future-of-the-workforce-may-2018. pdf)

199. Ou, A.Y., Waldman, D.A., & Peterson, S.J., 'Do humble CEO's matter? An examination of CEO humility and firm outcomes,' *Journal of Management*, 44(3), 2006, pp.1147~1173.

200. Vera, D., & Rodriguez-Lopez, A., 'Humility as a source of competitive advantage,' *Organizational Dynamics*, 33(4), 2004, pp.393~408.

201. Owens, B.P., Johnson, M.D., & Mitchell, T.R., 'Expressed humility in organizations: Implications of performance, teams and leadership,' *Organization Science*, 24(5), 2013, pp.1517~1538.

202. McKinsey, 'Catch them if you can: How leaders in data and analytics have pulled ahead,' September 2019. (Retrieved from https://www.mckinsey.com/business-functions/mckinsey-analytics/our-insights/catch-them-if-you-can-how-leaders-in-data-and-analytics-have-pulled-ahead)

8장

203. Friedman, M., 'The social responsibility of business is to increase its profits,' *The New York Times Magazine*, September 13, 1970.

204. De Cremer, D., 'Why Mark Zuckerberg's Leadership Failure was a Predictable Surprise,' The *European Business Review*, May-June, 2018, pp.7~10.

205. Darwin, C., *On the Origin of Species*, Dover Publications Inc., 2006.

206. PwC, 'PwC data uncovers disconnect between C-suite perception and employee experience with workplace technology,' 2018. (Retrieved from https://www.pwc.com/us/en/press-releases/2018/c-suite-perception-employee-experience-disconnect.html)

207. Accenture, 'The big disconnect: AI, leaders and the workforce,' 2018 (Retrieved from https://www.accenture.com/us-en/insights/future-workforce/big-disconnect-ai-leaders-workforce); Accenture report, Realizing the full value of AI, 2018. (Retrieved from https://www.accenture.com/_acnmedia/pdf-77/accenture-workforce-banking-survey-report)

208. Microsoft, Microsoft-IDC Study: Artificial Intelligence to nearly double the rate of innovation in Asia Pacific by 2021, 2019. (https://news.microsoft.com/apac/2019/02/20/microsoft-idc-study-artificial-intelligence-to-nearly-double-the-rate-of-innovation-in-asia-pacific-by-2021)

209. Boston Consulting Group, 'The death and life of management,' 2019. (Retrieved from https://www.bcg.com/d/press/18september2019-life-and-death-of-management-229539)

210. Maack, M.M., 'Youtube recommendations are toxic, says dev who worked on the algorithm,' 2019. (Retrieved from https://thenextweb.com/news/youtube-recommendations-toxic-algorithm-google-ai)

211. Mitchell, M., *Artificial Intelligence: A guide for thinking humans*, Farrar, Straus and Giroux, 2019.

212. Davies, B. Diemand-Yauman, C., & van Dam, N., 'Competitive advantage with a human dimension: From lifelong learning to lifelong employability,' *McKinsey Quarterly*, February 2019. (Retrieved from https://www.mckinsey.com/featured-insights/future-of-work/competitive-advantage-with-a-human-dimension-from-lifelong-learning-to-lifelong-employability)

213. Amazon to retrain a third of its U.S. Workforce,' *The Wall Street Journal*, 2019. (Retrieved from https://www.wsj.com/articles/amazon-to-retrain-a-third-of-its-u-s-workforce-11562841120)

214. Microsoft. AI Business School. (Retrieved from https://www.microsoft.com/en-us/ai/ai-business-school)

215. Wiener, N., 'Some moral and technical consequences of automation,' *Science*, 131(3410), 1960, pp.1355~1358.

216. Vasquez, Z., 'The truth about killer robots: The year's most terrifying documentary,' 2018. (Retrieved from https://www.theguardian.com/film/2018/nov/26/the-truth-about-killer-robots-the-years-most-terrifying-documentary)

217. 'There are no killer robots yet — but regulators must respond to AI in 2019,' *The Economist*, 2019. (Retrieved from https://www.economist.com/the-world-ahead/2018/12/17/there-are-no-killer-robots-yet-but-regulators-must-respond-to-ai-in-2019)

218. Smith, B., 'Facial recognition: It's time for action,' 2018. (Retrieved from https://blogs.microsoft.com/on-the-issues/2018/12/06/facial-recognition-its-time-for-action)

다음 팀장은 AI입니다

초판 1쇄 인쇄 2022년 6월 23일 **초판 1쇄 발행** 2022년 7월 6일

지은이 데이비드 드 크리머
옮긴이 박단비
펴낸이 이승현

편집2 본부장 박태근
MD독자 팀장 최연진
편집 방호준
디자인 신나은

펴낸곳 ㈜위즈덤하우스 **출판등록** 2000년 5월 23일 제13-1071호
주소 서울특별시 마포구 양화로 19 합정오피스빌딩 17층
전화 02) 2179-5600 **홈페이지** www.wisdomhouse.co.kr

ISBN 979-11-6812-342-7 03320